Thomas Wiens

# Visual Basic für Windows 2.0

IWT Verlag GmbH

**Der besondere Dank des Autors gilt**

Firma ***Microsoft GmbH*,**
**8044 Unterschleissheim**

sowie

dem Team des IWT Verlag GmbH,
insbesondere
Frau Magdolen und Frau Hansel
für die angenehme und reibungslose
Projektunterstützung

weiterhin

dem Team vor Ort,
insbesondere

Daniela "***Dani***" **Beiküfner**
**Ralf Höltje**
**Heike Wiens**

gewidmet allen Freunden...

# Inhaltsverzeichnis

# 1. Grundlagen

Wer vor einigen Jahren die Behauptung aufgestellt hätte, es sei möglich, professionell mit Basic zu programmieren, der wäre milde belächelt und wieder zu seinem Heimcomputer oder PC zurückgeschickt worden, damit er eine wahre Profi-Sprache lerne. Schon der Ausdruck Basic (Beginners All-purpose Symbolic Instruction Code) beinhaltet die Begriffe "Anfänger" und "Allzwecksprache" und nennt als Wort das Banale und Elementare. Damit scheint es anzuzeigen, daß es nur etwas für Einsteiger, für allgemeine und einfache Problemlösungen ist. Die Anfänge von Basic waren dem Ruf dieser Sprache lange Zeit nicht eben förderlich. Zurecht war oftmals die Rede von "Spaghetti-Code", von undurchsichtigen, verwirrenden, unstrukturierten und langsamen Programmen, die bereits bei 64kB Programmgröße aufgaben und nicht kompiliert werden konnten. Von zu komplizierten Eingabebereichen und Zeilennummern war die Rede. Aber seit der Existenz von integrierten Entwicklungspaketen wie QuickBasic oder dem neuen Visual Basic von *Microsoft* sind diese Zeiten vorbei. Der Name Basic dient nur noch als Erkennungszeichen für die zu benutzenden Befehle und hat seine negative Wirkung längst verloren, da auch von den genannten Schwächen keine mehr vorhanden sind. Ohne an dieser einleitenden Stelle bereits einen Anspruch auf Vollständigkeit erheben zu wollen, seien wesentliche Leistungsmerkmale genannt, die Visual Basic auszeichnen, das mittlerweile sowohl für Windows als auch für MS-DOS existiert:

- Grafische Benutzeroberfläche im Windows-Standard.
- Menügesteuerter Editor zur Programmerfassung.
- Strukturierte Programmierung ohne Zeilennummern.
- Erstellung von Bildschirmformen für den Bedienerdialog inclusive eines Generators zum Aufbau von Pull-Down-Menüs.
- Umfangreiche Tools zur Erkennung von Ereignissen wie Mouseaktionen, Tastatureingaben oder andere Einstellungen.
- Der gesamte Arbeitsspeicher ist nutzbar.
- Die Erstellung von ausführbaren Programmen (.EXE-Dateien) ist möglich.
- Der Quellcode ist in Originalgeschwindigkeit ohne gesonderte Kompilierung testbar.
- DDE (Dynamic Data Exchange) mit anderen DDE-fähigen Anwendungen sowie OLE (Object Linking and Embedding).

- Weitestgehende Kompatibilität mit den Befehlen von QuickBasic und von QBasic aus MS-DOS.
- Umfangreiche DEBUG- und Hilfemöglichkeiten.

Was war vor Visual Basic? Neben der QuickBasic-Schiene wurde als ständige Beigabe im Lieferumfang von MS-DOS der kleine Bruder gepflegt, das GWBasic. Mit jeder neuen DOS-Version waren zumeist auch Änderungen und Verbesserungen des GWBasic verbunden. Mit dem neuen MS-DOS 5 ist auch GWBasic revolutioniert worden, das sich aufgrund der starken Ähnlichkeit zum QuickBasic nun QBasic nennt. Wesentliche Leistungsmerkmale des QuickBasic und QBasic finden sich in Visual Basic wieder; der Programmumfang ist aber wesentlich größer geworden. Sollte später ein Umstieg auf Visual Basic erfolgen, so sind die QuickBasic-Programme mit geringem Änderungsaufwand oder sofort lauffähig und nachträglich auch unter Visual Basic kompilierbar.

## 1.1 Inhalt des Buches

Sie haben sicherlich schon im Inhaltsverzeichnis des Buches gestöbert. Dieser Abschnitt dient auch nicht dazu, nur das Verzeichnis zu wiederholen, vielmehr soll er die allgemeine Vorgehensweise und den Aufbau des Buches sowie die Syntax von Befehlen erläutern. Der Aufbau versucht, beiden Zielgruppen möglichst gerecht zu werden, dem Neueinsteiger in die Programmiersprache Basic ebenso wie dem Umsteiger aus QuickBasic oder QBasic. Das Buch geht daher einen Mittelweg und gliedert sich in Lernteile, Übungsteile und Nachschlageteile. Der Einstieg in die Thematik beginnt in diesem Kapitel mit der Darstellung der Grundlagen von Visual Basic; welche Philosophie sich dahinter verberge, inwieweit es sich von seinen Vorgängern unterscheide. Danach folgen die erste Kontakte zur Bedieneroberfläche von Visual Basic. Für den Einsteiger erläutert ein Kapitelteil Grundlagen zur Eingabetechnik und zur strukturierten Programmierung. Nach den Variablen geht es in die Oberfläche, um mit den Fenstern und Werkzeugen von Visual Basic vertraut zu werden. Sie erfahren Schritt für Schritt das Wesentliche über die Erstellung von Anwendungen, die in Visual Basic Projekte genannt werden, bis hin zur Erstellung von lauffähigen *.EXE*-Dateien unter Windows. Anschließend werden praktische Programmierübungen mit Lösungen präsentiert, die Sie aufgrund ihres logischen Aufbaus direkt am Rechner nachvollziehen können, um so das Gelesene zu festigen.

Die realisierte Konzeption berücksichtigt somit die Interessen des Einsteigers durch die Grundlageninformationen und die des Umsteigers, indem dieser die wichtigsten Unterschiede zwischen den Vorgängerversionen kennenlernt und anhand von Beispielen nachvollziehen kann. Die Übergänge sind hierbei fließend. Was das Buch nicht kann und auch nicht will, ist den perfekten Basic-Programmierer zu schaffen. Von Vorteil - aber nicht zwingend erforderlich - sind Vorkenntnisse in irgendeinem Basic-Dialekt. Es können in diesem Buch nicht alle generellen Basic-Befehle besprochen werden, vielmehr werden wir uns auf die Spezifika von Visual Basic konzentrieren. Das Ziel ist immer, Anregungen zu geben, die von Beginn an das clevere Programmieren fördern und später "zwangsläufig" auch zur reibungslosen Abwicklung von großen Programmierprojekten führen werden.

## 1.2 Leistungsmerkmale

Ohne Sie zu Beginn sofort mit Statistiken, Zahlengrenzen und Befehlsumfängen zu konfrontieren, sei Ihr Blick auf die wesentlichen Möglichkeiten gelenkt, die Visual Basic für Windows, Visual Basic für MS-DOS und das Vorläufermodell QuickBasic dem Anwender bieten. In der folgenden Tabelle ist unter den Spalten *VBWIN* (Visual Basic für Windows 2.0 in der Standard Ausgabe), *VBDOS* (Visual Basic für MS-DOS) und *QB* für QuickBasic jeweils angekreuzt, welches Leistungsmerkmal zutrifft. Dabei geht es nicht um einzelne Befehle, die das eine oder andere System mehr oder weniger beherrscht, sondern um grundlegende Möglichkeiten, bequem und effektiv programmieren zu können.

| VBWIN | VBDOS | QB | Leistungsmerkmal |
|---|---|---|---|
| X | X | X | Intelligenter Editor (Eingabebereich), der auf Wunsch des Bedieners während der Erfassung von Programmzeilen diese sofort überprüft und bei Fehlern Hinweise zur korrekten Befehlseingabe gibt. |
| X | X | X | ONLINE-Hilfe als weiteres Element des intelligenten Editors; die Hilfefunktion liefert auf Tastendruck zu jedem gewünschten Befehl, zu Eingaberegeln oder Tastaturbelegungen. |
| X | X | X | Automatische Formatierung der Eingaben; alle Befehlsworte werden in die gleiche Schreibweise umgesetzt, zwischen Befehlssequenzen fügt der Editor automatisch Leerzeichen zur korrekten optischen Gestaltung ein. |
| X | X | X | Volle Menüsteuerung des gesamten Programmsystems, das Hauptmenü ist mit einer Menüleiste (Pull-Down-Menü) bestückt, ansonsten werden Menüfenster im Dialogverfahren angeboten. (Kapitel 2 beschäftigt sich mit den angebotenen Menüs und deren Handhabung.) |
| X | X | X | Bereits bei der Quellcodeerstellung können Programme in Originalgeschwindigkeit getestet werden, eine ausdrückliche Kompilierung ist nicht zwingend notwendig. |
| X | X | X | Erstellung von ausführbaren Programmen (EXE-Dateien), die unabhängig von Visual Basic als Trägersoftware lauffähig sind und von dritten nicht mehr änderbar sind. |
| X | X | X | Nutzung des gesamten restlichen Arbeitsspeichers für den QuickBasic-Quellcode. |
| X | X | X | Strukturierte Programmierung mit Einrückungen, Variablendeklarationen und Auslagerung von Unterprogrammen (Subs). Der gefürchtete Sprungbefehl *Goto* wird nicht mehr zur Programmierung benötigt. |

| | | | |
|---|---|---|---|
| X | X | X | Ausführliche *DEBUG*-Möglichkeiten. Hierunter versteht man die Möglichkeit, Programmteile einzeln zu testen, Variableninhalte zu untersuchen, Programme schrittweise vor- oder rückwärts zu testen oder Fehler zu simulieren. |
| X | X | X | Textverarbeitungsfunktionen zum Suchen von Programmpassagen oder zum Ersetzen von Begriffen. |
| X | X | X | Keine Zeilennummern mehr vor den Programmzeilen erforderlich. |
| X | X | | Eine ausführliche Toolbox erspart dem Programmierer sehr viel Aufwand, da viele ihm aus Windows bekannte Elemente programmierbar sind (Befehlsschaltflächen, Listenfelder, Optionsfelder, Laufwerkslisten etc.). |
| X | X | | Programmierung von Mouseaktionen möglich. Automatische Erkennung von Ereignissen (Bedienerhandlungen) und deren Behandlung (Klick, Doppelklick, Fokusverschiebungen). |
| X | | | Nutzung der Betriebsumgebung von Windows unter Benutzung aller Schriftarten, die auch auf dem Standarddrucker ausgegeben werden können. Übernahme der individuellen Ländereinstellungen aus Windows und Kommunikation mit anderen Anwendungen (Datenaustausch über die Zwischenablage von Windows). |

### 1.2.1 Unterschiede zum Vorgänger

Jede neue Version eines Programms (Update) hat, ganz gleich ob es sich um eine Textverarbeitung, eine Datenbank, ein Kalkulationsprogramm oder eben eine Programmiersprache handelt, stetige Verbesserungen der Leistungsfähigkeit und der Bedienerfreundlichkeit zum Ziel. Neben der Korrektur eventuell gefundener Fehler bietet ein Update in der Regel neue Gestaltungsmöglichkeiten und bei Basic neue Befehlsworte, welche die Arbeit weiter erleichtern. Das Thema dieses Buches ist die Programmiersprache Visual Basic für Windows. Wir haben die Unterschiede im historischen Abriß zu anderen Dialekten bereits gezeigt und konzentrieren uns nun darauf, was

Visual Basic für Windows Version 2.0 neu, besser, schneller oder anders bewerkstelligt.

Visual Basic 1.0 für Windows gegenüber Visual Basic 2.0

- Datenfelder können größer dimensioniert werden.
- Die neue Funktionsleiste legt wichtige Menüfunktionen in Icons ab. Diese Funktionen sind sofort per Mouseklick greifbar.
- Eigenschaften werden in einem gesonderten Fenster übersichtlich dargestellt und können auch auf andere Steuerelemente übertragen werden.
- EXE-Dateien lassen sich schneller und noch kleiner erstellen.
- Integration von Tabellen in Anwendungen.
- Für die Erstellung noch größerer Anwendungen kann noch mehr Programmcode im Speicher plaziert werden.
- Neue Formate für Währung, Zeit und Datum.
- OLE.
- Projektdateien werden auf Wunsch im ASCII-Format gespeichert.
- Verbesserte Methoden der Fehleranalyse und Programmkontrolle.

Neben der in diesem Buch behandelten Standard-Ausgabe von Visual Basic, die für die Zielgruppe der Hobby- oder halbprofessionellen Programmierer geschaffen wurde, bietet *Microsoft* eine professionelle Ausgabe mit noch mehr Tools. Diese professionelle Ausgabe ist gedacht für Softwareentwickler in Unternehmen, EDV-Berater und Programmierer von Branchenlösungen.

## 1.3 Die Philosophie von Visual Basic für Windows

Visual Basic existiert als Version für MS-DOS und für Windows. In der langen Geschichte von Basic wurden kontinuierliche Verbesserungen in der Handhabung erzielt und neue Befehle und effektivere Methoden entwickelt. Doch noch bei QuickBasic war die Unterstützung von Standardaufgaben im Rahmen der Schnittstelle zum späteren Programmbediener nur bedingt vorgesehen. Dabei geht es regelmäßig um Aufgaben der Dateneingabe, der Auswahl in Menüs und der Datenausgabe. Hier mußte jeder Programmierer bisher das

Rad immer wieder neu erfinden, da jedes Programm einen Editor oder ein Menü benötigte. Die Folge war eine Vielzahl von Tools und kompletten Toolboxen, mit denen die gewünschten Aufgaben erledigt werden konnten. Der Nachteil dieser individuellen Tools ist, daß es soviele Tool-Lösungsansätze wie Programmierer gibt und eine Standardisierung nur schwer zu erreichen ist. Außerdem ist der Aufwand, ein funktionierendes Pull-Down-Menü nach SAA-Standard zu programmieren, erheblich und verbraucht nicht nur wertvollen Quellcode sondern auch die Nerven des Programmierers. Immerhin bestehen etwa 80% eines durchschnittlichen Anwenderprogramms aus Aufgaben der Bedienerführung und der Bildschirmsteuerung, der kleine Rest widmet sich den eigentlichen Programmfunktionen wie Rechnen, Steuern, Speichern. Mit Visual Basic ist es gelungen, Standardtools zu integrieren und dem Programmierer in einer hauseigenen Toolbox zur Verfügung zu stellen. Sie haben leichten Zugriff auf die Elemente, die Sie aus anderen Windows-Anwedungen kennen und die nur sehr schwer selber zu programmieren wären. Hierzu zählen insbesondere:

- Laufwerklistenfelder
- Verzeichnislistenfelder
- Dateilistenfelder
- Bildlaufleisten horizontal und vertikal
- Befehlsschaltflächen
- Bildfelder
- Textfelder

In diesem Zusammenhang die Klärung einiger Begriffe, die in diesem Buch und im Originalhandbuch von Visual Basic immer wieder auftauchen und synonym verwendet werden sollen. Zentraler Arbeitsbereich einer Anwendung sind immer die sogenannten Formen, von denen eine oder mehrere existieren können. Die Programmierung beginnt immer mit der Erstellung einer oder mehrerer Formen, da diese die Schnittstelle zum Benutzer repräsentieren. Sie beginnen damit, aus der Toolbox eines der Steuerelemente anzuwählen und in der Form zu plazieren. Für jedes Steuerelement auf der Form gibt Visual Basic dann Eigenschaften vor, die bereits bestimmte Einstellungen enthalten, um die Programmierarbeit weiter zu reduzieren. Eine Eigenschaft eines Steuerelementes kann der Name sein, der auf einer Befehlsschaltfläche erscheint. Die Eigenschaft der Aufschrift heißt *Caption* und hat als Vorgabe eine bestimmte Einstellung, z.B. *Befehl1*. Ein weiteres Beispiel zur Verdeutlichung ist die Eigenschaft *Visible*, die festlegt, ob ein Steuerelement zur Laufzeit des Programms in der Form auch wirklich sichbar ist, die zugehörige Einstellung wäre dann *wahr* (sichtbar) oder *unwahr* (nicht sichtbar). Der Zusammenhang zwischen Form, Eigenschaft und Einstellung in der Übersicht:

- Formen sind Arbeitsflächen, auf denen Steuerelemente plaziert werden.
- Eigenschaften des betreffenden Steuerelementes regeln das Verhalten des Steuerelementes zur Laufzeit.
- Einstellungen bestimmen, wie die Eigenschaft arbeitet, sie weisen einer Eigenschaft Werte zu.

Weiter geht es mit der Erläuterung von Begriffen von Visual Basic, deren Unterscheidung wichtig ist. Sie klingen oft ähnlich, haben aber stets voneinander getrennte Bedeutungen und spezielle Einsatzgebiete. Entscheidend für die Programmierung sind die Ereignisse, die eine Form oder ein Steuerelement auslösen können. Ereignisse werden entweder vom Programmcode gesteuert oder vom Programmbediener ausgelöst. Das bekannteste Ereignis ist *Click*. Es entsteht, wenn ein Steuerelement mit einem einfachen Mouseklick bedacht wird, beispielsweise eine Befehlsschaltfläche. Visual Basic erkennt das Ereignis bei dem betreffenden Steuerelement und verzweigt in ein Unterprogramm, die sogenannte Ereignis-*Sub*. In diesem Unterprogramm kann der Programmierer nun den Programmcode einfügen und bestimmen, was geschieht, wenn mit der Mouse auf das Feld geklickt wird. Schließlich existieren unabhängig von irgendwelchen Steuerelementen auf der Form auch noch die Methoden, die direkt die Form und deren Verhalten betreffen. Methoden werden im Programmcode vergeben und können Formen laden, entladen, verstecken und wieder sichtbar machen, direkt auf der Form Informationen ausgeben (unabhängig von Steuerelementen) und den Inhalt der Form löschen. Wenn eine Form und die Behandlung der Ereignisprozeduren beendet ist, können weitere Formen erstellt werden. Umfangreiche Programme benötigen Unterroutinen in den Modulen, die unabhängig von Formen arbeiten und nur den Programmcode enthalten. Die Anzahl der Module hängt vom Umfang der zu programmierenden Anwendung ab. Alle Module, alle Formen, Deklarationen und der gesamte Programmcode werden als Projekt bezeichnet und gespeichert. Das Projekt ist also das Sammelbecken der Einzelelemente und kennzeichnet alle Einzeldateien. Diese Vorgehensweise hat den Vorteil, daß Formen und Module in verschiedenen Projekten benutzt und intern ausgetauscht werden können. Nun die endgültige Zusammenfassung der Begriffe und deren Hierarchie im Gesamtsystem:

- *Projekt* ist der Oberbegriff für alle Elemente einer Anwendung.

- *Modul* ist eine Datei mit Programmcode, die den Gesamtablauf der Anwendung steuert oder allgemeingültige Unterprogramme enthält, die nicht von bestimmten Ereignissen der Form abhängen.
- Auf Formebene gelten *Methoden*, die direkt das Verhalten der Form bestimmen und auch im Modulcode benutzt werden können.
- *Ereignisse* sind Programmroutinen, die automatisch auf Veränderungen der Steuerelemente reagieren und um den Programmcode ergänzt werden können, nicht müssen.

Wir werden bei der Erstellung von Formen ausführlich auf die Toolbox eingehen, Steuerelemente plazieren, Eigenschaften bestimmte Einstellungen zuweisen, Ereignisse abfragen und Methoden kennenlernen.

Visual Basic will dem Programmierer lästige Aufgaben abnehmen, die jedes Programm stellt, die aber niemand gerne bearbeitet oder die nur wenige überhaupt lösen können. Es wird somit auch dem Einsteiger sehr leicht gemacht, professionell aufgemachte Programme im Windows-Standard zu erstellen. Sie werden dies im Verlauf des Buches sehen.

## 1.4 Die Schreibweise von Befehlen

Bei der Beschreibung der Befehle wird in diesem Buch eine Syntax verwendet, die es kurz zu erläutern gilt. Sie orientiert sich im wesentlichen an den in Handbüchern und anderen Nachschlagewerken benutzten Notierungen. Die Programmiersprache besteht aus:

- Befehlsworten, die mitteilen, was grundsätzlich von einer Programmzeile erledigt werden soll. Dabei wird zwischen Anweisungen, Methoden, Funktionen, Eigenschaften und Ereignissen unterschieden, um das Befehlswort besser eingruppieren zu können. Das altbekannte Befehlswort *Print* ist in Visual Basic eine Methode für die Ausgabe auf dem Bildschirm.
- Argumente spezifizieren den Befehl weiter und teilen beispielsweise mit, was durch *Print* ausgegeben werden soll und in welchem Format dies geschehen soll. Argumente können optional (wahlweise) oder zwingend erforderlich sein.

- Optionale Argumente werden in eckigen Klammern angegeben [optionales Argument], um zu zeigen, daß der Befehl auch ohne die Angabe des Arguments grundsätzlich funktionstüchtig ist.
- Punkte hinter einem Befehl (...) zeigen an, daß sich Befehlsteile oder Argumente wiederholen können, aber genauso aufgebaut sind wie im jeweils gezeigten Beispiel.
- Sofern mehrere Befehle in einer Programmzeile geschrieben werden, wird mit dem Zeichen Doppelpunkt (:) die Trennung vorgenommen, um zu zeigen, wo ein Befehl endet und der nächste Befehl beginnt.
- In geschwungenen Klammern {} werden, getrennt durch das Symbol | , Auswahlmöglichkeiten gezeigt, zwischen denen sich der Programmierer entscheiden kann.

Ein beliebiges Beispiel, bei dem es nicht um den Befehl selbst geht, sondern um die Schreibweise:

```
[Objekt.]PRINT [Aufstellung][{; | ,}]
```

zeigt das zwingende Befehlswort *Print* (Methode) und die optionalen Argumente *Aufstellung* und Semikolon bzw. Komma. Sofern innerhalb einer Option, hier der *Aufstellung*, noch weitere Wahlmöglichkeiten bestehen, sind die eckigen Klammern verschachtelt dargestellt. Der obige Befehl funktioniert also einmal ohne die Argumente und wahlweise mit einem oder mehreren Argumenten. Selbstverständlich werden im späteren Befehlsteil jeweils die Möglichkeiten erläutert, die für den Platzhalter *Aufstellung* hinter dem Befehl eingesetzt werden können. Von den nachgestellten Zeichen Semikolon oder Komma kann jeweils nur eines verwendet werden, da sie in geschwungenen Klammern stehen.

# 1.5 Die Installation von Visual Basic

Die Installation ist einfach und wird aus Windows heraus vorgenommen. Alle notwendigen Kenntnisse zur Handhabung von Windows dürfen wir voraussetzen, so daß die Installationsschritte sehr einfach sind. Die Hardwareausstattung des Rechners sollte bestimmte Mindesteigenschaften aufweisen, die aber einer akzeptablen Arbeitsgeschwindigkeit nicht genügen dürften. Wir zeigen daher kurz die absolute Minimalausstattung, die wir einer Empfehlung zu einer Standardausstattung für die Praxis gegenüberstellen.

| Komponente | Minimalausstattung | Praxisausstattung |
| --- | --- | --- |
| Arbeitsspeicher | 1 MB | 4 - 8 MB |
| Festplatte | ja | ja |
| Grafikkarte | CGA | EGA, besser VGA |
| Mouse | ja | ja |
| MS-DOS | Version 3.1 | höhere Versionen |
| PC | Industriestandard | Industriestandard |
| Prozessor | 80286 | 80386 / 80486 |
| Prozessorfrequenz | beliebig | ab 33 MHz aufwärts |
| Windows | Version 3.0 | höhere Versionen |
| Windows-Modus | Standard / Erweitert | Standard / Erweitert |

Wenn Ihr Rechner mit einer kleinen Ausstattung arbeitet, kann über eine günstige Nachrüstung nachgedacht werden. Neue 386er-Boards mit 40 Megahertz Taktfrequenz sind derzeit sehr günstig erhältlich, 4 MB Arbeitsspeicher kosten auch nur unwesentlich mehr. Diese Nachrüstung kann erhebliche Vorteile und Freude bei der Arbeit einbringen. Bitte lassen Sie sich im Falle einer Nachrüstung zuvor von Ihrem Händler beraten, wir haben hier nur einige Vorschläge ohne Anspruch auf Vollständigkeit und ohne Obligo erteilt.

Die Installation:

- Starten Sie Windows.
- Wählen Sie aus dem Menü *Datei* des Programm-Managers den Unterpunkt *Ausführen* an.
- Legen Sie die Diskette in das Installationslaufwerk ein.
- Tippen Sie je nach Laufwerk *A:SETUP* oder *B:SETUP*.
- Folgen Sie den Bildschirmangaben des Setup-Programms.

# 2 Die Menüs in Visual Basic

Zu einer komfortablen und guten Programmiersprache gehört neben der Leistungsfähigkeit im Einsatzgebiet die einfache Handhabung durch eine Bedieneroberfläche. Dabei sollten nicht nur die Bedürfnisse der fortgeschrittenen Anwender oder PC-Profis bedacht werden, sondern auch der Einsteiger sollte sich in einem Programm von Anfang an wohlfühlen können. Neben einer logischen und einprägsamen Tastaturbelegung (hier insbesondere Funktionstasten) und einer übersichtlichen Bildschirmgestaltung ist der Einsatz einer *Menütechnik* Pflicht. Unter einem Menü versteht man die Präsentation von Programmfunktionen in einer übersichtlichen Anordnung auf dem Bildschirm. Auf einen Blick hat der Anwender, ähnlich wie bei einer Speise- oder Menükarte, die möglichen Auswahlpunkte vor Augen und kann mit einem Tastendruck oder einem Mouse-Klick eine Funktion, auch *Menüpunkt* genannt, wählen.

Die meisten Standardprogramme und Programmiersprachen bieten eine komplette Menüsteuerung an. Nahezu alle Leistungsbereiche von Visual Basic für Windows werden in der Menüdarstellung angeboten. Der Vorteil ist, daß der Bediener sich nur wenige Tasten zur Aktivierung eines Menüs merken muß und anschließend die wählbaren Optionen angezeigt bekommt. Einige Menüs werden sogar ohne besonderen Befehl des Anwenders angezeigt. Das Hauptmenü wird direkt nach dem Starten und Laden des Programms präsentiert. Von dieser Hauptmenüleiste ausgehend, kann der Programmierer sich durch Untermenüs zu der von ihm gewünschten Funktion vorarbeiten. Fehlerhaftes Wählen kann mit der [ESC]-Taste storniert werden.

Mit dem Thema Menüarten und Menütechniken ließe sich schon alleine ein komplettes Buch füllen. Wir beschränken uns daher auf eine Menütechnik, die sich mittlerweile zu einem Standard entwickelt hat. Das Stichwort lautet hier *SAA*.

SAA steht für *Systems Applications Architecture* und ist eine Standardisierungsbestrebung für Menüs und Bedieneroberflächen. Die Grundidee dieses Konzeptes ist, daß eine einheitliche Bedienerführung für jede Art von Computern geschaffen wird, ganz gleich, ob eine Software auf einem

Großrechner, einer Workstation oder einem PC betrieben wird. Der Umstieg auf ein anderes, auch größeres Computersystem soll somit für den Bediener vereinfacht werden. Bei auf jedem System gleich strukturierten und funktionierenden Menüs und bei immer gleicher Bedienerführung sinken die notwendigen Einarbeitungszeiten, und die Berührungsangst ist wesentlich geringer, da der Bediener nach einem gleichen oder zumindest sehr ähnlichen Prinzip schon einmal gearbeitet hat.

Zum SAA-Standard gehören u.a. auch die Pull-Down-Menüs. Ein Pull-Down-Menü wird bei seiner Aktivierung *über* den bisherigen Bildschirminhalt, von einer der oberen Bildschirmzeilen ausgehend, "ausgerollt". Das Menüfenster überlagert den Arbeitsbildschirm, und der Anwender kann über Tastatur oder Mouse eine Funktion auswählen. Mit einem einzigen Tastendruck (in der Regel [ESC]) wird ein Pull-Down-Menü wieder geschlossen und der ursprüngliche Bildschirminhalt angezeigt. Visual Basic setzt von der Menüleiste ausgehend die *SAA*-Technik bevorzugt ein. Die wichtigsten Merkmale der *SAA*-Konzeption sind:

- Anwahl eines Menüpunktes, wahlweise über die [CURSORTASTEN], eine laufende Nummer und/oder einen Buchstaben, der innerhalb des Menüeintrages optisch hervorgehoben wird. Diese optische Markierung geschieht meist durch eine andersfarbige Darstellung des anwählbaren Buchstabens. Der Einsatz der Mouse zur Auswahl eines Menüpunktes ist unter *SAA* vorgesehen und wird voll unterstützt.
- Bewegung durch die Menüleiste auch bei geöffneten Untermenübereichen, wobei sich die neuen Untermenübereiche automatisch öffnen und wieder schließen, je nachdem, welcher Oberbegriff gerade aufgehellt dargestellt wird. Ein geöffnetes Menü muß also zur Anwahl eines benachbarten Menüs nicht geschlossen werden.
- Strukturierte Darstellung der Untermenüs mit der Möglichkeit, horizontale Trennlinien zur Gruppierung von Funktionen oder Befehlen einzusetzen.
- Automatisierte Randanpassung links und rechts, d.h. keine Untermenüspalte wird, auch wenn sie breiter als der Oberbegriff ist, welcher selber gerade noch vor dem rechten Rand endet, den rechten Bildschirmrand überschreiten.

Visual Basic geht noch einen Schritt weiter und bietet dem Anwender ein Menüerstellungsfenster an, aus dem heraus innerhalb einer Form eigene Menüs im SAA-Standard programmiert werden können. Wir werden uns in diesem

Buch auch dem Thema der eigenen Menüerstellung und Menüerweiterung widmen.

# 2.1 Der Start von Visual Basic

Nach den Grundlagen zum Umfeld ist es nun an der Zeit, die weiteren Ausführungen zu den Menüs und zum Programm praktisch nachvollziehbar und greifbar zu machen. Wir betrachten daher zunächst die Menüs und stellen die Funktionen in kurzen Abschnitten dar. Die nächsten Kapitel können sich somit auf Erfassung, Ausführung, Test, Speicherung und Druck eines Programms beschränken, ohne in eine Erläuterung der Menüs abschweifen zu müssen. Der Start von Visual Basic kann erfolgen, wobei wir davon ausgehen, daß die Anwendung installiert wurde und über Windows verfügbar ist. Diese Vorarbeiten der Installation sind aufgrund der dialogorientierten Installationsprogramme (Dateiname: *SETUP*) auch für den Einsteiger kein Problem. Auch die Beschreibung der genauen Installationsschritte haben wir aus diesem Grund verzichtet, nur soviel: Sie starten eine Installation bei Bedarf aus Windows heraus, indem Sie

- den Programm-Manager aktivieren,
- den Menüpunkt *Datei* wählen und dort
- *Ausführen* aktivieren.
- Geben Sie dann als Dateiname entweder A:\SETUP oder B:\SETUP ein, abhängig davon, in welchem Laufwerk sich die Installationsdiskette befindet.

## 2.1.1 Das Hauptmenü

Sofern Sie Visual Basic für Windows noch nicht geladen haben, holen Sie dieses bitte jetzt nach. Wir wollen in diesem Abschnitt das Hauptmenü vorstellen, das Ausgangspunkt aller weiteren Aktionen ist; die Fenster der Oberfläche folgen im nächsten Kapitel. Das Hauptmenü ist mit dem Stamm eines Baumes zu vergleichen. Um in einen Ast (ein Untermenü) *klettern* zu können, muß der Weg zwangsläufig über den Stamm (das Hauptmenü) genommen werden. Visual Basic bietet verschiedene Menüleisten an, die von der aktuellen Bildschirmansicht abhängen.

#### 2.1.1.1 Auswahl im Hauptmenü

Der *SAA*-Standard bietet innerhalb eines Pull-Down-Menüs diverse Möglichkeiten, einen Menüpunkt anzuwählen. Je nach Gewöhnung an Menüs, die dem Anwender bereits bekannt sind, kann dieser *seine* Auswahltechnik bestimmen.

- Auswahl über den Kennbuchstaben

Betrachtet man das Hauptmenü oder ein Untermenü am Bildschirm genauer, so ist festzustellen, daß in den Menüeinträgen zusätzlich einzelne Buchstaben gekennzeichnet sind. Je nach Art des eingesetzten Monitors ist ein Zeichen unterstrichen oder andersfarbig dargestellt, unter Windows wird immer eine grafische Darstellung mit Unterstreichung erfolgen. Über dieses Zeichen kann ein Menüpunkt angewählt werden. Drücken Sie *[Alt]+[B]* für Bearbeiten und das Menü wird geöffnet.

- Auswahl über die Cursortasten

Die Menüauswahl über Cursortasten ist weit verbreitet; mit Hilfe der Tasten Pfeil links und Pfeil rechts wird eine aufgehellte Markierung (Menübalken) auf den gewünschten Menüpunkt bewegt. Mit der Taste [*Enter*] kann der markierte Punkt dann angewählt werden. Diese Methode ist allerdings sehr umständlich, da selten eine Funktion mit nur einer Taste gewählt werden kann. In der Regel sind mehrere Anschläge zur Erreichung des Zieles erforderlich. Sofern Sie in Basic einsteigen, gewöhnen Sie sich nach Möglichkeit die Auswahl über die Anfangsbuchstaben an, und benutzen Sie die Cursortasten anschließend nur noch, um zwischen benachbarten Menüeinträgen zu blättern. Effektiver ist aber immer der Mousebetrieb. Dieses Steuerinstrument ist für das Programmieren in Visual Basic unbedingt erforderlich und sollte Ihnen zur Verfügung stehen, um die gegebenen Möglichkeiten voll ausschöpfen zu können.

- Auswahl mit der Mouse

Eine Unterstützung der Mouse durch die Bedieneroberfläche ist aufgrund der angesprochenen SAA-Menüstruktur selbstverständlich. Visual Basic begnügt sich mit einer Zwei-Tasten-Mouse, technisch werden aber auch alle drei Mousetasten abgefragt, so daß Sie in eigenen Anwendungen alle Tasten programmieren können. Für die Steuerung der Mousegeschwindigkeit (Bewegungen und Klick) sowie die Tastenbelegung (links und rechts vertauschen) ist die Systemsteuerung von Windows verantwortlich.

Probieren wir anhand einer mit der rechten Hand bedienten Mouse die Auswahl eines Menüpunktes.

- Die linke Mousetaste wird kurz gedrückt, und das Menü, auf dem der Mousezeiger gerade steht, erscheint.
- Den gewünschten Untermenüpunkt mit dem Mousezeiger (Bildschirmmarkierung) anwählen.
- Die linke Mousetaste erneut drücken, um die Funktion zu aktivieren.
- Wird ein geöffneter Hauptmenüpunkt erneut angeklickt, schließt Visual Basic das Menü.

Hinweis: Ob eine Funktion innerhalb des angezeigten Menüs wählbar ist, also zur Zeit überhaupt zur Verfügung steht, kann ohne vorheriges Probieren der Funktion direkt aus dem Menü abgelesen werden.
Sofern der Menüeintrag in voller Intensität angezeigt wird, ist eine Anwahl möglich, fehlt jedoch ein aufgehellter Buchstabe, ist die Wahl derzeit nicht möglich (Menüpunkt ist abgeblendet).

## 2.1.2 Konfigurationsmenüs

Visual Basic benötigt für korrekten Einsatz ein gewisses Umfeld bezüglich der Hardwareausstattung. Diese Hardwareausstattung wird auch als Gerätekonfiguration bezeichnet. Komplexe Programme fordern jedoch zusätzlich zur Hardwarekonfiguration die Softwarekonfiguration. Dazu gehört die richtige

Einstellung des Systems auf die Gegebenheiten und das vom Bediener gewünschte Standardumfeld, in dem gearbeitet und programmiert werden soll.

Zur Verdeutlichung sei nochmals angemerkt, daß mit Konfiguration hier nicht nur die Hardwareausstattung und -einstellung (Druckertyp, Bildschirmtyp etc.) gemeint ist, sondern auch softwarebezogene Vorgaben. Die Konfiguration kann in zwei Stufen unterteilt werden.

## Hardwarekonfiguration

Die Hardwarekonfiguration wird nicht durch Visual Basic bestimmt, sondern durch die Einstellungen in der Systemsteuerung von Windows. Der dort eingerichtete Drucker wird bei der Programmierung benutzt, um Listings zu drucken und Ausgaben zu tätigen. Sie können Textdarstellungen in Visual Basic alle Schriftarten zuweisen, die von der Betriebsumgebung bereitgestellt werden. Auch für die Mouse gilt, daß Vorgaben hinsichtlich der Tastenbelegung, der Bewegungs- und Klickgeschwindigkeit von Windows gesteuert werden. Sie brauchen sich also um die Hardware zunächst nicht weiter zu kümmern, Visual Basic wird korrekt arbeiten, wenn Windows korrekt installiert und konfiguriert ist.

## Softwarekonfiguration

Windows ist als Betriebsumgebung auch für viele Komponenten verantwortlich, die sich mit der Software und deren Verhalten auseinandersetzen. So zeichnet die Ländereinstellung der Systemsteuerung dafür verantwortlich, in welchem Format Zahlen und Datum zur Verfügung gestellt werden. Im engeren Sinne haben Sie mit der Softwarekonfiguration nur zu tun, wenn es um die Gestaltung der Arbeitsoberfläche in Visual Basic und um Verhaltensweisen des Editors geht. Welche Fenster sollen angezeigt werden, wo werden sie plaziert und wie groß ist der dafür vorgesehene Raum? Welche Farben sollen im Editor benutzt werden, hat eine Form Gitternetzlinien, wird die Syntax des Codes automatisch geprüft? Auf diese und viele andere Fragen können Sie mit individuellen Einstellungen im Menü *Optionen* reagieren.

## 2.1.3 Sonstige Menüs

Wir haben bisher zwei wichtige Menütypen kennengelernt, die uns bei der Arbeit mit Visual Basic oder dessen Umfeld regelmäßig wiederbegegnen werden: die Pull-Down-Menüs für die Wahl des eigentlichen Arbeitsbereiches, die Konfigurationsmenüs zur Bestimmung des allgemeinen Arbeitsumfeldes.

Doch auch an anderen Stellen benutzt Visual Basic die Menütechnik. Erinnern wir uns: Ein Menü ist eine dem Bediener präsentierte Auswahl von zwei oder mehr Funktionen und damit Auswahlmöglichkeiten.

Im Prinzip genügt daher schon die Frage *"WÜNSCHEN SIE HILFE (JA oder NEIN)"*, um von einem Menü zu sprechen. Diese Gruppe wird unter sonstige Menüs zusammengefaßt. Einige Beispiele sind:

- Hilfeangebot in anderen Menüs
- Verlassen des Programms ohne Speicherung
- Annahme von Fehlermeldungen
- Überschreiben von Dateinamen

Neben diesen Hinweismenüs existiert eine Vielzahl von Auswahlmenüs außerhalb der Hauptmenüleiste. Werfen wir einen kurzen Blick in eines dieser Auswahlmenüs, mit denen weitere Differenzierungen einer Vorauswahl getroffen werden können. Es handelt sich um einen Ausschnitt aus dem Menü zur Erstellung von *.EXE*-Dateien.

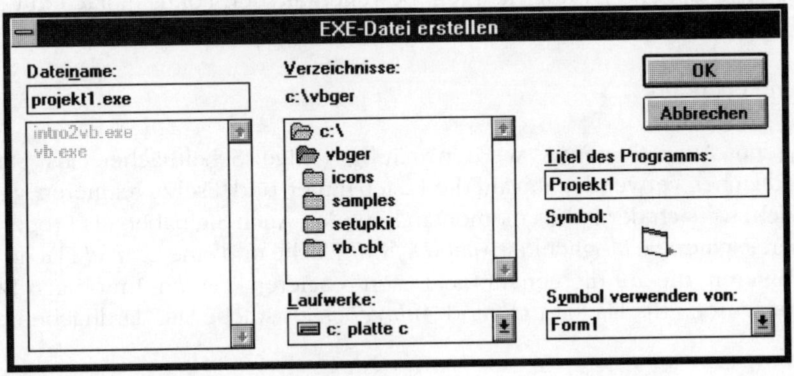


*Abb. 2.1 Beispiel eines Auswahlmenüs*

Um sich in einem solchen Menü zu bewegen, existieren nur wenige Regeln und Hinweise. Diese sind insofern interessant, als sie auch in Ihren eigenen Anwendungen gelten, denn das gezeigte Menü könnte genauso von Ihnen programmiert werden. Alle Steuerelemente sind in der Toolbox von Visual Basic vorhanden. Wenn Sie mit einer Mouse arbeiten, sind überhaupt keine Besonderheiten erwähnenswert. Im Tastaturbetrieb gelten folgende Regeln und Konventionen:

### Feldanwahl in der vorgegebenen Reihenfolge

Benutzen Sie die Tabulatortaste, um den Fokus in der vorprogrammierten Reihenfolge zu plazieren.

### Direkte Feldanwahl

Nutzen Sie die Tasten-Kurzkombinationen mit [Alt] und dem im Menüpunkt unterstrichenen Buchstaben, um zu der gewünschten Position zu gelangen. Mit [Alt]+[y] gelangen Sie in unserem Beispiel in das Feld *Symbol verwenden von*: die Liste wird auch sofort nach unten geöffnet, sofern sich mehrere Einträge zur Auswahl darin befinden.

### Öffnen einer Liste

Wenn der Fokus mit der Tabulatortaste auf ein Listenfeld bewegt wird, kann dieses mit der Cursortaste nach unten geöffnet werden. Die Cursortasten dienen dann auch innerhalb der Liste als Auswahlkriterien. Um einen Listeneintrag anschließend zu übernehmen, bewegen Sie den Fokus einfach mit der Tabulatortaste aus der Liste heraus in das nächste Feld.

### Menü beenden

In den Auswahlmenüs werden häufig einige Schaltflächen als Standardflächen verwendet, um auf die Tasten [Enter] und [Esc] zu reagieren, ganz gleich, wo sich der Fokus momentan befindet. Auch Sie haben als Programmierer später die Möglichkeit, eine *Default*-Fläche und eine *Cancel*-Fläche zu definieren, die auf die genannten Tasten reagieren werden. Im obigen Beispiel wurden die Flächen *OK* und *Abbrechen* als solche Standardflächen belegt.

# 2.2 Menüpunkte und deren Bedeutung

Nachdem wir uns allgemein mit Menüarten und der Menüauswahl auseinandergesetzt haben, ist es an der Zeit, die Menüs zu betrachten und die Bedeutung der einzelnen Punkte kennenzulernen. Dies ist sowohl für den Visual Basic-Einsteiger interessant, als auch für Umsteiger aus anderen Dialekten und aus Vorläufern (z.B. GWBasic, BasicA, QBasic, QuickBasic). Zwar arbeiten einige der genannten Vorläufer durchaus schon mit der Menütechnik, aber die Terminologie und Programmphilosophie von Visual Basic ist komplexer und anders aufgebaut als in jedem der genannten Vorgänger. Betrachten Sie die Darstellung auch als Nachschlagewerk, denn wir haben aus diesem Grund die Positionen nicht stur nach Alphabet geordnet, sondern nach den Hauptmenüpunkten sortiert:

**Hauptmenüpunkt Datei**

| Untermenü und/oder Kurzwahltaste | Funktion |
|---|---|
| Neues Projekt | Die Arbeitsfläche wird bereinigt und die Programmierung eines neuen Projektes vorbereitet. Ein eventuell noch im Speicher vorhandenes Projekt wird bei Bedarf gespeichert. Zu Beginn eines jeden Projektes wird eine Standardform (Form1) angezeigt, in der die Arbeit begonnen werden kann. |
| Projekt öffnen | Bereits in einer Programmdatei (Anhang *.MAK*) abgelegte Projekte können zur Weiterbearbeitung geladen werden. Das System öffnet alle zum Projekt gehörenden Dateien (Formen, Module und *.VBX*-Dateien). |

Projekt speichern

Jedes Projekt wird in seinen Einzelelementen gespeichert. Dabei wird jede Form und jedes Modul in einer gesonderten Datei hinterlegt, damit sie verschiedenen Projekten zugeordnet werden können. In der eigentlichen Projektdatei wird nur noch protokolliert, welche Dateien zum Projekt gehören. Um alle Komponenten zu sichern, wird dieser Menüpunkt benutzt. Sofern es sich um die erste Speicherung handelt, verzweigt das System in das Projekt *Speichern unter*.

Projekt speichern unter

Wenn Formen, Module und die zusammenfassende Projektdatei noch keinen Namen haben, wird die erstmalige Benennung über diesen Menüpunkt vorgenommen. Alle Folgespeicherungen können anschließend über den Punkt *Projekt speichern* vorgenommen werden.

Neue Form

Wenn im Rahmen einer Projekterstellung eine neue Form benötigt wird, wird dem Anwender eine Blankoform mit Standardeinstellungen bereitgestellt. Über das Projektfenster haben Sie jederzeit Zugriff auf alle Formen und Module.

Neue MDI-Form

Je Projekt kann maximal eine MDI-Form (Multi Document Interface) integriert werden.

| | |
|---|---|
| Datei hinzufügen [Strg] + [H] | Es werden standardmäßig alle Dateien mit den Anhängen *FRM*, *BAS* und *VBX* zur Auswahl angeboten. Diese können dem Projekt hinzugefügt werden, so daß beispielsweise einmal entwickelte Formen in diversen Projekten immer wieder zum Einsatz gelangen können. Der Programmierer ist so in der Lage, sich eine eigene Toolbox mit fertigen Standardformen anzulegen. |
| Datei entfernen | Löscht eine einzelne Datei aus dem Projekt. |
| Datei speichern [Strg] + [S] | Die gerade aktive Form bzw. das gerade aktive Modul wird unter dem bereits vergebenen Namen gespeichert. Sofern es sich um die erste Speicherung überhaupt handelt, verzweigt Visual Basic in das Menü *Datei speichern unter*, und Sie haben die Möglichkeit, einen Dateinamen zu vergeben. |
| Datei speichern unter [Strg] + [U] | Der Menüpunkt dient der erstmaligen Speicherung einer Einzeldatei. Um das komplette Projekt zu sichern, ist es effektiver, mit dem Eintrag *Projekt speichern unter* zu arbeiten. |
| Text laden | Eine reine Textdatei wird in den Editor geladen. Diese Funktion wird beispielsweise benutzt, um das konstante Dokument *constant.txt* mit vorgegebenen Deklarationen in ein Modul zu laden. |

| | |
|---|---|
| Text speichern | Editoreinträge werden als Text gesichert und können als solche wieder geladen werden. Sie benötigen diese Funktion, um abgewandelte Dateien von *constant.txt* anzulegen und zu sichern. |
| Drucken [Strg] + [D] | Das Druckmenü wird aktiviert, aus dem heraus Formen, Formtext oder Code zu Papier gebracht werden können. Dabei wird der Druck-Manager von Windows benutzt. |
| EXE-Datei erstellen | Visual Basic erstellt eine ausführbare Datei, die unabhängig von der Programmierumgebung auf jedem Windows-System der entsprechenden Version lauffähig ist. Dabei ist zu beachten, daß das Laufzeitmodul *VBRUN200.DLL* zusammen mit der EXE-Datei ausgeliefert wird. |
| Beenden | Das System kehrt zum Programm-Manager zurück. Alle eventuell noch geöffneten Dateien werden zuvor auf Wunsch gespeichert. |

**Hauptmenüpunkt Bearbeiten**

| Untermenü und/oder Kurzwahltaste | Funktion |
|---|---|
| Rückgängig [Strg] + [Z] | Versehentliche Bearbeitungen eines Textbereichs im Editor können oftmals größeren Schaden anrichten, weil beispielsweise Programmzeilen gelöscht wurden, die noch benötigt werden. Der Menüpunkt macht die letzte Transaktion rückgängig und stellt den Ursprungszustand wieder her. |

| | |
|---|---|
| Wiederherstellen | Eine mit der Funktion *Rückgängig* stornierte Aktion kann wiederhergestellt werden. |
| Ausschneiden `Strg` + `X` | Ein in der Form oder im Editorbereich markierter Objekt- oder Codeabschnitt wird entfernt und in der Zwischenablage von Windows hinterlegt. Über den Punkt *Einfügen* kann jederzeit auf die Zwischenablage (auch in anderen Windows-Anwendungen wie z.B. WINWORD) zurückgegriffen werden. |
| Kopieren `Strg` + `C` | Alle zuvor markierten Elemente werden in die Zwischenablage von Windows kopiert, bleiben aber in der Anwendung selbst erhalten. Auf diese Weise lassen sich Steuerelemente in einer Form sehr leicht duplizieren. |
| Einfügen `Strg` + `V` | Der Inhalt der Windows-Zwischenablage wird an der Cursorposition im Editor eingefügt. Im Rahmen der Formerstellung erscheinen eingefügte Steuerelementkopien in der linken oberen Formecke und können von dort verschoben werden. |
| Verknüpfen und Einfügen | Es ist im Rahmen des Kontaktes zu einer anderen Anwendung möglich, über die Zwischenablage ein Objekt einzufügen. |
| Löschen `Entf` | Der im Editor oder in der Form markierte Text- oder Objektbereich wird entfernt und nicht in der Zwischenablage aufbewahrt. Eine Rekonstruktion mit *Einfügen* ist nicht möglich. |

| | |
|---|---|
| Suchen [Strg] + [F] | Zur Suche eines Texteintrags in der aktuellen Prozedur, im aktuellen Modul oder in allen Modulen wird dieser Menüpunkt eingesetzt. Dabei kann sowohl nach ganzen Wörtern als auch nach Wortfragmenten geforscht werden. |
| Nächsten suchen [F3] | Das System sucht einen zuvor im Menü *Suchen* definierten Begriff erneut in Richtung Codeende (Wiederholen der Suchfunktion ohne erneute Eingabe des Suchbegriffes.) |
| Vorhergehenden suchen [Shift] + [F3] | Der momentan eingestellte Suchbegriff wird in Richtung Codeanfang erneut gesucht. |
| Ersetzen [Strg] + [E] | Erlaubt das Suchen nach einem Begriff mit anschließendem automatischen oder halbautomatischen Ersetzen durch einen neuen Begriff. |
| In den Vordergrund [Strg] + [+] | Wird zur Entwicklungszeit der Form ein Steuerelement durch ein anderes verdeckt, kann das aktive Element (das mit den Anfassern versehene Objekt) in den Vordergrund gebracht werden. |
| In den Hintergrund [Strg] + [-] | Ein andere Objekte überlagerndes Steuerelement kann in den Hintergrund gebracht werden. |
| Am Raster ausrichten | Wenn im Menü *Umgebung Optionen* der Eintrag *Am Raster ausrichten* auf *nein* gesetzt wurde, können während der Programmierung die Steuerelemente auf der Form manuell ausgerichtet werden. Sofern Sie Umgebungsoptionen nicht verändern, orientiert sich das System automatisch am Raster. |

## Hauptmenüpunkt Ansicht

| Untermenü und/oder Kurzwahltaste | Funktion |
|---|---|
| Code [F7] | Um bei der Formerstellung einen Ereigniscode schreiben zu können, wird nach der Markierung des zu bearbeitenden Steuerelements [F7] gedrückt. Es stehen dann alle für dieses Objekt möglichen Ereignisprozeduren zur Verfügung. |
| Neue Prozedur | Im Rahmen der Codeprogrammierung können allgemeine Aufgaben in Unterprogramme ausgelagert werden. Während der Formerstellung (Anordnung der Steuerelemente) ist dieser Menüpunkt nicht verfügbar. |
| Nächste Prozedur [Strg] + [↑] | Um schnell zur nächsten verfügbaren Prozedur weiterzublättern, wird dieser Menüpunkt benutzt. |
| Vorhergehende Prozedur [Strg] + [↓] | Blättert eine Prozedur zurück. |
| Prozedurdefinition [Shift] + [F2] | Innerhalb der Programmierung von Ereignisprozeduren kommt es häufiger vor, daß aus der Ereignisprozedur heraus weitere Prozeduren aufgerufen werden. Deren Code kann mit diesem Auswahlpunkt angezeigt werden. |
| Werkzeugleiste | Nicht zu verwechseln mit der Toolbox, die über das Menü *Fenster* ein- und ausgeblendet werden kann, ist die Werkzeugleiste. Diese erscheint zwischen Menüleiste und Editorbereich und beinhaltet Kurzwahlsymbole sowie Skalierungsangaben. |

## Hauptmenüpunkt Ausführen

| Untermenü und/oder Kurzwahltaste | Funktion |
|---|---|
| Starten [F5] | Eine Anwendung wird gestartet oder an der Position fortgesetzt, an der ein Haltepunkt [F9] oder eine Stop-Marke definiert wurde. Um ein Programm sicher vom tatsächlichen Anfang zu starten, wählen Sie [Shift]+[F5]. In der Werkzeugleiste befinden sich auch Symbole, die alle Funktionen des Menüs *Ausführen* abdecken. |
| Beenden | Um eine mittels Haltepunkt oder Stop-Anweisung angehaltene Anwendung endgültig zu beenden, wählen Sie diesen Menüpunkt. |
| Erneut starten [Shift]+[F5] | Die im Speicher befindliche Anwendung wird neu gestartet. Nach dem Laden eines Programms oder Projekts hat [F5] alleine dieselbe Wirkung. |

## Hauptmenüpunkt Testen

| Untermenü und/oder Kurzwahltaste | Funktion |
|---|---|

| | |
|---|---|
| Neuen Ausdruck überwachen | Dieser Menüpunkt erlaubt die einmalige, bedingte oder ständige Überwachung eines Ausdrucks (Variable, Formel, Einstellung etc.). Mit Hilfe des DECKFENSTERS können anschließend die Werte des Ausdrucks angezeigt und sogar verändert werden. Visual Basic ist in der Lage, mehrere Ausdrücke zu überwachen. |
| Aktueller Wert [Shift] + [F9] | Der zuvor definierte Ausdruck kann im Unterbrechungsmodus angezeigt werden, um den momentanen Inhalt einer Variablen oder einer Formel zu überprüfen. |
| Überwachung bearbeiten [Strg] + [B] | Es werden alle aktuellen Überwachungsausdrücke in einer Liste angezeigt. Diese können verändert oder entfernt werden. |
| Aufrufe [Strg] + [A] | In komplexen Programmen rufen Unterprogramme (z.B. Ereignisprozeduren) ihrerseits Prozeduren oder Funktionen auf. Um den Weg des Programmablaufs nachvollziehen zu können, werden in der Aufrufliste alle durch verschachtelte Aufrufe benutzte Prozeduren namentlich aufgelistet. Beim Beenden einer Prozedur wird diese aus der aktuellen Liste entfernt. |
| Einzelschritt [F8] | Im Einzelschrittmodus kann ein mittels Haltepunkt [F9] oder *Stop* angehaltenes Programm Anweisung für Anweisung durchlaufen werden. Bei jeder Betätigung von [F8] wird der nächste Programmschritt aufgerufen und ausgeführt. |

**Prozedurschritt [Shift] + [F8]**

Der Einzelschrittmodus mit [F8] hat den Nachteil, daß aufgerufene Prozeduren nicht als ein Befehl angesehen werden, sondern ebenfalls schrittweise durchlaufen werden. Um eine bestimmte Routine zu testen, ist es sinnvoller, wenn jede Verzweigung in eine andere Sub als ein Befehl angesehen wird. Der Prozedurschritt erfüllt diese Bedingung und führt innerhalb der zu prüfenden Routinen jede Anweisung schrittweise aus, jeden Unterprogrammaufruf jedoch komplett.

**Haltepunkt ein-/ausschalten [F9]**

Auf jeder beliebigen Codezeile kann ein Haltepunkt gesetzt werden. Dieser erscheint als roter Querbalken. An dieser Position hält ein laufendes Programm an, und Sie können über das Testfenster Ausdrücke überwachen oder Werte verändern (z.B. Variableninhalte). Mit [F5] wird das Programm vom Haltepunkt ausgehend fortgesetzt, zum Neustart drücken Sie [Shift] + [F5].

**Nächste Anweisung festlegen**

Wenn ein Basic-Programm unterbrochen wird, was meist durch einen Haltepunkt [F9] geschieht, wird nach Betätigung von [F5] normalerweise die Programmausführung direkt hinter der Marke fortgesetzt, auch wenn Sie sich mit dem Cursor im Code bewegt haben. Um bestimmte Befehle zu überspringen, kann an einer anderen Position die nächste ausführbare Anweisung markiert werden.

| | |
|---|---|
| Nächste Anweisung anzeigen | Nach einer Bewegung im Programmcode im Unterbrechungsmodus kann mit diesem Menüpunkt sehr leicht die Position wiedergefunden werden, an der die Programmausführung mit F5 fortgesetzt würde. |

**Hauptmenüpunkt Optionen**

| Untermenü und/oder Kurzwahltaste | Funktion |
|---|---|
| Umgebung | Die Umgebungsoptionen stellen das System auf Startwerte ein, mit denen Projekte ausgestattet werden und die das Programmierumfeld entscheidend mitbestimmen. Wesentliche Punkte des Menüs sind neben der Möglichkeit einer zwingenden Variablendeklaration die automatische Syntaxprüfung oder das Speicherformat der Dateien. Sie können nahezu alle Farben der Programmierumgebung verändern und die Struktur der Formoberfläche bestimmen (Rasterauflösung, Ausrichtungen am Raster, Anzeige des Rasters). |

| | |
|---|---|
| Projekt | In diesem Untermenü können zunächst Parameter an Ihr Programm übergeben werden, die in der Variablen *command$* innerhalb eines Programms weiterverarbeitet werden können. Nach der Kompilierung kann der Anwender mit dem Aufruf *Programmname Parameter* eine Übergabe ausführen. Weiterhin bestimmen die Projektoptionen, ob die Programmausführung in einer Startform oder in der *Sub_Main* beginnen soll. |

**Hauptmenüpunkt Fenster**

| Untermenü und/oder Kurzwahltaste | Funktion |
|---|---|
| Farbpalette | Die Farbpalette bietet dem Programmierer in einem Fenster vordefinierte Farbwerte aus der RGB-Skala an. Diese werden insbesondere bei der Vergabe der Eigenschaften *ForoColor* oder *BackColor* benutzt. In der Praxis hat es sich bewährt, die Farbpalette nicht ständig einzublenden, sondern über das Feld [...] in der Eigenschaftenliste [F4] anzuklicken und zu aktivieren. |

| | |
|---|---|
| Test `Strg` + `T` | Das Debug- oder Testfenster ist im Unterbrechungsmodus des Programms verfügbar, um auf der direkten Ebene Ausdrücke zu betrachten oder Werte zu verändern. Nach dem Programmstop an einem Haltepunkt schalten Sie mit `Strg` + `T` in das Testfenster um und können dort beispielsweise *Print a$* eingeben, um den Wert der Variablen anzuzeigen. |
| Menüentwurf `Strg` + `M` | Dieser Menüpunkt verzweigt in ein Arbeitsfenster, das der Erstellung von professionellen Pull-Down-Menüs im SAA-Standard dient. Die Optionen des Menüerstellungsfensters werden in diesem Buch noch gesondert erläutert und anhand eines Beispiels präsentiert. |
| Prozeduren `F2` | Im Projekt enthaltene Prozeduren können angezeigt und zur Bearbeitung aufgerufen werden. |
| Projekt | Um Zugriff auf alle Formen und Module zu erhalten, wird das Projektfenster geöffnet. Hier sind bei Formen sowohl die Form selber als auch deren Code anzeigbar, bei Modulen nur der Programmcode. |

| | |
|---|---|
| Eigenschaften [F4] | In der Eigenschaftenliste können im Rahmen der Formerstellung zu jedem Steuerelement und auch zur Form selbst diverse Eigenschaften eingestellt werden. Jede Eigenschaft hat eine Standardeinstellung, die bei Bedarf übernommen werden kann. Die Arbeit ausschließlich über [F4] hat sich bewährt. Markieren Sie zunächst das Steuerelement oder die Form, und drücken Sie dann [F4]. |
| Werkzeugsammlung | Die Toolbox von Visual Basic sollte immer eingeblendet sein und wird bei Bedarf auf dem Bildschirm verschoben. Sie ist das zentrale Hilfsmittel der Formerstellung. |

**Hauptmenüpunkt Hilfe**

| Untermenü und/oder Kurzwahltaste | Funktion |
|---|---|
| Inhalt | Die Hauptübersicht des Hilfesystems wird angezeigt. Von hier aus kann direkt gesucht oder eine menügesteuerte Hilfeauswahl getroffen werden. |

Suchen

Visual Basic für Windows ist mit einem Fachlexikon mit Hunderten von Begriffen ausgerüstet, die durch Eingabe eines (Teil)-Suchwortes aufgerufen werden können. Zu jedem dieser Begriffe stehen diverse Themengebiete zur Verfügung. Aktivieren Sie beispielsweise mit `Alt` + `H` das Hilfemenü, wählen Sie [S] für *Suchen,* und geben Sie *var* ein. Sie befinden sich nun auf dem Menüpunkt *Variablen* und können hierzu *Themen auflisten* wählen, um sich näher zu informieren.

Software-Service

Sie erhalten nähere Informationen, in welcher Weise und in welchem Umfang *Microsoft* Produktunterstützung bietet. Des weiteren sind Fachartikel enthalten, die sich mit Spezialthemen zu Visual Basic für Windows beschäftigen.

Einführung

Der Menüpunkt gibt eine schnelle Übersicht über das, was Visual Basic ist und leistet.

Lernprogramm

Wenn Sie Teilelemente von Visual Basic erarbeiten oder nacharbeiten möchten, stellt das Lernprogramm Lektionen zur Verfügung.

Info

Informationen über die Lizensierung.

# 3 Datentypen und Operatoren

Nachdem wir uns bisher mit allgemeinen Merkmalen von Visual Basic beschäftigt haben, um Handhabung und Eingaberegeln kennenzulernen, folgen nun weitere Informationen, die für die im nächsten Kapitel beginnende Programmierung eine unbedingte Voraussetzung darstellen. Was kurz und bündig angesprochen ist mit *Datentypen und Operatoren*, ist bei jeder Programmiersprache wesentlich und ein Schlüssel zur späteren effektiven und cleveren Programmierung. Die Datentypen beschäftigen sich mit Variablen und Konstanten, die Operatoren eröffnen die Möglichkeit, zu rechnen, zu vergleichen und Zahlen zu manipulieren. Dem Einsteiger mögen zunächst die im weiteren Verlauf dieses Kapitels vorgestellten Möglichkeiten recht umfangreich erscheinen, jedoch werden die einzelnen Teilbereiche später erneut aufgegriffen. Aber auch der Umsteiger erfährt mit Sicherheit völlig Neues über Variablen, denn ein neuer Variablentyp rüttelt das seit "Ewigkeiten" bestehende Variablenweltbild nicht nur durcheinander, sondern stellt es ganz einfach auf den Kopf. Diese Neuerung in Visual Basic für Windows ist sicherlich auch eine interessante Informationen für Aufsteiger, für die das Thema Variablen sonst oftmals ein "rotes Tuch" ist, weil man doch alles bereits so oft gehört hat. Wir stellen die Zusammenhänge komplett dar, um hieraus die neuen Teilbereiche besser herleiten zu können.

## 3.1 Der Variablenbegriff

Unter einer Variablen versteht man in jeder Programmiersprache einen Platzhalter für Informationen. Informationen können hier Zahlen und/oder Zeichen sein, also numerische Werte oder sogenannte Zeichenketten, die feste Textelemente beinhalten können. Dabei wird ein Variableninhalt entweder als konstanter Wert oder als Ergebnis einer Formelberechnung zugewiesen. Jede Variable muß einen eindeutigen Variablennamen erhalten, anhand dessen später auf die in der Variable hinterlegten Informationen zurückgegriffen werden kann. Die Zuweisung des Variableninhalts erfolgt mit dem Gleichheitszeichen (=), so daß sich die Schreibweise

```
VARIABLENNAME = VARIABLENINHALT
```

ergibt. Das Gleichheitszeichen ist hier nur ein Hilfszeichen, um dem Variablennamen einen Variableninhalt zuzuweisen, keinesfalls aber ein Symbol für mathematische Gleichheit, da beispielsweise der Ausdruck **X = X + 1** mathematisch nicht möglich ist, aber andererseits eine gültige Variablenzuweisung darstellt. Wichtig ist in der Programmiersprache Basic - und auch in vielen anderen Sprachen -, daß ein Zeichen je nach Einsatzgebiet mehrere Funktionen haben kann.

## 3.1.1 Variablenname und Typendeklaration

Um den Unterschied zwischen Variablenname und Variableninhalt zu verdeutlichen, kann man sich das Variablenumfeld wie einen überdimensionalen Aktenschrank mit etlichen Schubladen vorstellen. Jede Schublade enthält eine bestimmte Akte, der Inhalt entspricht also dem Variableninhalt. Um aber, ohne zu suchen, sofort die richtige Akte, den richtigen Variableninhalt, zu finden, werden die Schubladen beschriftet. Diese Beschriftung entspricht dem Variablennamen. Der Programmierer benötigt demnach den Variablennamen, um auf den Variableninhalt zugreifen zu können. Um Verwechslungen zu vermeiden (der Inhalt muß immer mit dem ersten Griff gefunden werden), ist niemals eine Schublade mit der gleichen Bezeichnung versehen. Es kann also auch einem Variablennamen immer nur ein Wert zugewiesen werden.

Der Variablenname ermöglicht den Zugriff auf den Variableninhalt, er hat aber noch eine weitere wichtige Funktion. Wie oben erwähnt, existieren mehrere Variablentypen, nämlich die numerischen Variablen und die Zeichenkettenvariablen. Die numerischen Variablen werden ihrerseits noch weiter klassifiziert. Da eigentlich nicht automatisch erkannt werden kann, ob ein Variableninhalt numerisch oder eine Zeichenkette sein soll (ab Visual Basic für Windows 2.0 ist diese Aussage zu relativieren), muß Basic mitgeteilt werden, welcher Variablentyp benutzt werden soll. Hierzu wird einfach an den Variablennamen ein weiteres Zeichen angehängt, das den Typus beschreibt und festlegt. Die Schreibweise erweitert sich bei der Informationszuweisung dann auf:

```
VARIABLENNAME? = VARIABLENINHALT
```

Das Fragezeichen steht hierbei für das jeweils einzusetzende Definitionszeichen des Variblentyps. Visual Basic stellt derzeit sechs definierte Variablentypen zur Verfügung. Der neue Typ *Variant* wird an späterer Stelle aufgegriffen.

| Definitionszeichen | Bezeichnung | Basic-Typname |
|---|---|---|
| **$** | Zeichenkettenvariable | String |
| **%** | Ganzzahl | Integer |
| **&** | Lange Ganzzahl | Long |
| **!** | Einfache Genauigkeit | Single |
| **#** | Doppelte Genauigkeit | Double |
| @ | Währungsangabe | Currency |

Auf die charakteristischen Merkmale der diversen numerischen Variablen gehen wir später noch genauer an, an dieser Stelle genügt zunächst der Hinweis, daß, sofern kein Definitionszeichen an den Variablennamen angehängt wird und die Variable auch nicht deklariert wurde, automatisch vom Typ *Variant* ausgegangen wird. Nachdem auf die Möglichkeit einer Typendeklaration hingewiesen wurde, stellt sich nun die Frage, wie der Variablenname aufgebaut ist und möglichst sinnvoll vergeben werden kann. Dem Anwender werden hier von Basic sehr große Spielräume eingeräumt, und Variablennamen unterliegen nur sehr wenigen Beschränkungen. Der Variablenname

- darf maximal 40 Zeichen lang sein.
- darf Buchstaben und/oder Ziffern enthalten.
- darf einen Unterstrich (_) enthalten.
- darf bei bestimmten Typen einen Punkt enthalten (.).
- darf wahlweise Groß- und Kleinbuchstaben enthalten.
- muß mit einem Buchstaben beginnen.
- muß sich von reservierten Begriffen unterscheiden
- (Basic-Befehle, Operatoren, Namen von Unterprogrammen).

In der Praxis hat sich bewährt, einen Variablennamen möglichst sinnvoll zu wählen, also einen Rückschluß vom Variablennamen auf den Inhalt zuzulassen. Als Beispiel sei die Zuweisung eines Betrages in eine numerische Variable angeführt. Selbstverständlich wäre die Zuweisung

```
IWTVERLAG = 1500
```

gültig und würde von Basic akzeptiert. Da aber auch Variablen ein Element der angestrebten strukturierten Programmierung sind, sollte die Zuweisung besser z.B.

```
BETRAG = 1500
```

lauten. Weiterhin sollte die maximale Länge von 40 Zeichen nicht ausgenutzt werden, da Platzbedarf und Tippaufwand bei häufiger Verwendung einer Variablen überproportional steigen würden. Eine Länge von bis zu acht Zeichen hat sich bei den Einzelvariablen als sehr praktisch erwiesen.

## 3.1.2 Wertzuweisung bei Variablen

Um nun den theoretischen Teil in die Praxis umzusetzen, einige Beispiele für Variablennamen, Variablentypen und deren Wertzuweisung. Dabei geht es zunächst nur um die korrekte Syntax für die Zuweisung von Informationen in eine Variable. Die Grenzen, die beispielsweise bei der Zuweisung von numerischen Werten oder langen Zeichenketten in Variablen eingehalten werden müssen, bedürfen später ebenfalls einer genaueren Untersuchung.

a) Zuweisung in numerische Variablen (konstanter Wert)

**X% = 100**
**Y! = 7.25**

oder durch Berechnung eines Ergebnisses aus konstanten numerischen Werten

**Y& = 10^6           (^ als Zeichen für Potenzierung)**
**X# = 7 * 99 / 100  (* als Zeichen für Multiplikation,**
**/ als Zeichen für Division)**

b) Zuweisung in numerische Variablen (variabler Wert)

Der Sinn einer Variablen wird weniger durch Zuweisung eines konstanten Wertes bedingt, vielmehr sollen in Variablen - daher auch der Begriff - variable Informationen, die sich beim Ablauf eines Programms durch Bedienereingaben oder Berechnungsergebnisse jeweils ergeben, hinterlegt werden. Weiterhin werden in Programmen eine Vielzahl von sogenannten Hilfsvariablen benötigt, die als Zähler für Wiederholungen einzelner Programmelemente, als Zwischenspeicher bei Tastatureingaben oder als Durchgangsstation für Lese- und Schreibzugriffe auf Dateien dienen, um nur einige Beispiele zu nennen. Eine Zuweisung kann dementsprechend das Berechnungsergebnis einer Formel sein, die mehrere Variablen enthält

**Y! = X^2 + 9*X + 16**

oder auch nur eine *Kopie* eines Wertes aus einer anderen Variablen

**X% = Y%**

c) Zuweisung in eine Zeichenkettenvariable (konstanter Wert)

Die Zeichenkettenvariablen, deren Definitinonszeichen *$* wir bereits kennengelernt haben, weisen bei der Zuweisung von konstanten Zeichenketten eine Besonderheit auf. Nehmen wir an, es soll das Wort *IWTVERLAG* in einer Zeichenkettenvariable hinterlegt wären. Gemäß der Regel

VARIABLENNAME$ = VARIABLENINHALT

entsteht häufig Verwirrung und ein Mißverständnis, da eine Zuweisung *X$ = IWTVERLAG* von Basic mit einer Fehlermeldung quittiert wird. Der Variableninhalt muß, sofern es sich um eine konstante Zeichenkette handelt, in Hochkommata eingeschlossen werden. Die Schreibweise lautet also dementsprechend

VARIABLENNAME$ = "VARIABLENINHALT"

oder in der Umsetzung **X$ = "IWTVERLAG"**.

d) Zuweisung in eine Zeichenkettenvariable (variabler Wert)

Auch bei einer Zeichenkettenvariable ist keinesfalls die Belegung mit einem konstanten Buchstaben, einer Zeichenfolge oder einer Textmeldung das in der Praxis vorkommende hauptsächliche Anwendungsgebiet. Viel interessanter sind Zuweisungen, die sich zumindest teilweise auf den Inhalt anderer Variablen beziehen. Die einfachste Möglichkeit ist hier die Kopie des Inhaltes einer anderen Variablen:

**Y$ = "IWTVERLAG"**
**X$ = Y$**

Es ist auch möglich, den Inhalt von diversen Zeichenkettenvariablen zusammenzufügen. Dies geschieht mit dem Pluszeichen *(+)* und folgender Schreibweise:

**Y$ = "IWT"**
**X$ = "VERLAG"**
**Z$ = Y$ + X$ (Z$ hat nun den Inhalt IWTVERLAG)**.

Basic läßt weiterhin Mischformen zu, die konstante Zeichenkettenbereiche mit Variableninhalten kombinieren:

**Y$ = "IWT"**
**Z$ = Y$ + "VERLAG" (Z$ hat nun den Inhalt IWTVERLAG).**

## 3.1.3 Grenzen der Wertzuweisungen

Basic unterscheidet zwei wichtige Bereiche, in denen Grenzen der Wertzuweisung sichtbar werden. Zum einen können Zahlen nicht unendlich groß sein und Zeichenketten nicht beliebig lang. Weiterhin muß ein Unterschied in der maximal aufnehmbaren Zahl bei den verschiedenen Typen der numerischen Variablen (Integer, Single, Double, Long, Currency) bestehen, da diese auch unterschiedlich viel Speicherplatz benötigen. Diese Grenze wird als *Kapazitätsgrenze* bezeichnet. Zum anderen gibt es grundsätzliche Grenzen beim Austausch von Variableninhalten, die *Transfergrenzen.* Was geschieht, wenn man versucht, eine Zahl einfacher Genauigkeit *(Single !)* in eine Ganzzahl *(Integer %)* umzusetzen oder den Inhalt einer Zeichenkette in eine numerische Variable zu übertragen?

### 3.1.3.1 Automatische Wertzuweisungen

Bei den in einem Programm benutzten Variablen bietet Basic bereits eine Arbeitserleichterung an. Variableninhalte werden im Arbeitsspeicher abgelegt und verwaltet. Für Variablen wird ein entsprechender Bereich reserviert, dessen Größe von der Variablenart abhängt. Beim Programmstart werden Variablen initialisiert, es wird also eine automatische Wertzuweisung vorgenommen. Basic setzt alle numerischen Variablen auf den Wert Null, und alle Zeichenkettenvariablen sind gelöscht *(Variable$="").* Die beiden aufeinanderfolgenden Hochkommata ermöglichen es Ihnen aber auch, eine Variable im Programmverlauf wieder zu löschen.

Auch nach dem Programmstart können automatische Wertzuweisungen erfolgen, wenn ein Unterprogramm (Sub = Auslagerung von Programmteilen) aufgerufen wird. Alle in diesem Unterprogramm benutzten Variablen werden zunächst ebenfalls zurückgesetzt. Nur nach speziellen Anweisungen durch den Programmierer kann diese Vorgehensweise unterdrückt werden.

### 3.1.3.2 Kapazitätsgrenzen

Um die Kapazitätsgrenzen für die einzelnen Variablentypen zu verdeutlichen, zeigt folgende Tabelle die entsprechenden Grenzen, da teilweise auch negative Zahlen zugelassen werden. Es ergeben sich daher in der Regel ein Maximalwert und ein Minimalwert. Die Typen *Single* und *Double* werden zusätzlich bei der Kapazitätsdarstellung nach positiven und negativen Werten unterschieden.

| Bezeichnung | Typenname | Minimalwert | Maximalwert |
|---|---|---|---|
| $ Zeichenkette | String | 0 Zeichen | etwa 65.535 Zeichen |
| % Ganzzahl | Integer | -32.768 | 32.767 |
| & Lange Ganzzahl | Long | -2.147.483.648 | 2.147.483.647 |
| positive Werte | | | |
| ! Einfach genau | Single | 1,401298 E-45 | 3,402823 E+38 |
| # Doppelt genau | Double | 4,940656458412465 D-324 | 1,797693134862315 D+308 |
| negative Werte | | | |
| ! Einfach genau | Single | -3,402823 E+38 | -1,401298 E-45 |
| # Doppelt genau | Double | -1,797693134862315 D+308 | -4,940656458412465 D-324 |
| Currency -922337203685477,5808 922337203685477,5807 | | | |

Sofern die genannten Grenzen innerhalb des Programmlaufes überschritten werden, zeigt Basic nach dem Programmstop die Meldung *Überlauf* an.

> Hinweis: Die im Exponenten angezeigten Buchstaben *D* und *E* kennzeichnen die Genauigkeit des angezeigten Wertes. Während *E* für Werte mit einfacher Genauigkeit steht, kennzeichnet *D* einen Wert doppelter Genauigkeit.

## 3.1.3.3 Transfergrenzen

In der Programmiersprache Basic ist ein Werteaustausch innerhalb numerischer Variablen rein techisch grundsätzlich zugelassen, auch wenn der Inhalt beim Transfer verändert werden kann. Hingegen führt der Versuch, den Inhalt einer Zeichenkettenvariablen in einen beliebigen ***deklarierten*** numerischen Typ umzusetzen, zu einer Fehlermeldung; auch der Weg von der numerischen Variablen zum String ist ohne Hilfsmittel immer eine unerlaubte Aktion. Zuweisungen in der Art

**X$ = 1000**

**X% = "Hallo"**

**X$ = Y**

**Y! = X$**

verursachen die Meldung *Datentypen unverträglich*. Der Hinweis, daß diese Umwandlungen ohne Hilfsmittel nicht möglich seien, deutet an, daß es an dieser Stelle notwendig wird, sich mit einigen Basic-Befehlen auseinanderzusetzen.

a) Umwandlung einer Zeichenkette in einen numerischen Wert

Der Befehl **Val(Zeichenkette)** ermöglicht die Umwandlung eines Zeichenketteninhaltes in einen numerischen Wert. Der in Klammern gesetzte String kann wahlweise eine Zeichenkettenvariable oder eine Konstante in Hochkommata sein. Der mit **Val(Zeichenkette)** ermittelte Wert kann wahlweise direkt mit der **Print**-Methode oder in einer Messagebox ausgegeben werden beziehungsweise einer numerischen Variablen zugewiesen werden. Dabei hängt der zu wählende Typ des numerischen Wertes von der Größe der in der Zeichenkette vorkommenden Zahl ab. Das Prinzip der Umwandlung zeigt nachstehende Aufstellung.

| Zeichenkette | Ergebnis der Umwandlung **Val(Zeichenkette)** |
|---|---|
| "1576" | 1576 |
| "1000,00" | 1000 (Dezimaltrennzeichen ist der Punkt!) |
| "1000.00" | 1000.00 |
| "IWTVERLAG" | 0 |
| "8000 MÜNCHEN 60 | 8000 |
| "MÜNCHEN 60" | 0 |
| "" | 0 |
| "   7 6   9" | 769 |
| "-145" | -145 |

Als Regel für die Umwandlung gilt, daß, am linken Rand beginnend, so lange Ziffern übernommen werden, bis ein anderes Zeichen aus dem Zeichensatz gefunden wird. In diesem Fall erfolgt ein sofortiger Abbruch der Umwandlung, so daß eventuell später gesetzte Ziffern ignoriert werden (siehe Beispiel *8000 MÜNCHEN 60*). Ein lokalisierter Punkt *(.)* gilt als Dezimaltrennzeichen, Leerzeichen werden bei der Umwandlung an jeder Stelle der Zeichenkette entfernt. Ein führendes negatives Vorzeichen wird bei der Umwandlung übernommen, ansonsten ist der Wert automatisch positiv.

b) Umwandlung eines numerischen Wertes in eine Zeichenkette

Die Umkehrfunktion zum Befehl **VAL** bietet die Basic-Anweisung **Str$(Numerischer Wert)**. Der numerische Wert kann wahlweise eine positive oder negative Zahl oder eine numerische Variable beliebigen Typs sein. Exponentialwerte erscheinen in der Zeichenkette ebenfalls in der Exponentialschreibweise (z.B. 1D+35). Beispiele für das Umwandlungsprinzip:

| numerischer Wert | Ergebnis der Umwandlung **Str$(Wert)** |
|---|---|
| 1000 | 1000 |
| 769- | 769 |
| -123.78 | -123.78 |
| 10000000000000000 | 1D+16 |

Eine wesentliche Besonderheit, die bei der späteren Programmierung berücksichtigt werden muß, entsteht bei jeder Umwandlung von numerischen Werten in Zeichenketten. Der entstehende String ist immer ein Zeichen länger als der zugrundeliegende Wert, aus der |*1000*| wird | *1000*|, wobei Basic an erster Stelle das zusätzliche Leerzeichen einfügt. Hierbei handelt es sich keinesfalls um einen Fehler im System, sondern um den Platzhalter für ein eventuell übernommenes negatives Vorzeichen. Da positive Vorzeichen grundsätzlich nicht mit angezeigt werden, steht das Leerzeichen repräsentativ für das positive Vorzeichen.

c) Umwandlung innerhalb von numerischen Werten

Eine Übergabe des Variableninhaltes zwischen diversen numerischen Typen ist möglich, wobei allerdings der übergebene Wert an den Typ der übernehmenden Variablen angepaßt wird. Die Eingabe

**a# = 1000.23**

**b& = a#**

bewirkt, daß **b&** als *Long* keinen Nachkommawert aufnehmen kann. Die *Double*-Variable **a#** wird daher bei der Übergabe um den Nachkommateil gekürzt, **b&** beinhaltet den Wert *1000.*

Eine in jedem Fall problemlose Übergabe ist möglich, sofern diese gemäß folgender Aufstellung vorgenommen wird. Die mit *X* gekennzeichneten Kombinationen sind bei der Wertübergabe unkritisch.

| Quelltyp \ Zieltyp | **%** | **&** | **!** | **#** | **@** |
|---|---|---|---|---|---|
| **%** | X | X | X | X | X |
| **&** | | X | X | X | X |
| **!** | | | X | X | |
| **#** | | | | X | |
| **@** | | | X | X | X |

Die Befehle *CInt*, *CCur*, *CLng*, *CSng*, *CStr*, *CVar* und *CDbl* unterstützen die Typumwandlung zwischen numerischen Werten.

## 3.1.4 Der Platzbedarf von Variablen

Das Thema Variablen erfordert in seiner Komplexität auch Kenntnisse über den Bedarf an Speicherplatz, den die einzelnen Typen für sich beanspruchen. Dabei soll es bei der Einführung nicht um die Anlagetechnik im Speicher und das Speichermanagement gehen. Den Programmierer interessiert in erster Linie die Frage: Wieviel Byte belegt der Inhalt einer Variable des Typs *Integer*, *Long*, *Single*, *Double* oder *Currency?* Für die bisher behandelten Einzelvariablen mag dieses Wissen noch nachrangig sein, aber die im weiteren Verlauf dieses Kapitels noch zu behandelnden Verbundvariablen setzen bei der Programmplanung diesen Überblick voraus. Beim Typ *Zeichenkette* ergibt sich eine Unterteilung in Zeichenketten variabler Länge und Zeichenketten mit vorher definierter, fester Länge.

| | Bezeichnung | Basic-Typname | Länge in Byte |
|---|---|---|---|
| **%** | Ganzzahl | Integer | 2 |
| **&** | Lange Ganzzahl | Long | 4 |
| **!** | Einfache Genauigkeit | Single | 4 |
| **#** | Doppelte Genauigkeit | Double | 8 |
| @ | Währungsangaben | Currency | 8 |
| **$** | Zeichenketten variabel | String | Anzahl der Zeichen im String |
| **$** | Zeichenketten fest | String**BYTE* | Anzahl *BYTE* |

Bei den Zeichenketten variabler Länge reserviert sich Basic zunächst vier Byte als Protokollbereich der Variablen (Beschreiber der Variablen). Danach werden die Zeichen des String gezählt. Es wird also nur soviel Speicherplatz beansprucht, wie die Zeichenkette effektiv lang ist. Die Zeichenketten mit fester Länge werden insbesondere bei Verbundvariablen genutzt. Das Zeichen *(*)* steht für Multiplikation. Durch die Angabe der *BYTE* wird eine Länge definiert, die in jedem Fall im Speicher reserviert werden soll. Der Verbrauch im Speicher ist bei Zeichenketten fester Länge vom späteren Inhalt völlig losgelöst. Kürzere Einträge werden mit Leerstellen aufgefüllt, längere Einträge auf die maximale Anzahl der gewünschten Zeichen gekürzt. Den Besonderheiten der Verbundvariablen wird ein gesonderter Kapitalabschnitt gewidmet; wir stellen daher weitere Ausführungen zu diesem Thema noch kurz zurück und verweilen bei den einfachen Variablen.

## 3.1.5 Der Geltungsbereich von Variablen

Im weiteren Verlauf dieses Buches wird auch die Erstellung von Unterprogrammen (Subs) besprochen, die ein Element der strukturierten Programmierung repräsentiert. Jedes Modul besteht aus Unterprogrammen, und bei Bedarf ist in einem Projekt genau ein Unterprogramm, nämlich die Startroutine *Sub_Main*. Jede Form kann aus generellen Prozeduren und Ereignisprozeduren bestehen. Während in der *Sub_Main* der eigentliche Programmablauf gesteuert wird, bestehen alle Folgemodule nur noch aus Subs. Hieraus folgt, daß das Startmodul nicht nur auf seine eigenen Subs, sondern auch auf Subs anderer Module zugreift. Den Aufbau eines mehrmoduligen Programms verdeutlicht die schematische Darstellung, woraus sich auch für den Geltungsbereich von Variablen Fragen ergeben, denn nicht jedes Unterprogramm kann auf jeden Variableninhalt zugreifen. Diese Informationen sind auch für Umsteiger aus QuickBasic wichtig, da Visual Basic sich in einigen Bereichen anders verhält als Vorgängerdialekte:

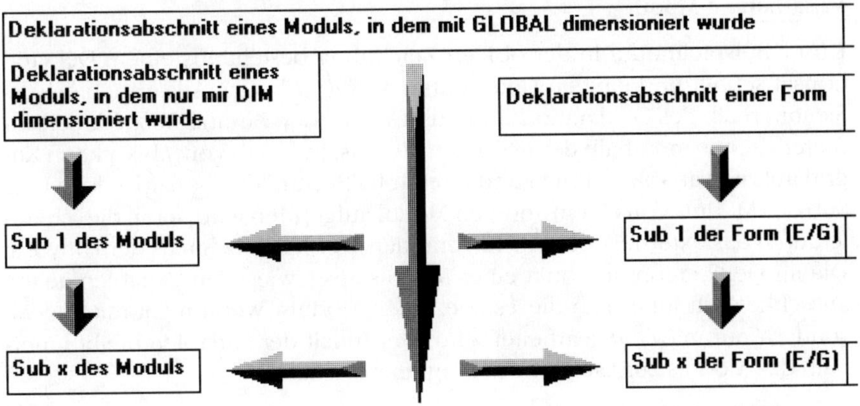


*Abb. 3.1 Gültigkeitsbereich von Variablen*

Globale Variablen

Ein Projekt in Visual Basic weist die Möglichkeit auf, bei Bedarf Variablen innerhalb des gesamten Projekts anzubieten. Diese globalen Variablen behalten während des Programmablaufs die in ihnen hinterlegten Informationen und sind von jeder Stelle der Anwendung aus zugänglich. Jede Sub, ganz gleich ob aus dem Modul, einem Ereignis (E) oder einer generellen (G) Formprozedur, kann also auf die Variable zugreifen und diese allgemeingültig mit neuen Werten belegen. Die Deklaration einer globalen Variablen erfolgt mit Global im Deklarationsabschnitt des Moduls. Eine Dimensionierung im Modul hat die Syntax **Global Variable As Variablenart**. *Variable* gibt dabei den Namen des Platzhalters an, *Variablenart* den Typ von Integer bis Currency. In einer Zeile können auch mehrere Variablen gleichzeitig dimensioniert werden; die Einträge sind dann durch Kommata zu trennen.

```
Beispiel: Global Betrag As Currency, Menge As Integer
```

## Variablen im Modul

Unser Beispielmodul in der obigen Zeichnung besteht aus einem Deklarationsabschnitt und einigen Unterroutinen (*Sub_1* bis *x*). Alle Variablen, die Sie innerhalb des Deklarationsabschnittes ohne den Zusatz *Global* dimensionieren, gelten innerhalb des gesamten Moduls. Jede Sub von *1* bis *x* kann Zugriff auf die Variable nehmen und ihren Inhalt verändern. Sobald jedoch eine Sub des Moduls von einem anderen Modul aufgerufen wird, kann die Variable durch das externe Modul nicht verändert werden. Nochmals der Hinweis: Die im Deklarationsabschnitt eines Moduls ausgewiesenen Variablen gelten ausschließlich innerhalb dieses speziellen Moduls, wenn nicht mit *Global*, sondern nur mit *Dim* gearbeitet wird. Der Inhalt der Variablen bleibt innerhalb des Moduls zur Laufzeit des Programms erhalten.

```
Beispiel: Dim Zähler As Integer
```

## Variablen in einer Form

Betrachten Sie die Beispielanwendung, so zeigt diese auf Formebene einen generellen Deklarationsteil, Ereignisprozeduren (*Sub_E1* bis *Ex*) und drei generelle Prozeduren (*Sub_G1* bis *Gx*), die nichts mit Ereignissen eines Steuerelements zu tun haben und vom Code aus jederzeit aufgerufen werden können, um allgemeine Aufgaben zu erledigen. Der Deklarationsabschnitt der Form verhält sich wie der beim Modul. Eine hier ausgewiesene Variable gilt innerhalb der gesamten Form, also in jeder Ereignisprozedur und in jeder generellen Prozedur. Außerhalb der Form ist die Variable nicht greifbar und nicht änderbar. Der Wert der Variablen auf Formebene besteht so lange wie die Form selber.

```
Beispiel: Dim Bildzeiger As Single
```

## Variablen nur in einer Sub

Wir haben drei Arten von Unterroutinen (Subs) kennengelernt, und zwar auf Modulebene, auf Formebene als Ereignisprozedur und auf Formebene als generelle Prozedur. Innerhalb dieser Subs ist es oftmals erforderlich, temporäre Variablen zu benutzen, um Zählerstände zu speichern oder Hilfswerte zwischenzulagern. Alle Variableninhalte in diesen Unterprogrammen sind standardmäßig nur bis zum Verlassen der Sub vorhanden und werden anschließend gelöscht. Zeichenketten werden auf leer gesetzt und numerische Variablen auf Null. Um nun aber trotzdem Werte auch über den Aufruf der Sub hinaus zu speichern, muß keine globale oder generelle Variable dimensioniert werden, man kann in der Unterroutine die Variable statisch machen und den Inhalt erhalten, auch wenn die Sub verlassen wurde.

```
Beispiel: Static Zwischenvariable As Integer
```

Zusammenfassung

Die folgende Tabelle zeigt nochmals einprägsam die Gültigkeit von Variablen in Visual Basic:

| Ort der Deklaration | Gültigkeit |
|---|---|
| Deklarationsteil Modul mit Global | Überall in der Anwendung. |
| Deklarationsteil Modul ohne Global | Überall im betreffenden Modul. |
| Deklarationsteil Form | Überall in der betreffenden Form. |
| In einer Sub (ohne *Static*) | Überall in der Sub bis zum Verlassen der Sub, dann wird die Variable zurückgesetzt. |
| In einer Sub (mit *Static*) | Überall in der Sub, zwischen den Aufrufen bleibt der Inhalt erhalten. |

# 3.2 Datenfelder (Arrays)

Neben den einfachen Variablen bietet die Programmiersprache Basic weitere Möglichkeiten, nämlich die Datenfelder. Grund für die Schaffung von Datenfeldern waren praktische Gesichtspunkte. Dann Datenfelder ermöglichen eine Handhabung von größeren Datenmengen in effektiver Weise. Nehmen wir als Beispiel eine Liste von Meßdaten, die Tagestemperaturen von einem kompletten Jahr. Die 365 Meßdaten sollen nach der Erfassung vom Computer ausgewertet werden, z.B., um einen Wochen-, Monats- oder Jahresdurchschnitt zu errechnen. Da jeder Wert in einer Variablen gespeichert werden muß, wären 365 verschiedene Variablen vonnöten. Bei der Verwendung von einfachen Variablen ist die Erfassung der Daten zwar denkbar (WERT1, WERT2, ...WERT 365), die Auswertung nach verschiedenen Kriterien ist dagegen fast unmöglich. Der Programmieraufwand alleine für die Addition der Meßwerte stünde in keinem Verhältnis zum gewünschten Nutzen. Die Programmzeile

```
SUMME = WERT1 + WERT2 + WERT3 + WERT4 ....
```

schafft unverzüglich Verdruß beim Programmierer und soll deshalb nicht fortgeführt werden. Abhilfe schaffen hier die Datenfelder, die statt mit 365 verschiedenen Variablennamen weiterhin mit einem Variablennamen arbeiten. Der Trick beim Datenfeld ist ein angefügter Index, der in Klammern dem Variablennamen hinzugefügt wird. Der Index, eine Ganzzahl, bestimmt das Element, auf das innerhalb eines Feldes zugegriffen werden soll. Es genügt nun ein kurzes "Prögrämmchen", um die Werte zu addieren und den Jahresdurchschnitt zu berechnen. Der Ausschnitt für die komplette Summenbildung sieht nun folgendermaßen aus:

```
For Index%= 1 To 365
    SUMME = SUMME + WERT(Index%
Next Index%
```

## 3.2.1 Datenfeldarten

Bei den Datenfeldarten geht es nicht um den Variablentyp, den das Feld repräsentiert. Es sind alle sechs Varianten (*Integer, Long, Single, Double, Currency, String*) erlaubt. Die Feldart bezieht sich auf die möglichen Dimensionen; in der Praxis werden ein-, zwei- und dreidimensionale Datenfelder eingesetzt. Der Index bestimmt dabei die gewünschte Dimension.

Eindimensionale Felder können mit aneinandergereihten numerierten Parkplätzen verglichen werden. Der Index in der ersten Dimension entspricht der Parkplatznummer.

```
                  Index
VARIABLENNAME(|0|1|2|3|4|5|6|7|8|9|*|.|.|.|.|.|.|X|)
```

* = Beispiel für die Variablenbelegung: **X$(10) = "Zeichenkette"**

Zweidimensionale Variablen sind mit einem Parkplatz zu vergleichen, bei dem mehrere gleich lange Reihen in einer Matrix angeordnet sind. Der Index weist hier zwei Richtungen auf, verglichen mit einem Koordinatensystem, stünden dann eine X-Achse (horizontaler Index) und eine Y-Achse (vertikaler Index) zur Verfügung.

```
                  Index X
VARIABLENNAME( 0 1 2 3 4 5 6 7 8 9 . . . . . . X )I
                         |                       n
                 (1      |                       )d
                         |                        e
                 (2      |                       )x
                         |
                 (3---------*                    )Y

                 (4                              )
```

* = Beispiel für die Variablenbelegung: **X$(5,3) = "Marke"**

Dreidimensionale Variablen machen aus dem bisherigen Parkplatz ein Parkhaus, es existieren also mehrere Ebenen mit gleich vielen Stellplätzen. Mathematisch ausgedrückt enthält das Koordinatensystem neben der X-Achse und der Y-Achse zusätzliche eine Z-Achse (Zeitachse).

Beispiel für Variablenbelegung: **X$(X,Y,Z) = "Zeichenkette"**
**X$(1,6,4) = "Inhalt"**

## 3.2.2 Die Dimensionierung von Datenfeldern

Datenfelder belegen unter Umständen große Bereiche im Arbeitsspeicher. Um einen Mittelweg zwischen Bedienungskomfort und rationellem Speichermanagement zu finden, muß der Programmierer die gewünschte Größe des Datenfeldes dimensionieren. Der Befehl lautet

**DIM Variable (Index X, Index Y, Index Z,... )**

wobei mindestens ein Index vergeben werden muß. Es sind theoretisch mehr als drei Dimensionen möglich, aber die praktische Anwendung macht einen Gebrauch in der Regel nicht erforderlich. Der Index besteht entweder aus einem numerischen Wert oder aus einer Bereichsangabe. Sofern nur ein Wert angegeben wird, setzt Basic den Indexbeginn auf Null, so daß die Dimensionierung **DIM X$(100)** die Variablen **X$(0)** bis **X$(100)** bereitstellt. Für bestimmte Programmanwendungen ist es jedoch nützlich, einen Indexbereich zu wählen, der nicht von Null bis zur dimensionierten Grenze reicht. Es sind durch Bereichsangaben sogar negative Indizes möglich. Eine Dimensionierung erfolgt dann durch **DIM Variable(ANFANG TO ENDE)**. Zu beachten ist lediglich, daß der Anfangswert kleiner als der Endwert ist und daß die Indexgrenzen eingehalten werden.

| | |
|---|---|
| - minimaler Anfangswert | = -32.768 |
| - maximaler Endwert | = 32.767 |
| - maximale Datenfelddimensionen | = 60 |

Eine Dimensionierung darf auch Mischformen aus Obergrenzen und Bereichsangaben in der Form **DIM X$(5, -3 TO 7)** aufweisen.

Statische Datenfelder

Ein statisches Datenfeld wird erzeugt, wenn aufgrund der Vorgehensweise bei der Felddimensionierung bereits vor der Programmausführung feststeht, wieviel Speicherplatz das Feld benötigen wird. Dieser Speicherplatz wird beim Kompilieren zugewiesen und kann später nicht mehr von anderen Programmelementen benutzt werden. Ein Datenfeld wird angelegt, wenn eine der folgenden Bedingungen bei der Dimensionierung erfüllt ist:

| | |
|---|---|
| - Index mit konstanter Zahl wird benutzt | **DIM X(30).** |
| - Index ist zuvor definierte Konstante | **CONST INDEX = 30**<br>**DIM X(INDEX).** |

Das statische Datenfeld darf im Verlauf eines Programms nur einmalig dimensioniert werden. Der Versuch, das Feld im selben Programm ein weiteres mal zu dimensionieren **(REDIM),** wird mit der Meldung *Datenfeld bereits dimen-*

*sioniert* abgebrochen. Es empfiehlt sich daher, Dimensionierungen von statischen Feldern immer am Programmanfang anzusiedeln bzw. bei mehrmoduligen Programmen mit *Global* im Deklarationsteil zu arbeiten. Für die QuickBasic- oder Visual Basic für DOS-Programmierer der Hinweis, daß mit *Global* definierte Einträge mit dem Inhalt einer *$Include*-Datei vergleichbar sind.

Der Befehl **ERASE Datenfeldname** (z.B. **ERASE X$**) löscht den bisherigen Inhalt des statischen Datenfeldes, ohne jedoch das Feld als solches zu entfernen. Der Speicherplatz bleibt weiterhin reserviert.

Dynamische Datenfelder

Dynamische Datenfelder können bei Programmen eingesetzt werden, die speicherplatzintensiv sind und nicht während des gesamten Ablaufs ein Datenfeld benötigen. Wie der Begriff dynamisch zeigt, wird der Speicherplatz für das Datenfeld nicht schon bei der Kompilierung reserviert, sondern erst beim Programmablauf. Trift Basic auf eine **DIM**-Anweisung für dynamische Felder, erfolgt die Platzzuweisung im Speicher. Ein weiterer Vorteil ist darin zu sehen, daß die 64kB-Beschränkung aufgehoben ist und der gesamte Restspeicher zur Verfügung steht. Ein Datenfeld wird als dynamisch angesehen, wenn

- der Index eine Variable ist **DIM X(VARIABLE).**
- das Datenfeld zuerst in einer **COMMON**-Anweisung deklariert worden ist.

Eine Dimensionierung von dynamischen Feldern ist im Verlauf eines Programms mehrfach nötig. Sofern ein zu Beginn definiertes Feld temporär nicht mehr benötigt wird, kann mit **ERASE Datenfeldname** (z.B. **ERASE X$**) der Inhalt gelöscht und der Speicherplatz freigegeben werden. Bevor ein erneuter Zugriff auf das Datenfeld erfolgen darf, muß dieses nach Löschen mit **ERASE** erst neu dimensioniert werden. Mit dem Befehl **REDIM**, der in der Handhabung mit dem **DIM**-Befehl identisch ist, kann eine Neudimensionierung erfolgen, ohne daß zuvor mit **ERASE** gelöscht wurde. Der Befehl **REDIM** setzt den Inhalt des Feldes in jedem Fall auf Null oder "" zurück.

```
'*** BEISPIEL STATISCHES FELD
DIM X(100)
ERASE X
REDIM X(50): '*** FEHLER, DA STATISCHES FELD

'*** BEISPIEL DYNAMISCHES FELD
INDEX = 100
DIM X(INDEX)
ERASE X
INDEX = 50
REDIM X(INDEX)
```

## Weitere Hinweise zur Dimensionierung von Datenfeldern

Bei der Erstellung von komplexen Programmsystemen kommt es - auch wenn es zunächst als schwer möglich erscheinen mag - häufig zu Kapazitätsproblemen mit dem Arbeitsspeicher. Der Programmierer wird dann um jedes Byte kämpfen und kann tatsächlich bei der Dimensionierung Sparmaßnahmen ergreifen. Zu empfehlen ist, immer eine präzise Dimensionierung von Datenfeldern vorzunehmen, wenn die Anzahl der Elemente klar ist. Bei einem Feld, das zwischen dem Index 100 und 200 Daten ablegen möchte, verschwendet die Anweisung **DIM X$(200)** Speicherplatz, besser wäre hier **DIM X$(100 To 200).**

Eine weitere Eigenschaft von Visual Basic ist, daß bei der Angabe nur eines Wertes (**DIM X(5)**) plötzlich sechs Elemente zur Verfügung stehen, da die Null als Indexbasis automatisch gesetzt wird. Sofern Sie die 1 als erste Indexzahl bevorzugen, kann mit der Anweisung **OPTION BASE 1** dieses Ziel erreicht werden. **OPTION BASE 0** setzt die Indexgrenze zurück. Bei der Anwendung von **OPTION BASE** ist lediglich zu beachten, daß der Befehl *vor* der Dimensionierung eines Datenfeldes ausgeführt wird. Er gilt für alle Datenfelder eines Moduls.

Die Definition von Indexgrenzen bei der Dimensionierung ist für Sie nun kein Problem mehr. Den Programmierer interessiert nun aber oftmals die Frage: Wie kann man feststellen, wie groß ein irgendwo dimensioniertes Datenfeld momentan ist, wo liegen die Indexgrenzen? Zur Lösung des Problems existieren die Befehle **LBound** und **UBound**, die mit der Syntax

**LBound (FELDVARIABLE[, DIMENSION%])** für die Untergrenze und
**UBound (FELDVARIABLE[, DIMENSION%])** für die Obergrenze

eingesetzt werden. Die Dimensionsangabe ist immer nötig, wenn ein Feld größer als eindimensional ist, da immer nur ein Wert zurückgegeben werden kann. Ein Beispiel verdeutlicht die Wirkung der Befehle **Option Base**, **LBound** und **UBound**.

```
OPTION BASE 1
DIM x(5, -7 TO 20, 0 TO 5)
'*** ERSTE DIMENSION UNTERGRENZE
MsgBox Str$(LBound(x))
'*** ZWEITE DIMENSION UNTERGRENZE
MsgBox Str$(LBound(x, 2))
'*** DRITTE DIMENSION UNTERGRENZE
MsgBox Str$(LBound(x, 3))

'*** ERSTE DIMENSION OBERGRENZE
MsgBox Str$(UBound(x))
'*** ZWEITE DIMENSION OBERGRENZE
MsgBox Str$(UBound(x, 2))
'*** DRITTE DIMENSION OBERGRENZE
MsgBox Str$(UBound(x, 3))
```

## 3.2.3 Der Geltungsbereich von Datenfeldern

Bei Datenfeldern muß der Programmierer wie bei den einfachen Variablen planen, welche Subs oder Module Zugriff auf ein Array benötigen. Es gelten entsprechend die Fragen:

- Auf welche Variable(n) darf innerhalb eines Moduls gemeinsam zugegriffen werden?
- Welche Variablen sollen innerhalb einer Sub zwischen den Aufrufen erhalten bleiben?
- Auf welche Variablen soll ein gemeinsamer Zugriff aus allen Modulen heraus bestehen?

Die unter **3.1.5** gezeigten Strukturangaben gelten auch für Datenfelder.

# 3.3 Verbundvariablen

Die Erläuterungen zum Thema Variablen schließen mit der Vorstellung eines fortschrittlichen Werkzeugs, der Verbundvariablen. Eingesetzt wird dieser Variablentyp insbesondere im Zusammenhang mit *RANDOM*-Dateien, in denen Datensätze (z.B. Adressen) gleicher Länge auf einem Datenträger hinterlegt werden können. Bisher galt für Variablen die Aussage, daß in einer Variablen immer nur eine Information, also ein numerischer Wert oder eine Zeichenkette, hinterlegbar sind. Die Verbundvariable relativiert dies, denn es handelt sich um eine Variable, die intern in diverse Elemente aufgeteilt werden kann. Beim Schreiben in eine Datei oder Lesen aus einer Datei wird die Verbundvariable so gehandhabt, als wäre es nur eine Information. Im Programm wird anschließend der Verbund in seine Einzelelemente zerlegt. Der Verbundvariablenname unterscheidet sich gegenüber einfachen Variablen und Arrays nur dadurch, daß keine Typangaben ($, #, !, &, %, @) angehängt werden dürfen. Um sich einen Verbund besser vorstellen zu können, sei als Beispiel eine Verbundvariable zur Speicherung von Adressen angeführt:

Name des gesamten Verbundes: ADRESSVERBUND, Länge: 65 Byte

```
|-------------|--------------|-|--|-------------|--------------|
|15 ZEICHEN   | 15 ZEICHEN   |1|2 |15 Zeichen   | 17 ZEICHEN   |
|   VORNAME   |    ZUNAME    | | |   ORT        |    STRASSE   |
|-------------|--------------|-|--|-------------|--------------|
```

Hinter der Verbundvariablen mit dem Name *ADRESSVERBUND* verbirgt sich eine Sammlung mehrerer Einzelelemente, die diverse Variablentypen repräsentieren dürfen. Die Länge von 65 Byte ist intern in feste Positionen unterteilt. Diese Aufteilung muß im Programm einmalig mitgeteilt werden, damit Visual Basic weiß, zu welchem Typ das Element gehört und wieviel Byte der Gesamtkapazität es verbraucht. Bei der Planung eines Verbundes muß der Programmierer daher wissen, wie Typen definiert werden und wie groß der Platzbedarf sein soll. Eine Planungsnotiz könnte folgendermaßen aussehen:

Elementname

| | | |
|---|---|---|
| Vorname | = 15 Byte | TYP String |
| Zuname | = 15 Byte | TYP String |
| Zusatz W oder O | = 1 Byte | TYP String *) |
| Plz | = 2 Byte | TYP Integer *) |
| Ort | = 15 Byte | TYP String |
| Straße | = 17 Byte | TYP String |
| Summe der Bytes | = 65 Byte | Verbundname = ADRESSVERBUND |

*) Ab dem 1.7.1993 gelten fünfstellige Postleitzahlen, in Datenbanken werden dann die Felder *String*5* eingesetzt.

Die Umsetzung in ein Programm geschieht immer in zwei Schritten. Zuerst muß die gerade entwickelte Tabelle übertragen werden, danach wird die Arbeitsvariable dimensioniert, in die die Verbundstruktur übertragen werden soll. An dieser Stelle wird auch deutlich, warum Kenntnisse über den Platzbedarf von Variablen eine entscheidende Rolle spielen.

## 3.3.1 Verbund deklarieren

Deklarationen eines Verbundes dürfen nur im Deklarationsteil eines Moduls erfolgen, nicht in einer Ereignisprozedur oder in einer generellen Prozedur einer Form oder eines Moduls. Der Aufbau einer Typendeklaration lautet:

```
TYPE Verbundname
   Elementname1 AS Variablentyp
   Elementname2 AS Variablentyp
   ElementnameX AS Variablentyp
End TYPE
```

Der Elementname sollte möglichst sinnvoll festgelegt werden. Er liegt in der obigen Liste bereits vor. Die Variablentypen werden hier nicht durch die Zeichen ($, %, !, &, #, @) angegeben, sondern durch die bekannten Schlüsselworte, die nachstehende Aufstellung nochmals zusammenfaßt:

| Bezeichnung | Basic-Typname | Länge in Byte |
|---|---|---|
| Ganzzahl | Integer | 2 |
| Lange Ganzzahl | Long | 4 |
| Einfache Genauigkeit | Single | 4 |
| Doppelte Genauigkeit | Double | 8 |
| Währungsangabe | Currency | 8 |
| Zeichenketten fest | String**BYTE* | Anzahl *BYTE* |

Die programmtechnische Umsetzung der Verbunddeklaration im Deklarationsteil des Moduls Ihrer Anwendung lautet dann:

```
TYPE adressverbund
  vorname AS String * 15
  zuname AS String * 15
  zusatz AS String * 1
  plz AS Integer
  ort AS String * 15
  straße AS String * 17
End TYPE
```

## 3.3.2 Verbundvariable dimensionieren

Nachdem der Verbund unter dem Namen *ADRESSVERBUND* deklariert wurde, muß mindestens eine Arbeitsvariable dimensioniert werden, in welche die Verbundstruktur übertragen wird. Ein direktes Arbeiten mit *ADRESSVERBUND* als Variable ist nicht möglich. Durch den Eintrag

```
DIM adresse AS adressverbund
```

wird die Verbundstruktur auf die Variable *ADRESSE* übertragen und ist nutzbar. Die Verbundvariable darf zwar nur im Deklarationsteil definiert werden, kann aber an jeder beliebigen Position im Programm dimensioniert werden. Die Gültigkeitsbereiche mit *Dim, Global* oder *Static* gelten entsprechend einer Einzelvariable oder dem Array. Mit dem Befehl

```
MsgBox Str$(LEN(adresse))
```

kann am Bildschirm kontrolliert werden, wieviele Byte die Variable *ADRESSE* verbraucht. Es sind die gewünschten 65 Byte. Obwohl das Thema Verbundvariablen in unserer Beispielanwendung "Telefonregister" nochmals aufgegriffen wird, sei hier bereits ein praktischer Tip gegeben. Bei der Planung einer *RAMDOM*-Datei und damit bei der Planung eines Variablenverbundes werden oftmals Zusatzbyte für spätere Erweiterungen eingeplant, der Datensatz wird in der Regel also mehr Byte enthalten, als die aktuelle Anwendung es nötig macht. Vielleicht fällt bei obigem Beispiel später auf, daß 17 Byte für einen Straßeneintrag einfach nicht ausreichen oder im Datensatz zusätzlich eine Telefonnummer gespeichert werden soll. Um sich Platz zu reservieren, wird ein Trick angewendet, bei dem nur wenige Regeln beachtet werden müssen. Man fügt zunächst am Ende des Verbundes eine Blindvariable des Typs *String* ein, die den Datensatz bis zur gewünschten Bytezahl auffüllt. Nehmen wir an, unser obiger Verbund soll nun 128 Byte haben. Die Typendeklaration hierzu lautet:

```
TYPE adressverbund
  vorname AS String * 15
  zuname AS String * 15
  zusatz AS String * 1
  plz AS Integer
  ort AS String * 15
  straße AS String * 17
  dummy AS String * 63
End TYPE
```

Werden später Ergänzungen nötig, wird einfach die Variable *DUMMY* aufgeteilt. Für die Telefonnummer und die Vorwahl soll jeweils ein Element vom Typ *Long* eingefügt werden. Der Typ *Long* belegt 4 Byte, so daß 2 * 4 Byte vom *DUMMY* abgezogen werden. Nach der Veränderung hat der Verbund immer noch die geforderten 128 Byte (dieser Wert darf auch nachträglich nicht mehr geändert werden, sofern in einer Datei schon Einträge vorhanden sind).

```
TYPE adressverbund
  vorname AS String * 15
  zuname AS String * 15
  zusatz AS String * 1
```

```
  plz AS Integer
  ort AS String * 15
  straße AS String * 17
  vorwahl AS Long
  telefon AS Long
  dummy AS String * 55
End TYPE
```

Innerhalb eines Programms dürfen mehrere Verbundstrukturen angelegt werden, was die Programmierung von Datenbanken überhaupt erst ermöglicht.

## 3.3.3 Verbundelemente nutzen

Nach der Deklaration und Dimensionierung einer Verbundvariablen stellt sich die Frage nach der Nutzbarkeit. Die dimensionierte Gesamtvariable hat den Namen *ADRESSE*, doch Versuche einer Inhaltsanzeige mit **MsgBox ADRESSE** werden ebenso wie Versuche einer Wertzuweiseung **ADRESSE = "THOMAS"** mit der Fehlermeldung *Datentypen unverträglich* quittiert. Die Variable *ADRESSE* ist nur Medium für die Verbundübergabe in und aus einer Datendatei, der Zugriff auf die Einzelelemente muß gesondert gesteuert werden und erfolgt über den Elementnamen, wie er in der Typendeklaration verwendet wurde. Da mehrere Verbunde existieren können, muß ebenfalls der Name der dimensionierten Verbundvariablen angegeben werden, so daß sich die Syntax

**Verbundvariable.Elementname = Variableninhalt**

für die Wertzuweisung und

**MsgBox Verbundvariable.Elementname**

für die Wertausgabe ergibt.

Die programmäßige Bestückung unseres Adreßdatensatzes könnte folgendermaßen aussehen:

**adresse.vorname = "Thomas"**
**adresse.zuname = "Mustermann"**
**adresse.zusatz = "W"**
**adresse.plz = 9999**
**adresse.ort = "IRGENDWO"**
**adresse.straße = "POSTFACH 99"**
**adresse.vorwahl = 1234**
**adresse.telefon = 12345**

Das *DUMMY* wird nicht bestückt. Basic füllt den Platzhalter automatisch mit Leerzeichen auf. Alle anderen Zeichenketten werden zunächst linksbündig gesetzt und rechts entweder auf die Maximallänge gekürzt oder auf die Maximallänge aufgefüllt. Bei Zahlen werden führende Nullen gekürzt. Sofern die führende Null bei der Vorwahl mitgespeichert und angezeigt werden soll, muß die Vorwahl als Zeichenkette definiert werden.

# 3.4 Fortgeschrittene Variablennutzung

Mit fortschreitender Programmiererfahrung kann unter dem Aspekt der Arbeitsersparnis (Programmierer sind von Natur aus tippfaul) die Variablenprogrammierung verkürzt und vereinfacht werden. Wenngleich diese Technik das bisherige Weltbild der Variablen auf den Kopf stellt, lassen Sie sich bitte nicht verwirren, wundern Sie sich nur. Es ist möglich, einzelne Variablen zu dimensionieren und ihnen dabei einen Typ (*String, Integer, Long, Single, Double* oder *Currency*) zuzuweisen. Das gleiche ist mit kompletten Variablengruppen möglich, um z.B. allen Variablen von *A-X* einen bestimmten Typ zuzuweisen. Gewöhnungsbedürftig ist dabei, daß diese Variablen keine Typenbezeichnung mehr tragen dürfen, also hinter dem Name die Anhänge ($, +, !, &, #, @) fehlen.

Einzelvariable dimensionieren

Mit der Befehlszeile **DIM Variable AS Typ** wird der Variablen (ohne Typenzeichen) einer der bekannten Typen zugewiesen. Zeichenkettenvariablen können wahlweise variabel oder mit fester Länge definiert werden. Sofern im weiteren Programmverlauf Variablen mit den Definitionszeichen ($, %, !, &, #, @) eingefügt werden, haben diese Anweisungen Vorrang vor der Dimensionierung der Einzelvariablen. Die grundsätzliche Handhabung zeigt das Beispiel:

```
'*** DIMENSIONIERUNG VON EINZELVARIABLEN
DIM varkette AS String
DIM fixkette AS String * 50
DIM summe AS Double


fixkette = "Zeichenketteninhalt"
MsgBox fixkette
```

Die Variable *FIXKETTE*, die ohne die **DIM**-Anweisung betrachtet wie eine *Single*-Variable aussieht, verhält sich wie eine Zeichenkette mit fester Länge von 50 Byte.

Variablengruppen definieren

Da die Dimensionierung von Einzelvariablen nur einmal am Programmbeginn erfolgt, wurde eine Definitionsmöglichkeit für Variablen oder Variablengruppen geschaffen, die jederzeit innerhalb eines laufenden Programms benutzbar ist. Die Syntax

**DEFTyp Buchstabe** oder **DEFTyp Buchstabenbereich(e)**

weist allen Variablen, die mit dem oder den angegebenen Buchstaben beginnen, den hinter **DEF** angegebenen Typen zu. Die Typenbezeichnung wird hier nicht ausgeschrieben, sondern immer abgekürzt:

```
DefStr = String
DefInt = Integer
DefLng = Long
DefSng = Single
DefDbl = Double
DefCur = Currency
DefVar = Variant
```

```
'*** DIMENSIONIERUNG VON VARIABLENGRUPPEN
DefStr A-D
DefInt E-H
DefLng I-L, P
DefSng M-O, Q
DefDbl S, U-W, Z
DefCur T
DefVar Y


ANFANG = "Zeichenketteninhalt"
MsgBox ANFANG
```

### 3.4.1 Der Variablentyp Variant

Mit Visual Basic für Windows 2.0 wurde ein Variablentyp eingeführt, der sich flexibler als alle bisher bekannten Variablenarten in Basic verhält und der einige erstaunliche Eigenschaften hat. Um sein Verhalten zu erklären, einige Vorbemerkungen. Um die gleiche Ausgangsbasis zu haben, stellen Sie zunächst bitte sicher, daß im Menü *Optionen Umgebung* der Eintrag *Variablendeklaration erforderlich* auf *nein* eingestellt ist. Aufgrund dieser Standardvorgabe steht es Ihnen frei, eine Variable zu deklarieren (*Dim, Global, DefType*) oder ohne Deklaration einzuführen. Bei der Einstellung auf *ja* darf anschließend keine Variable benutzt werden, die nicht eindeutig einem Typ zugeordnet wurde. Wir gehen also davon aus, daß die Standardeinstellung besteht. Wird eine Variable ohne Deklaration benutzt, erhält sie den Typ *Variant*, der jeden beliebigen Inhalt aufnehmen kann, den andere Variablentypen auch aufnehmen können. Ein interessanter Aspekt ist darin zu sehen, daß auch Zeichenketten und Datumnummern akzeptiert werden. Zuweisungen wie **a = "IWT-Verlag"** sind möglich, obwohl **a** nicht mit *DefStr* als Zeichenkette deklariert wurde. Bisher war die gezeigte Zuweisung in Basic ohne Deklaration unmöglich. *Variant*-Variablen haben keinen Kennbuchstaben hinter dem Namen, da ja jeder Typ aufgenommen werden kann. Um den Inhalt einer Variable des Typs *Variant* weiterverarbeiten zu können, kann mit *VarType(Variant)* eine Kennziffer ermittelt werden, die Aufschluß über den Inhalt der Variablen gibt. Wenn in unserem Beispiel **a = "IWT-Verlag"** mit **VarType(a)** abgefragt wird, gibt die Funktion den Wert 8 zurück. Es handelt sich um eine Zeichenkette. Die fogende Aufstellung zeigt mögliche Rückgabewerte von *VarType*, wobei wir uns insbesondere mit den laufenden Nummern 0 und 1 auseinandersetzen müssen.

| *VarType* | Bezug auf |
|---|---|
| 0 | Empty |
| 1 | Null |
| 2 | Integer |
| 3 | Long |
| 4 | Single |
| 5 | Double |
| 6 | Currency |
| 7 | Date |
| 8 | String |

*Empty* ist eine Variable, die noch nicht mit *Dim, Global, Const* etc. deklariert wurde und der noch kein Wert zugewiesen wurde. Die Variable wurde entweder mit **Variable = Empty** auf diesen Status gesetzt, oder sie erscheint in der Abfrage mit *VarType* zum ersten Mal überhaupt. Eine Variable der Marke *Variant* ist nicht *Empty*, wenn sie den Inhalt "" oder Null (0) hat.

*Null* zeigt an, daß eine bereits deklarierte Variable des Typs *Variant* keinen Inhalt besitzt. Leerzeichenketten und Null (0) zählen als Inhalt, und *Null* ist etwas anderes als *Empty*.

Der Typ *Date* wird erkannt, wenn einer *Variant*-Variablen eine gültige Datum-Zeitnummer übertragen wird (z.B. mit **Now**).

Entscheidungshilfen

Visual Basic bietet die Möglichkeit, den allgemeinen Zustand einer *Variant*-Variablen mit folgenden Funktionen auf *wahr* oder *falsch* zu prüfen:

**IsEmpty (Variant)**
**IsNull (Variant)**
**IsNumeric (Variant)**
**IsDate (Variant)**

Es geht um eine allgemeine Eingruppierung und um die Frage, als was der Inhalt der Variablen **(Variant)** interpretiert werden kann. Zeichenketten können dabei durchaus als numerisch interpretiert werden, wenn sie nur numerische Werte enthalten. **a = "123"** stellt eigentlich eine Zeichenkettenzuweisung dar und liefert auch den *VarType 8*. Eine Analyse mit **IsNumeric(a)** liefert aber *-1* für *wahr*, da die Zeichenkette auch als numerischer Wert interpretiert werden kann. Sie wissen dann, daß die Umwandlung in eine numerische Variable sinnvoll ist. Nun weitere Beispiele und Verfahrensweisen:

| Codeauszug | Resultat |
|---|---|
| **a = "123"** | Variant-Variable wird belegt |
| MsgBox Str$(IsEmpty(a)) | unwahr (0), da **a** definiert ist |
| MsgBox Str$(IsEmpty(c)) | wahr (-1), da **c** noch nicht benutzt ist und auch noch nicht deklariert wurde |
| **Dim e** | Deklaration von **e** als Variant |
| e = Null | Kennzeichnung als nicht benutzt |
| MsgBox Str$(IsNull(e)) | wahr (-1), da Kennzeichnung als unbenutzt |
| e = "" | **e** wird belegt (auch "" ist ein Inhalt!) |
| MsgBox Str$(IsNull(e)) | unwahr (0), da die Variable benutzt ist |
| **d = Now** | Zuweisung der aktuellen Datumsnummer |
| MsgBox Str$(IsDate(d)) | Identifikation als Varianttyp *Datum* |

Deklarationszwang von Variablen

Im Menüpunkt *Optionen Umgebung* findet sich der Eintrag *Variablendeklaration erforderlich*, der standardmäßig auf *nein* gesetzt ist und dem Programmierer bei der Arbeit mit Variablen mehr Freiheiten einräumt, da jede nicht deklarierte Variable automatisch als *Variant* benutzt werden kann. Es besteht in diesem Fall kein Zwang zur Deklaration von Variablen, sie können ohne Anmeldung im System eingeführt und benutzt werden. Wenn diese Vorgabe auf *ja* verändert wird, muß jede Variable zwingend deklariert werden, bevor sie benutzt werden kann. Jedes neue Element eines Projekts (Form oder Modul) muß sich dieser Vorgabe beugen, es besteht Deklarationszwang. Der Typ *Variant* existiert nur noch bei ausdrücklicher Anmeldung, eine Programmzeile wie **a = "IWT"** oder **b$ = "Zeichenkette"** oder auch **c% = 100** wird mit einer Fehlermeldung quittiert. Um nachträglich oder in bestimmten Projekten einen Deklarationszwang auszulösen, sollten Sie nicht das Menü benutzen, sondern diesen Punkt immer auf *nein* gesetzt lassen. Geben Sie stattdessen in den generellen Teil einer Form oder eines Moduls den Eintrag **Option Explicit** ein, der die Deklaration erzwingt. Innerhalb einer Sub darf *Option Explicit* nicht benutzt werden. Zur korrekten Nutzung unserer drei Beispiele bei gesetztem *Option Explicit* gehen Sie wie folgt vor:

| Zuweisung | vorherige Deklaration durch |
|---|---|
| **a = "IWT"** | **Dim a As String** oder **Dim a As Variant** |
| **b$ = "Zeichenkette"** | **Dim b$** |
| **c% = 100** | **Dim c%** |

Eine Deklaration in der Art **Dim b$ As Variant** kann nicht funktionieren, da Variant-Variablen keinen Bezeichner (**$**) tragen dürfen.

## 3.5 Konstanten

Neben der mächtigen Gruppe der Variablen bietet Basic die Möglichkeit, Konstanten zu verwenden, um unveränderliche numerische Werte oder Zeichenketten zur späteren Verwendung im Programmcode zu hinterlegen. Eine Konstante wird mit dem Befehl

```
CONST Konstantenname = Konstanteninhalt
                    oder
GLOBAL CONST Konstantenname = Konstanteninhalt
```

definiert. Diese Definition muß immer vor Verwendung der Konstante vorgenommen werden und steht daher in der Regel direkt am Codeanfang im Deklarationsteil eines Moduls. Ansonsten unterliegt der Konstantenname denselben Regeln wie der Variablenname, wobei eine Typenangabe durch Hinzufügung eines Zeichens ($, %, !, &, #, @) möglich, aber nicht zwingend erforderlich ist. Im Gegensatz zur Variablen ist das Typenzeichen hinter einer Konstanten nur bei der Definition möglich, bei der späteren Verwendung der Konstanten wird kein Typzeichen hinzugefügt. Durch den zugewiesenen Wert, der sich im Verlauf des Programms nicht ändern darf, bestimmt Visul Basic die Art der Konstante selbständig. Wozu werden nun aber Konstanten benutzt, welche Vorteile bieten sie gegenüber den Variablen?

Hierzu ist anzumerken, daß theoretisch ohne Konstanten programmiert werden könnte, da jeder Wert auch in einer entsprechenden Variablen hinterlegbar ist. Jedoch sprechen folgende Vorteile für die Verwendung von Konstanten:

- Eine Konstante muß nur einmal definiert werden und hat anschließend sofort Gültigkeit innerhalb eines gesamten Moduls oder, bei Verwendung von *Global,* in der gesamten Anwendung.
- Sofern in einem Programm Variablen häufiger manipuliert, umgerechnet und umdefiniert werden, können versehentlich auch Veränderungen eintreten, die unerwünscht sind und ein Ergebnis verfälschen. Konstanten sind nach der einmaligen Erstdefinition nicht änderbar; weder durch ein Versehen noch durch eine versuchte Neudefinition.
- Sofern sich in einem Programm Änderungen bezüglich des zugewiesenen Wertes einer Konstanten ergeben, ist eine Modifikation sehr einfach, da garantiert nur ein Wert geändert werden muß.
- Bei der Dimensionierung von Feldvariablen bewirkt eine Variable im Index die Erstellung eines dynamischen Feldes. Wird als Index hingegen eine Konstante benutzt, entspricht der Eintrag quasi einer sofort eingetragenen Ganzzahl und erzeugt ein statisches Feld.

Typische Konstanten sind Werte aus den Naturwissenschaften, sei es die Zahl PI, der absolute Nullpunkt -273,15 oder die berühmte physikalische Größe 9,81 $m/s^2$, aber auch *wahr (-1)* und *unwahr (0).*

Der Konstanteninhalt bestimmt automatisch den Konstantentyp, so daß eine Betrachtung der möglichen Zuweisungen sinnvoll erscheint.

| Konstantentyp | | mögliche Syntax | Bereichsgrenzen | |
|---|---|---|---|---|
| Ganzzahl | Dezimal | Wert | -32768 | 32767 |
| | Hexadezimal | &HWert &hWert | &h0 | &hFFFF |
| | Oktal | &OWert &oWert | &o0 | &o77777 |
| lange Ganzzahl | Dezimal | Wert | -2147483648 | 2147483647 |
| | Hexadezimal | &HWert& &hWert& | &h0& | &hFFFFFFFF& |
| | Oktal | &OWert& &oWert& | &o0& | &o37777777777& |
| Währungsangabe | Dezimal | Wert | -9.22E+14 | 9.22E+14 |
| Festkomma | | Wert | | |
| Gleitkomma | einfach | GanzzahlEExp.<br>FestkommaEExp | -3,37E+38 | 3,37E+38 |
| | doppelt | GanzzahlDExp.<br>FestkommaDExp | -1,67D+308 | 1,67D+308 |
| Zeichenkette | | | 0 | 32767 Byte |

> Hinweis: Der folgende Abschnitt *Operatoren* stellt das Dualsystem und das Hexadezimalsystem genauer vor. Die Buchstaben vor der Exponentenangabe stehen für die Genauigkeit, und es bedeutet *E* einfache und *D* doppelte Genauigkeit.

```
'*** DEFINITION EINER KONSTANTE
CONST index1 = 20, index2 = 30

'*** ARBEITEN MIT DER KONSTANTE
'*** DIMENSION STATISCHE ARRAY
DIM x$(index1, index2)
```

Die Programmierer von Visual Basic haben sich zu Konstanten besonders ausführlich Gedanken gemacht. Nach der Installation befindet sich im Visual Basic-Verzeichnis die Datei *Constant.txt*, in der konstante Werte für alle Gelegenheiten vordefiniert wurden. Die Datei kann in den Deklarationsteil des Moduls geladen werden. Hier ein Blick in die nützlichen Konstantendefinitionen der Datei, die über das Menü *Datei Datei hinzufügen* in den Deklarationsteil eines Moduls geladen werden kann:

```
' -----------------------------------------------------------------------
' Visual Basics globale Konstantendatei. Diese Datei kann in
' ein Code-Modul geladen werden.
'
' Einige Konstanten sind ausdokumentiert, weil sie öfters
' auftreten (z.B. KEIN erscheint mehr als einmal).
'
' Wenn Sie Ihr Visual Basic 1.0 Programm in Visual Basic 2.0
' ausführen wollen, dann sollten Sie Ihre globalen Konstanten
' durch die Konstanten in dieser Datei ersetzen.
' Hinweis: True und False sind nun Bestandteil der Sprache. Sie
' müssen nicht mehr explizit in dieser Datei definiert werden.
'
' Copyright (C) 1990-1992 Microsoft Corporation
'
' Sie haben das Recht, die mit Visual Basic gelieferten
' Beispielprogramme und Werkzeugsammlungen lizenzgebührenfrei auf
' jede Ihnen sinnvoll erscheinende Art und Weise zu benutzen, zu
' ändern, zu vervielfältigen und zu verteilen.
' Microsoft übernimmt jedoch keinerlei Garantie, Verpflichtung oder
' Haftung für irgendeines der Beispielprogramme oder
' Werkzeugsammlungen.
' -----------------------------------------------------------------------
' Der folgende Teil beinhaltet die gesamten Konstanten in deutscher
' Sprache. Wenn Sie diese benutzen wollen, entfernen Sie
' gegebenenfalls die Kommentaranweisung davor.
' Die orginalen Konstanten wurden aus
' Gründen der Kompatibilität beibehalten.
' -----------------------------------------------------------------------


' ---------
' Allgemein
' ---------

' Wahrheitswerte
Global Const WAHR = -1
Global Const FALSCH = 0

' Clipboard-Formate
Global Const CF_VERKNÜPFT = &HBF00
'Global Const CF_TEXT = 1
'Global Const CF_BITMAP = 2
Global Const CF_METADATEI = 3
```

```
'Global Const CF_DIB = 8
'Global Const CF_PALETTE = 9

' State (DragOver)
Global Const EINTRETEN = 0
Global Const VERLASSEN = 1
Global Const DARÜBER = 2

' Ziehen (Steuerelemente)
Global Const ABBRECHEN = 0
Global Const BEGINN_ZIEHEN = 1
Global Const ENDE_ZIEHEN = 2

' Show-Parameter
Global Const GEBUNDEN = 1
Global Const UNGEBUNDEN = 0

' Arrange-Methode
' für MDI-Formen
Global Const UEBERLAPPEN = 0
Global Const HORIZONTAL_ANORD = 1
Global Const VERTIKAL_ANORD = 2
Global Const SINNBILDER_ANORD = 3

'ZOrder-Methode
Global Const NACH_VORN = 0
Global Const NACH_HINTEN = 1


' Tastencode (KeyDown, KeyUp)
Global Const LSCHALTFLÄCHE_TASTE = &H1
Global Const RSCHALTFLÄCHE_TASTE = &H2
Global Const ABBRECHEN_TASTE = &H3
Global Const MSCHALTFLÄCHE_TASTE = &H4
Global Const RÜCK_TASTE = &H8
Global Const TAB_TASTE = &H9
Global Const ENTF_TASTE = &HC
Global Const RETURN_TASTE = &HD
Global Const UMSCHALT_TASTE = &H10
Global Const STRG_TASTE = &H11
Global Const MENÜ_TASTE = &H12
Global Const PAUSE_TASTE = &H13
Global Const CAPITAL_TASTE = &H14
Global Const ESC_TASTE = &H1B
Global Const ZWISCHENRAUM_TASTE = &H20
Global Const PRIOR_TASTE = &H21
```

```
Global Const NEXT_TASTE = &H22
Global Const ENDE_TASTE = &H23
Global Const POS1_TASTE = &H24
Global Const PFEIL_NACH_LINKS_TASTE = &H25
Global Const PFEIL_NACH_OBEN_TASTE = &H26
Global Const PFEIL_NACH_RECHTS_TASTE = &H27
Global Const PFEIL_NACH_UNTEN_TASTE = &H28
Global Const SELECT_TASTE = &H29
Global Const PRINT_TASTE = &H2A
Global Const EXECUTE_TASTE = &H2B
Global Const SNAPSHOT_TASTE = &H2C
Global Const EINFG_TASTE = &H2D
Global Const DELETE_TASTE = &H2E
Global Const HILFE_TASTE = &H2F

' Die Tasten A bis Z haben als Wert ihren ASCII-Code: 'A' bis 'Z'
' Die Tasten 0 bis 9 haben als Wert ihren ASCII-Code: '0' bis '9'

Global Const NUMPAD0_TASTE = &H60
Global Const NUMPAD1_TASTE = &H61
Global Const NUMPAD2_TASTE = &H62
Global Const NUMPAD3_TASTE = &H63
Global Const NUMPAD4_TASTE = &H64
Global Const NUMPAD5_TASTE = &H65
Global Const NUMPAD6_TASTE = &H66
Global Const NUMPAD7_TASTE = &H67
Global Const NUMPAD8_TASTE = &H68
Global Const NUMPAD9_TASTE = &H69
Global Const MULTIPLY_TASTE = &H6A
Global Const ADD_TASTE = &H6B
Global Const SEPARATOR_TASTE = &H6C
Global Const SUBTRACT_TASTE = &H6D
Global Const DECIMAL_TASTE = &H6E
Global Const DIVIDE_TASTE = &H6F
Global Const F1_TASTE = &H70
Global Const F2_TASTE = &H71
Global Const F3_TASTE = &H72
Global Const F4_TASTE = &H73
Global Const F5_TASTE = &H74
Global Const F6_TASTE = &H75
Global Const F7_TASTE = &H76
Global Const F8_TASTE = &H77
Global Const F9_TASTE = &H78
Global Const F10_TASTE = &H79
Global Const F11_TASTE = &H7A
Global Const F12_TASTE = &H7B
```

```
Global Const F13_TASTE = &H7C
Global Const F14_TASTE = &H7D
Global Const F15_TASTE = &H7E
Global Const F16_TASTE = &H7F
Global Const NUMLOCK_TASTE = &H90

' Variant VarType-Tag

Global Const V_LEER = 0
'Global Const V_NULL = 1
'Global Const V_INTEGER = 2
'Global Const V_LONG = 3
'Global Const V_SINGLE = 4
'Global Const V_DOUBLE = 5
Global Const V_WÄHRUNG = 6
Global Const V_DATUM = 7
Global Const V_ZEICHEN = 8


' Ereignis-Parameter

' ErrNum (LinkError)
Global Const FALSCHES_FORMAT = 1
Global Const DDE_QUELLE_GESCHLOSSEN = 6
Global Const ZU_VIELE_VERKN = 7
Global Const DATEN_TRANSFER_FEHLER = 8

' QueryUnload
Global Const FORM_KONTROLLMENÜ = 0
'Global Const FORM_CODE = 1
Global Const APP_FENSTER = 2
'Global Const APP_TASKMANAGER = 3
'Global Const FORM_MDIFORM = 4

' Eigenschaften

' BackColor, ForeColor, FillColor (Standard RGB-Farben: Form, Steu-
erelemente)
Global Const SCHWARZ = &H0&
Global Const ROT = &HFF&
Global Const GRÜN = &HFF00&
Global Const GELB = &HFFFF&
Global Const BLAU = &HFF0000
'Global Const MAGENTA = &HFF00FF
'Global Const CYAN = &HFFFF00
Global Const WEISS = &HFFFFFF
```

```
' BackColor, ForeColor, FillColor (Systemfarben: Form, Steuerelemen-
te)
' Bildlaufleisten: Graubereich.
Global Const BILDLAUFLEISTEN = &H80000000
' Desktop.
'Global Const DESKTOP = &H80000001
' Aktive Fenster-Aufschrift.
Global Const AKTIVE_TITELLEISTE = &H80000002
' Inaktive Fenster-Aufschrift.
Global Const INAKTIVE_TITELLEISTE = &H80000003
' Menühintergrund.
Global Const MENÜ_LEISTE = &H80000004
' Fensterhintergrund.
Global Const FENSTER_HINTERGRUND = &H80000005
' Fensterrahmen.
Global Const FENSTER_RAHMEN = &H80000006
' Text in Menüs.
Global Const MENÜ_TEXT = &H80000007
' Text in Fenstern.
Global Const FENSTER_TEXT = &H80000008
' Text in caption, size box, scroll-bar arrow box..
Global Const TITELLEISTEN_TEXT = &H80000009
' Aktive Fensterrahmen.
Global Const AKTIVER_RAHMEN = &H8000000A
' Inaktive Fensterrahmen.
Global Const INAKTIVER_RAHMEN = &H8000000B
' Hintergrundfarbe für Anwendungsprogramme, die die
' Mehrfachdokument schnittstelle
' (multiple document interface = MDI) benutzen.
Global Const ANWENDUNG_ARBEITSBEREICH = &H8000000C
' Ausgewähltes Element in einem Steuerelement.
Global Const HERVORHEBEN = &H8000000D
' Text des ausgewählten Elements in einem Steuerelement.
Global Const HERVORHEBEN_TEXT = &H8000000E
' Aufschriftschattierung auf Befehlsschaltflächen.
Global Const SCHALTFLÄCHE_AUFSCHRIFT = &H8000000F
' Kantenschattierung auf Befehlsschaltflächen.
Global Const SCHALTFLÄCHE_SCHATTEN = &H80000010
' Abgeblendeter (deaktivierter) Text.  Diese Farbe wird auf 0
' gesetzt,
' wenn der augenblickliche Anzeigetreiber keine graue Deckfarbe
' unterstützt.
Global Const GRAU_TEXT = &H80000011
' Text auf Schaltflächen.
Global Const SCHALTFLÄCHE_TEXT = &H80000012
```

```
' Ausrichtung (Bezeichnung)
Global Const LINKS_AUSRICHTEN = 0          ' 0 - Links Ausrichten
Global Const RECHTS_AUSRICHTEN = 1         ' 1 - Rechts Ausrichten
Global Const ZENTRIEREN = 2                ' 2 - Zentrieren


' BorderStyle (Form, Bezeichnung, Bildfeld, Textfeld)
'Global Const TRANSPARENT = 0             ' 0 - Transparent
Global Const AUSGEFÜLLT = 1               ' 1 - Ausgefüllt
Global Const STRICHLINIE = 2              ' 2 - Strichlinie
Global Const PUNKT = 3                    ' 3 - Punkt
Global Const STRICH_PUNKT = 4             ' 4 - Strichlinie-Punkt
Global Const STRICH_PUNKT_PUNKT = 5 ' 5 - Strichlinie-Punkt-Punkt
Global Const INNEN_AUSGEFÜLLT = 6         ' 6 - Innen ausgefüllt

' MousePointer (Form, Steuerelemente)
Global Const STANDARD = 0                   ' 0 - Standard
Global Const PFEIL = 1                      ' 1 - Pfeil
Global Const KREUZ = 2                      ' 2 - Kreuz
Global Const EINFÜGEMARKE = 3               ' 3 - Einfügemarke
Global Const MAUSSYMBOL = 4                 ' 4 - Symbol
Global Const RICHTUNGSPFEIL_NS_WO = 5       ' 5 - Pfeil N S W O
Global Const RICHTUNGSPFEIL_NE_SW = 6       ' 6 - Pfeil  NO SW
Global Const RICHTUNGSPFEIL_N_S = 7         ' 7 - Pfeil N S
Global Const RICHTUNGSPFEIL_NW_SO = 8       ' 8 - Pfeil NW SO
Global Const RICHTUNGSPFEIL_W_E = 9         ' 9 - Pfeil W O
Global Const AUFWÄRTSPFEIL = 10             ' 10 - Aufwärtspfeil
Global Const SANDUHR = 11                   ' 11 - Sanduhr
Global Const KEIN_LOSLASSEN = 12            ' 12 - Kein Ablegen

' DragMode (Steuerelemente)
Global Const MANUELL = 0                  ' 0 - Manuell
Global Const AUTOMATISCH = 1              ' 1 - Automatisch

' DrawMode (Form, Bildfeld, "Printer")
Global Const SCHWÄRZE = 1                   ' 1 - Schwarz
Global Const NICHT_STIFT_MISCHEN = 2        ' 2 - Nicht-Stift-Mischen
Global Const MASKIEREN_NICHT_STIFT = 3      ' 3 - Maskieren-Nicht-Stift
Global Const NICHT_STIFT_KOPIEREN = 4       ' 4 - Nicht-Stift-Kopieren
Global Const STIFT_MASKIEREN_NICHT = 5      ' 5 - Stift-Maskieren-Nicht
Global Const INVERS = 6                     ' 6 - Invers
Global Const STIFT_XOR = 7                  '7 - Stift-Xor
Global Const NICHT_STIFT_MASKIEREN = 8      ' 8 - Nicht-Stift-Maskieren
Global Const STIFT_MASKIEREN = 9            ' 9 - Stift-Maskieren
```

```
Global Const NICHT_STIFT_XOR = 10          ' 10 - Nicht-Stift-Xor
Global Const KEINE_OPERATION = 11          ' 11 - Keine Operation
Global Const MISCHEN_NICHT_STIFT = 12      ' 12 - Mischen-Nicht-Stift
Global Const STIFT_KOPIEREN = 13           ' 13 - Stift-Kopieren
Global Const STIFT_MISCHEN_NICHT = 14      ' 14 - Stift-Mischen-Nicht
Global Const STIFT_MISCHEN = 15            ' 15 - Stift-Mischen
Global Const WEIß = 16                     ' 16 - Weiß

' DrawStyle (Form, Bildfeld, "Printer")
Global Const DURCHGEZOGEN = 0              ' 0 - Gefüllt
Global Const UNSICHTBAR = 1                ' 1 - Transparent
Global Const STRICH = 2                    ' 2 - Strich
Global Const PUNKTE = 3                    ' 3 - Punkt
'Global Const STRICH_PUNKT = 4             ' 4 - Strich Punkt
'Global Const STRICH_PUNKT_PUNKT = 5       ' 5 - Strich Punkt Punkt
Global Const INNERHALB_DURCHGEZOGEN = 6 ' 6 - Innerhalb gefüllt

' FillStyle (Form, Bildfeld, "Printer")
' Global Const DURCHGEZOGEN = 0        ' 0 - Gefüllt
'Global Const TRANSPARENT = 1          ' 1 - Transparent
Global Const HORIZONTALE_LINIE = 2     ' 2 - Horizontale Linie
Global Const VERTIKALE_LINIE = 3       ' 3 - Vertikale Linie
Global Const AUFWÄRTSDIAGONAL = 4      ' 4 - Aufwärtsdiagonal
Global Const ABWÄRTSDIAGONAL = 5       ' 5 - Abwärtsdiagonal
Global Const KREUZMUSTER = 6           ' 6 - Kreuz
Global Const DIAGONALKREUZ = 7         ' 7 - Diagonalkreuz

' LinkMode (Form)
' Global Const KEIN = 0                ' 0 - Keine
Global Const LINK_QUELLE = 1           ' 1 - Quelle ( nur Formen )
Global Const LINK_AUTOMATISCH = 1      ' 1 - Automatisch ( nur Steuer-
elemente )
Global Const LINK_MANUELL = 2       ' 2 - Manuell ( nur Steuerelemente)
Global Const LINK_BENACH = 3        ' 3 - Benachrichtigung
                                      ( nur Steuerelemente )

' LinkMode (aus Kompatibilitätsgründen beibehalten,
'           bitte benutzen Sie die neuen Konstanten)
' Global Const KEIN = 0
Global Const AKTIV = 1
Global Const PASSIV = 2

' ScaleMode (Form, Bildfeld, "Printer")
Global Const BENUTZER = 0           ' 0 - Benutzerdefiniert
Global Const TWIP = 1               ' 1 - Twips
'Global Const PUNKT = 2             ' 2 - Punkte
```

```
Global Const PIXEL = 3              ' 3 - Pixel
Global Const ZEICHEN = 4            ' 4 - Zeichen
Global Const ZOLL = 5               ' 5 - Zoll
Global Const MILLIMETER = 6         ' 6 - Millimeter
Global Const ZENTIMETER = 7         ' 7 - Zentimeter

' ScrollBar (Textfeld)
' Global Const KEIN = 0             ' 0 - Keine
'Global Const HORIZONTAL = 1        ' 1 - Horizontal
Global Const VERTIKAL = 2           ' 2 - Vertikal
Global Const BEIDE = 3              ' 3 - Beide

'Figur (Shape)
Global Const FIG_RECHTECK = 0           ' 0 - Rechteck
Global Const FIG_QUADRAT = 1            ' 1 - Quadrat
Global Const FIG_OVAL = 2               ' 2 - Oval
Global Const FIG_KREIS = 3              ' 3 - Kreis
Global Const FIG_GR_RECHTECK = 4        ' 4 - Gerundetes Rechteck
Global Const FIG_GR_QUADRAT = 5         ' 5 - Gerundetes Quadrat

' WindowState (Form)
'Global Const NORMAL = 0            ' 0 - Normal
Global Const SYMBOL = 1             ' 1 - Auf Symbol
Global Const VOLLBILD = 2           ' 2 - Auf Vollbild

' CheckValue (Kontrollkästchen)
Global Const UNGEPRÜFT = 0          ' 0 - Nicht ausgewählt
Global Const GEPRÜFT = 1            ' 1 - Ausgewählt
Global Const ABGEBLENDET = 2        ' 2 - Abgeblendet

' Schaltfläche und Umschalt (KeyDown, KeyUp, MouseDown, MouseMove,
MouseUp)
Global Const UMSCHALT_MASKE = 1
Global Const STRG_MASKE = 2
Global Const ALT_MASKE = 4

' Mausschaltfläche ( Parametermake )
Global Const LINKS_SCHALTFLÄCHE = 1
Global Const RECHTS_SCHALTFLÄCHE = 2
Global Const MITTEL_SCHALTFLÄCHE = 4

' MsgBox-Parameter
' Nur OK-Schaltfläche
'Global Const MB_OK = 0
' OK- und Abbrechen-Schaltflächen
Global Const MB_OK_ABBRECHEN = 1
```

```
' Abort-, Wiederholen- und Ignorieren-Schaltflächen
Global Const MB_ABORT_WIEDERHOLEN_IGNORIEREN = 2
' Ja-, Nein-, und Abbrechen-Schaltflächen
Global Const MB_JA_NEIN_ABBRECHEN = 3
' Ja- und Nein-Schaltflächen
Global Const MB_JA_NEIN = 4
' Wiederholen- und Abbrechen-Schaltflächen
Global Const MB_WIEDERHOLEN_ABBRECHEN = 5

' Kritische Meldung
Global Const MB_SYMBOLSTOP = 16
' Warn-Anfrage
Global Const MB_SYMBOLFRAGE = 32
' Warn-Meldung
Global Const MB_SYMBOLAUSRUF = 48
' Informations-Meldung
Global Const MB_SYMBOLINFORMATION = 64

' Anwendung gebundene MsgBox
Global Const MB_ANW_GEBUNDEN = 0
' Erste Schaltfläche ist Standard
Global Const MB_DEFSCHALTFLÄCHE1 = 0
' Zweite Schaltfläche ist Standard
Global Const MB_DEFSCHALTFLÄCHE2 = 256
' Dritte Schaltfläche ist Standard
Global Const MB_DEFSCHALTFLÄCHE3 = 512
' Sytem gebunden
Global Const MB_SYATEM_GEBUNDEN = 4096

' MsgBox Rückgabewerte
'Global Const IDOK = 1                        ' OK-Schaltfläche gedrückt
Global Const IDABBRECHEN = 2                  ' Abbrechen-Schaltfläche ge-
drückt
'Global Const IDABORT = 3                    ' Abort-Schaltfläche gedrückt
Global Const IDWIEDERHOLEN = 4               ' Wiederholen-Schaltfläche ge-
drückt
Global Const IDIGNORIEREN = 5                 ' Ignorieren-Schaltfläche ge-
drückt
Global Const IDJA = 6                         ' Ja-Schaltfläche gedrückt
Global Const IDNEIN = 7                       ' Nein-Schaltfläche gedrückt

' SetAttr-, Dir-, GetAttr-Funktion
'Global Const ATTR_NORMAL = 0
'Global Const ATTR_READONLY = 1
'Global Const ATTR_HIDDEN = 2
'Global Const ATTR_SYSTEM = 4
```

```
'Global Const ATTR_VOLUME = 8
Global Const ATTR_VERZEICHNIS = 16
Global Const ATTR_ARCHIV = 32

'Gitter
'ColAlignment-, FixedAlignment-Eigenschaften
Global Const GIT_LINKS = 0
Global Const GIT_RECHTS = 1
Global Const GIT_MITTE = 2

'Fillstyle-Eigenschaft
Global Const GRID_EINFACH = 0
Global Const GRID_WIEDERHOLEN = 1

'OLE Client Control
'Action-Eigenschaft
Global Const OLE_ERZEUGE_NEU = 0
Global Const OLE_ERZEUGE_AUS_DATEI = 1
Global Const OLE_KOPIEREN = 4
Global Const OLE_EINFÜGEN = 5
Global Const OLE_AKTUALISIEREN = 6
Global Const OLE_AKTIVIEREN = 7
Global Const OLE_AUSFÜHREN = 8
Global Const OLE_SCHLIESSEN = 9
Global Const OLE_ENTFERNEN = 10
Global Const OLE_SPEICHERN_IN_DATEI = 11
Global Const OLE_LESEN_AUS_DATEI = 12
Global Const OLE_KONVERTIEREN_IN_TYP = 13

'ServerType
Global Const OLE_VERKNÜPFT = 0
Global Const OLE_EINGEBETTET = 1
Global Const OLE_STATISCH = 2

'UpdateOptions
Global Const OLE_AUTOMATISCH = 0
Global Const OLE_GEFROREN = 1
Global Const OLE_MANUELL = 2

'Update-Ereigniskonstante
Global Const OLE_VERÄNDERT = 0
Global Const OLE_GESPEICHERT = 1
Global Const OLE_GESCHLOSSEN = 2
Global Const OLE_FREIGEGEBEN = 3
```

# 3.6 Operatoren

Beim Kennenlernen einer neuen Sprache ist neben dem Vokabular, das bei Basic die Befehle sind, auch die Grammatik entscheidend. Die Operatoren haben in einer bestimmten Hinsicht etwas mit der Grammatik gemeinsam, denn sie legen in der Programmiersprache Regeln für die Anwendung von Befehlen und Funktionen fest. Aus der Mathematik sind Ihnen sicherlich einige Operatoren bekannt, die Regel *Punkt vor Strich* gehört dazu. Andere Bereiche sind für den einen oder anderen Anwender zunächst neu, da andere Zahlensysteme und logische Operatoren gewöhnungsbedüftig sind. Folgende Aufstellung gibt einen Überblick über die zu behandelnden Operatoren und deren Klassifizierung:

| Operatorengruppe | Hierarchie | benutztes Zeichen |
|---|---|---|
| - Arithmetik | 1) Potenzierung | ^ |
| | 2) Negation | - |
| | 3) Multiplikation | * |
| | Division | / |
| | 4) Division Ganzzahl | \ |
| | 5) Modulo | MOD |
| | 6) Addition | + |
| | Subtraktion | - |
| - Vergleich | keine | = gleich |
| | | <> ungleich |
| | | < größer |
| | | <= größer oder gleich |
| | | > kleiner |
| | | >= kleiner oder gleich |
| - Logik | 1) Komplement | NOT |
| | 2) Konjunktion | AND |
| | 3) Disjunktion | OR |
| | 4) Exclusives *ODER* | XOR |
| | 5) Äquivalenz | EQV |
| | 6) Implikation | IMP |

## 3.6.1 Arithmetische Operatoren

Die arithmetischen Operatoren bereiten in der Regel die geringsten Probleme, da die Regel *Klammer vor Potenzierung vor Punkt vor Strich* als Faustregel bekannt ist. Die Grundrechenarten sind daher kaum erwähnungsbedürftig. Lediglich die gewohnte Schreibweise mit Bruchstrichen oder hochgestellten Potenzen ist beim Computer nicht realisiert, daher einige Beispiele für den Unterschied zwischen der traditionellen Schreibweise und der des Computers:

| | |
|---|---|
| $\frac{a + b + c}{e}$ | (a + b + c) / e |
| $x^2 + 4x + 9$ | x^2 + 4 * x + 9 |
| $\frac{(7x + 13) * 29}{3y - 9}$ | ((7 * x + 13) * 29) / (3 * y - 9) |
| $x^{y^z}$ | x^(y^z) |

### 3.6.1.1 Division durch Ganzzahlen

Eine gewöhnliche Division von Werten wird durch die Variablenart oder die konstanten Werte bestimmt und als Gleitkommazahl ausgewertet. Anfallende Nachkommastellen werden bis zu einer bestimmte Stelle berechnet und auch im Ergebnis ausgegeben. Sofern jedoch als Divisionszeichen \ benutzt wird, verhält sich Basic so, als kennte es bei der Division nur Ganzzahlen (*Integer*) oder lange Ganzzahlen (*Long*). Sofern ein Divisionselement dieses Kriterium nicht erfüllt, wird es durch Rundung zu einer (langen) Ganzzahl umgewandelt. Erst dann wird die Division ausgeführt, deren Ergebnis erneut nur als (lange) Ganzzahl ausgegeben wird; jedoch erfolgt beim Ergebnis keine Rundung, die Nachkommastellen werden abgeschnitten. Das folgende Programmbeispiel vergleicht die Ergebnisse der Gleitkommadivision mit denen der Ganzzahlendivision.

| | | |
|---|---|---|
| **1000 / 300** | **ergibt** | **3.333333** |
| **1000 \ 300** | **ergibt** | **3** |
| **1000 / 400** | **ergibt** | **2.5** |
| **1000 \ 400** | **ergibt** | **2** |
| **99.5 / 10** | **ergibt** | **9.95** |
| **99.5 \ 10** | **ergibt** | **10** |

### 3.6.1.2 Modulo-Arithmetik

Sofern von einer Division nicht das Ergebnis, sondern der nicht teilbare Rest benötigt wird, kommt die Modulo-Arithmetik zum Einsatz. Sie arbeitet nach dem Prinzip der Ganzzahldivision, rundet daher zunächst die Divisionselemente zu (langen) Ganzzahlen, dividiert und schneidet beim Endergebnis eventuelle Nachkommastellen ab. Die Ausgabe beinhaltet jedoch nicht das Divisionsergebnis, sondern den Restwert als Ganzzahl. Anstatt des Divisionszeichens wird der Operator **MOD** eingefügt. Zur Verdeutlichung ein Beispiel:

**99.5 MOD 10 ergibt 0**
99.5 wird vor der Berechnung auf 100 gerundet, die Division geht daher ohne Rest auf.
**99.4 MOD 10 ergibt 9**
99.4 wird vor der Berechnung auf 99 abgerundet; da nur 90 noch glatt durch 10 teilbar ist, bleiben 9 als Rest.

## 3.6.2 Vergleichsoperatoren

In Programmen ergeben sich regelmäßig Situationen, in denen eine Entscheidung getroffen werden muß, die den weiteren Programmverlauf bestimmt. Der Mensch trifft täglich unzählige Entscheidungen, die stets eine Auswertung von Situationen darstellen. Die Frage: wenn es regnet, dann einen Regenschirm aufspannen, ansonsten nicht, beinhaltet eine Entscheidung, die von der Bedingung "Regen" abhängt. Der Vergleich auf den Computer übertragen kennt ebenfalls zwei Zustände; entweder ist er *wahr* oder *unwahr*. Basie gibt nach Auswertung einer Entscheidung einen Wert an das Programm zurück, der das Ergebnis *wahr* oder *unwahr* anzeigt:

- Ergebnis eines unwahren Vergleiches = *0*
- Ergebnis eines wahren Vergleiches = *-1.*

Prüfungen können auf Gleichheit, Ungleichheit, auf *größer* oder *kleiner als* vorgenommen werden. Auch Zeichenketten können miteinander verglichen werden. Die Entscheidung wird anhand der Position eines Zeichens in der ASCII-Tabelle vorgenommen, so daß auch nach Groß- und Kleinbuchstaben unterschieden wird. Die Wertrückgabe durch Basic nach erfolgter Prüfung zeigt ein Programmbeispiel:

```
'*** ZAHLENVERGLEICH                          Ergebnis
x = 100: y = 50
MsgBox Str$(x > y)                            -1 = wahr
MsgBox Str$(y > x)                             0 = unwahr

'*** StringVERGLEICH
x$ = "Hallo": y$ = "HALLO"
MsgBox Str$(x$ > y$)                          -1 = wahr
MsgBox Str$(y$ > x$)                           0 = unwahr
```

Bereits bei Behandlung der Variablen wurde auf die etwas unglückliche Doppelfunktion des Gleichheitszeichens hingewiesen. Einmal dient es der Zuweisung eines Wertes in eines Variable, bei den Vergleichsoperationen ist es jedoch ein mathematisch korrektes Vergleichszeichen. Das Programm zeigt die unterschiedliche Handhabung des Gleichheitszeichens:

```
x = 100: y = 200
auswertung = x = y
MsgBox (Str$(auswertung))                      0 = unwahr
x = y
auswertung = x = y
MsgBox (Str$(auswertung))                     -1 = wahr
```

Zur Erläuterung analysieren wir die Zeile **auswertung = x = y**. Visual Basic bearbeitet diese Programmzeile von rechts nach links, da der Variablen *auswertung* das Ergebnis eines Vergleiches *x = y* zugewiesen werden soll. Da *x = 100* ist und *y = 200* leuchtet ein, daß der Vergleich *x = y* unwahr, also Null ist. Setzt man diese Null in die Programmzeile ein, liest sie sich als *auswertung = 0*. Da vor der Variablen *auswertung* kein *MsgBox* oder eine weitere Variable steht, wird das Gleichheitszeichen nun als Zuweisung in eine Variable interpretiert und die Null übergeben.

## 3.6.3 Logische Operatoren

Logische Operatoren haben mit den Vergleichsoperatoren nur indirekt etwas zu tun. Zwar wird bei beiden ein numerischer Wert miteinander verglichen, doch geschieht dies auf sehr unterschiedliche Weise. Um die logischen Operatoren zu verstehen, sind Kenntnisse des Dualsystems - des Zahlensystems des Computers - unabdingbar. Für die interessierten Leser folgt daher an dieser Stelle ein Exkurs, der neben dem Dualsystem auch das Hexadezimalsystem vorstellt.

### 3.6.3.1 Exkurs: Dualsystem

Ein Bit wird repräsentiert entweder durch die Ziffer 1 oder 0. Durch Zusammenfassung von mehreren Bits zu einer Achtergruppe oder einem Vielfachen davon ergibt sich jeweils ein Byte. Je nach Prozessor sind beispielsweise folgende Konstellationen möglich:

1 Byte = 8 Bit
1 Byte = 16 Bit
1 Byte = 32 Bit.

Wir bleiben zur Erläuterung des Dualsystems bei acht Bit, da das Prinzip auf größere Einheiten übertragbar ist. Aus der Kombination der Elemente 0 und 1 ergibt sich das Zahlensystem des Computers. Die Basis beim Dezimalsystem ist zehn, beim Dualsystem zwei. Wir können mit dieser Basis eine Tabelle anlegen, die bei eins beginnt und deren Folgeelemente sich aus der nächsthöheren Zweierpotenz ergeben.

| $2^7$ | $2^6$ | $2^5$ | $2^4$ | $2^3$ | $2^2$ | $2^1$ | $2^0$ |
|---|---|---|---|---|---|---|---|
| 128 | 64 | 32 | 16 | 8 | 4 | 2 | 1 |

Die Tabelle besteht nun aus acht Spalten, die acht Bit oder ein Byte repräsentieren. In jede Spalte wird eine 1 oder 0 eingetragen. Es ergeben sich von *00000000* bis *11111111* insgesamt 256 ($2^8$) Kombinationsmöglichkeiten; die größtmögliche Dezimalzahl, die in einem Byte aus acht Bit untergebracht werden kann, lautet demnach 255. Die Dezimalzahl ergibt sich aus der Summe der Zweierpotenzen, in deren Spalte eine 1 eingetragen wird. Steht das entsprechende Bit auf 0, wird die Zweierpotenz nicht mitsummiert. Nach der Theorie nun Beispiele:

| $2^7$ | $2^6$ | $2^5$ | $2^4$ | $2^3$ | $2^2$ | $2^1$ | $2^0$ | Zweierpotenzen | |
|---|---|---|---|---|---|---|---|---|---|
| 128 | 64 | 32 | 16 | 8 | 4 | 2 | 1 | berechnete Zweierpotenzen | |
| 1 | 0 | 1 | 1 | 1 | 0 | 1 | 0 | Biteintrag 10111010 | = Dual |
| 128 + | 0 + | 32 + | 16 + | 8 + | 0 + | 2 + | 0 | Summe 186 | = Dezimal |
| 1 | 1 | 1 | 1 | 1 | 1 | 1 | 1 | Biteintrag 11111111 | = Dual |
| 128 + | 64 + | 32 + | 16 + | 8 + | 4 + | 2 + | 1 | Summe 255 | = Dezimal |

Das Verfahren funktioniert bei der Umrechnung im Computer, doch die Darstellung alleine hilft noch nicht entscheidende weiter, denn der Computer muß mit den Dualwerten letztlich rechnen. Hierfür gelten einfache Regeln, die anhand der Addition von Dualzahlen gezeigt werden sollen.

| Dezimaladdition | | Dualaddition |
|---|---|---|
| 16 | | 10000 |
| + 4 | + | 100 |
| + 5 | + | 101 |
| Übertrag | | 1 |
| 25 | | 11001 |

Die Regeln für die Bitaddition unterscheiden drei Zustände:

0 + 0 = 0
0 + 1 = 0
1 + 1 = 0 mit Übertrag einer 1 in die nächste Spalte.

### 3.6.3.2 Exkurs: Hexadezimalsystem

Nachdem wir das Dualsystem beschrieben haben, bereitet das Prinzip des Hexadezimalsystems keine Probleme. Ein Computer ist zwar immer nur in der Lage, im Dualsystem zu rechnen, die Lesbarkeit für den Menschen ist hingegen schwierig und fehlerträchtig. Die Dezimalzahl 256 belegt im Dualsystem neun Stellen, es mußte daher eine andere Darstellungsweise gefunden werden. Als Zahlenbasis ergibt sich, entsprechend wie beim Dezimalsystem und Dualsystem gemäß dem Begriff hexadezimal (hexa = sechs, decem = zehn) 16. Da das Dezimalsystem aber nur zehn Elemente zur Verfügung stellt, macht das Hexadezimalsystem eine Anleihe beim Alphabet. Die 16 Elemente lauten **0 1 2 3 4 5 6 7 8 9 A B C D E F**. Zur Umrechnung zwischen dem Dezimalsystem und dem Hexadezimalsystem kann folgende Tabelle mit Potenzen der Basis 16 dienen:

| $16^3$ | $16^2$ | $16^1$ | $16^0$ |
|---|---|---|---|
| 4096 | 256 | 16 | 1 |

Für die Einträge in den vier Spalten steht eines der 16 Elemente des Hexadezimalsystems zur Verfügung und wird mit der in der Spalte stehenden Potenz multipliziert. Die Summe in den Spalten ergibt anschließend die Dezimalzahl. Das folgende Beispiel zeigt die Umrechnung der Dezimalzahl 12731 in eine Hexadezimalzahl.

| $16^3$ | $16^2$ | $16^1$ | $16^0$ |
|---|---|---|---|
| 4096 | 256 | 16 | 1 |

12731 \ 4096 = 3 ------------->3
12731 MOD 4096 = 443 Rest

```
443 \  256 =  1 ---------------------->1
443 MOD 256 = 187 Rest
187 \   16 =  11 ----------------------------->B
187 MOD  16 =  11 Rest
 11 \    1 =  11 ------------------------------------>B
```

Produktaddition 12288 + 256 + 176 + 11

Hexadezimal &31BB = Dezimal 12731

## 3.6.3.3 Logische Operatoren in der Einzelbetrachtung

Um die durch logische Operatoren erzeugten Rechenergebnisse zu verstehen, ist eine bitweise Betrachtung der verglichenen Werte notwendig. Der Bitstatus 1 bedeutet eine *wahre* Aussage (in der folgenden Tabelle als Basic-typisch mit *-1* angegeben), der Bitstatus 0 eine *unwahre.* Betrachten Sie zunächst die folgende Tabelle, die alle sechs logischen Operatoren in ihrer Wirkungsweise beim bitweisen Vergleich zeigt. *X* steht für ein Bit des ersten Ausdrucks, *Y* symbolisiert das stellengleiche Bit des zweiten Ausdrucks. Zahlenbeispiele finden Sie im Anschluß an die Tabelle.

| X-Wert | Y-Wert | NOT X | X AND Y | X OR Y | X XOR Y | X EQV Y | X IMP Y |
|---|---|---|---|---|---|---|---|
| -1 | -1 | 0 | -1 | -1 | 0 | -1 | -1 |
| -1 | 0 | 0 | 0 | -1 | -1 | 0 | 0 |
| 0 | -1 | -1 | 0 | -1 | -1 | 0 | -1 |
| 0 | 0 | -1 | 0 | 0 | 0 | -1 | -1 |

**NOT** invertiert jedes Bit des angebenen Ausdrucks; die vor der Umkehrung wahren Positionen werden unwahr und umgekehrt. Das Vorzeichen des Ausdrucks wird ebenfalls invertiert. Die Eingabe **NOT 131** ergibt -132. Zur Erläuterung die Bitstruktur:

10000011 = 131
01111100 = 124 invertierter Wert von 131.

Um auch das Vorzeichen umzukehren, wird dem invertierten Wert als neuntes Bit (an der Position 256) eine Eins hinzugefügt. Berechnet man nun -256+124, ergibt sich das Endergebnis -132.

**AND** verknüpft die Bits von zwei Vergleichsausdrücken und erzeugt nur dann einen wahren Wert, wenn beide Bits wahr sind. **136 AND 8** ergibt 8, da die Bitstruktur auf der Position 8 identisch ist:

10001000 = 136
00001000 = 8
00001000 = 8 nach AND-Verknüpfung

**OR** verknüpft die Bits von zwei Vergleichsausdrücken und erzeugt immer dann einen wahren Wert, wenn eines der beiden Bits oder beide Bits wahr sind. Es ist mit *OR* möglich, einzelne Bits in einer Zahl zu setzen. **100 OR 7** ergibt demnach 103, was die Bitstruktur belegt:

01100100 = 100
00000111 = 7
01100111 = 103 nach OR-Verknüpfung

**XOR** verknüpft die Bits von zwei Vergleichsausdrücken und erzeugt immer dann einen wahren Wert, wenn eines der beiden Bits wahr ist. Da es sich um ein *exklusives oder* handelt, wird die Verknüpfung im Gegensatz zum *OR* auch dann unwahr, wenn beide Bits wahr sind. **143 XOR 15** ergibt somit 128:

10001111 = 143
00001111 = 15
10000000 = 128 nach XOR-Verknüpfung

**EQV** verknüpft die Bits von zwei Vergleichsausdrücken und erzeugt immer dann einen wahren Wert, wenn die verglichenen Bits entweder beide wahr oder beide unwahr sind. Sofern die beiden verknüpften Werte positiv sind, wird auch das Vorzeichen negiert. **155 EQV 37** ergibt -191, was die Bitstruktur beweist:

10011011 = 155
00100101 = 37
01000001 = 65

Um auch das Vorzeichen umzukehren, wird dem Wert 65 als neuntes Bit (an der Position 256) eine Eins hinzugefügt. Berechnet man nun -256+65, ergibt sich das Endergebnis -191.

**IMP** ist immer wahr, es sein denn, das Bit im ersten Vergleichsausdruck ist 1 und im zweiten Bit steht eine 0. Das Ergebnis der Berechnung wird invertiert:

11000001 = 193
00110111 = 55
00111111 = 63

Um auch das Vorzeichen umzukehren, wird dem Wert 63 als neuntes Bit (an der Position 256) eine Eins hinzugefügt. Berechnet man nun -256+63, ergibt sich das Endergebnis -193.

# 4 Die Programmierumgebung

Visual Basic für Windows bietet eine komplexe Programmierumgebung mit einer Vielzahl von Fenstern, die zur Entwicklungszeit eines Projektes genutzt werden. Das Menü *Fenster* bietet in der Übersicht alle aktivierbaren Elemente an. Wir wollen uns mit den wichtigsten Arbeitshilfen auseinandersetzen und diese vorstellen, damit Sie sich eine Übersicht darüber verschaffen können, mit welchen Instrumenten Sie wann arbeiten müssen. Die Struktur und Verteilung der Fenster wurde in der neuen Version nochmals in Teilbereichen überarbeitet und verbessert, um noch praxisnaher und effektiver zu funktionieren. Etliche Hinweise von Programmierern haben dazu geführt. Die Übersicht beginnt mit der Form.

## 4.1 Formfenster

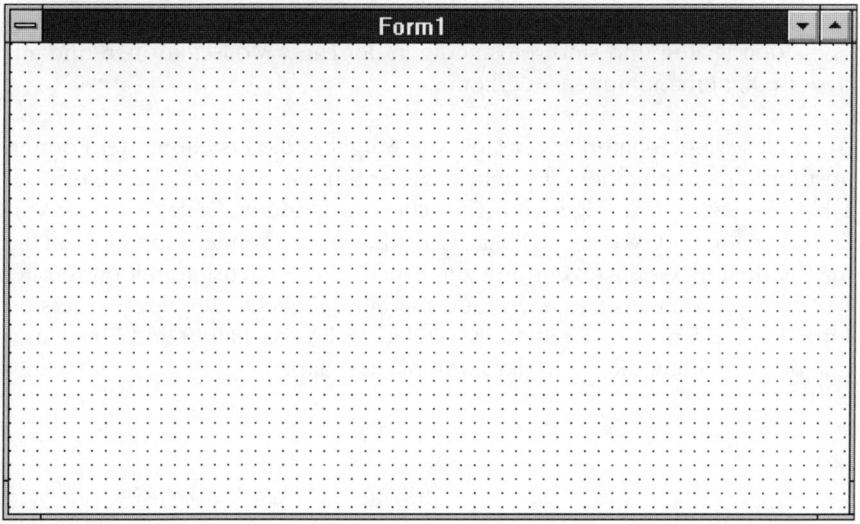


*Abb. 4.1 Standardformvorlage in Visual Basic*

Nach dem Laden von Visual Basic fällt sofort im Zentrum der Arbeitsumgebung das Kernstück jeder Entwicklung auf, die sogenannte Form. Jedes Programm besteht, sofern ein Bedienerdialog erforderlich ist, aus einer oder mehreren dieser Formen, die Sie sich als Ein- und Ausgabemasken vorstellen können. Die Formen sind mit einem Punktraster versehen, das später die Gestaltung erheblich erleichtert und alle Objekte daran ausrichtet. Im Menüpunkt *Optionen Umgebung* wird unter anderem festgelegt, daß diese Rasterung benutzt wird und wie groß die Abstände sind.

Auf der Form plaziert der Programmierer Steuerelemente, die aus der Toolbox entnommen werden. Alle bei der Programmausführung sichtbaren Elemente können in ihrer Größe verändert und auf der Form frei plaziert werden. Eine Mouse ist für die Programmierung mit Visual Basic ein notwendiges Hilfsmittel und sollte vorhanden sein. Wir gehen in unseren Beschreibungen davon aus, daß die ausschließliche Arbeit mit der Tastatur eine absolut unkomfortable Notlösung darstellt. Der Bedienerdialog ist für gewöhnlich in einer Anwendung das Hauptproblem, die eigentlichen internen Aufgaben eines Programms haben bisher oft nur einen Bruchteil der Entwicklungszeit in Anspruch genommen, während mühsam Menüs, Ein- und Ausgabebereich, Formatierungen oder Mousesteuerungen per Interruptprogrammierung zu realisieren waren. Die Formen übernehmen durch die auf ihnen plazierten Tools den Dialog und sind selbständig in der Lage, Mouseaktionen und andere Bedienerhandlungen zu erkennen.

Auch dieses Buch hat in erster Linie die Aufgabe, die Erstellung der Formen ausführlich zu behandeln. Es geht weniger um die gewöhnlichen Basic-Befehle, die Sie als Umsteiger zum Teil schon aus anderen Dialekten oder Vorläuferversionen (GWBasic, QBasic, QuickBasic etc.) kennen, sondern um die Möglichkeiten, eine Anwendung zu gestalten. Die nächsten beiden Kapitel beschäftigen sich deshalb auch "nur" mit den Möglichkeiten der Formerstellung, Kapitel 5 mit der Toolbox, Kapitel 6 mit Eigenschaften und Einstellungen der Elemente, die Sie in der Form plaziert haben.

# 4.2 Toolbox

Visual Basic für Windows wird in zwei Ausgaben geliefert. Es geht dabei nicht um die Versionen 1.0 und 2.0, sondern um eine weitere Aufteilung der Version 2.0 in eine Standard-Ausgabe und eine Profesionelle Ausgabe. Damit kein falscher Eindruck entsteht, ein Hinweis. Beide Ausfertigungen sind geeignet, profesionelle Programme zu erstellen, die Profi-Ausgabe spricht aber Berufsprogrammierer an, die zusätzliche Programmierwerkzeuge benötigen, die für normale Anwendungen nicht unbedingt erforderlich sind. Der wesentliche Unterschied liegt in der Anzahl der Tools. Tools sind vorgefertigte Werkzeuge für Programmierer. Es gibt etliche Standardsituationen in der Programmierung, die immer wieder gleiche Lösungen verlangen. Wie erhält man Bedienereingaben, wie präsentiert man dem Anwender Menüs oder Optionen, wie können Dateien des Systems komfortabel zugängig gemacht werden? Schon immer haben sich Programmierer eigene Tools geschrieben und diese eingesetzt, aber jetzt liefert Visual Basic die Werkzeuge, um Software im Winddows-Standard zu erstellen, mit allen Elementen, die Sie in Windows kennen und schätzen. Werfen wie einen Blick in das Toolbox-Fenster der Profesionellen Ausgabe und der Standard-Ausgabe.

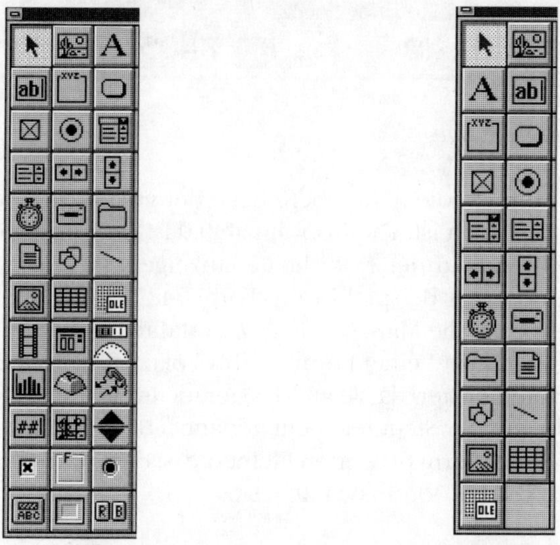

*Abb. 4.2 Toolboxfenster der Professionellen Ausgabe und der Standardausgabe*

Wir beschäftigen uns in diesem Buch mit der Standard-Ausgabe, werfen aber trotzdem einen Blick über den Zaun, falls Sie später an der anderen Ausgabe auch Geschmack finden sollten. In der Standard-Ausgabe ist das *OLE*-Tool derzeit der letzte Eintrag, die letzen fünf Zeilen fehlen, die Anordnung ist zweispaltig. Alle Symbole entsprechen ansonsten der Standard-Ausgabe.

# 4.3 Statusleiste

Wenn Sie Visual Basic geladen haben, richten Sie Ihren Blick zunächst auf den rechten Teil der Menüleiste. Die eigentliche Menüauswahl im Bereich von *Datei* bis *Hilfe* entspricht dem Windows-Standard und soll an dieser Stelle nicht mehr ausführlich erläutert werden. Alle Menübedeutungen und wichtigen Tastaturbelegungen können Sie bei Bedarf in Kapitel 2 nachschlagen. Zur Erinnerung: Mit F10 oder einer Alt-Buchstaben-Kombination gelangen Sie in das Hauptmenü, besser ist aber die Arbeit mit der Mouse. Im angesprochenen rechten Bereich der Arbeitsleiste befindet sich die Koordinatenanzeige:

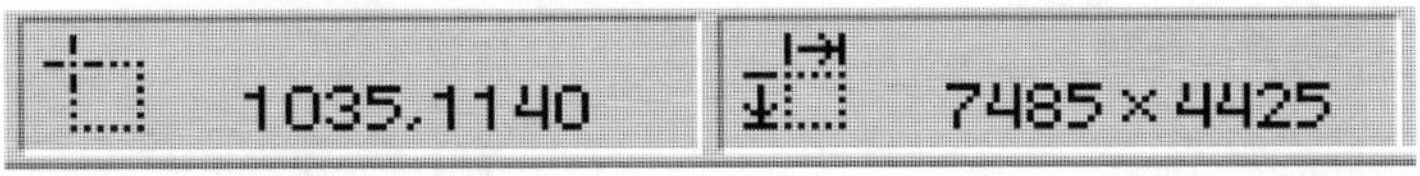


*Abb. 4.3 Koordinatenanzeige*

Das linke Feld zeigt an, wo die linke obere Ecke der gerade in Bearbeitung befindlichen Form zu finden ist. Die Koordinate 0,0 ist die linke obere Bildschirmecke. Im rechten Feld der Koordinatenanzeige wird die Größe der Form angezeigt. In unserem Beispiel ist die Form 7485 Einheiten breit und 4425 Einheiten hoch. Über die Maßeinheit *Twips* erfahren Sie mehr im nächsten Kapitel. Wenn Sie nun auf einer Form ein Tool plazieren, ändert sich die Anzeige im Koordinatenfenster, da sie auf das gerade in Bearbeitung befindliche Tool (auch Objekt oder Steuerelement genannt) Bezug nimmt. Der Bezugspunkt für alle auf der Form plazierten Elemente ist die Form selbst, deren linke obere Ecke dann die Koordinate 0,0 besitzt.

Viele Menüfunktionen werden bei der praktischen Arbeit mit Visual Basic immer wieder benötigt und sind daher in einer Funktionsleiste verfügbar, die auf Mouseklick eine Ausgabe direkt bewerkstelligen kann. Momentan existieren 14 dieser Schaltflächen.

*1 2 3 4 5 6 7 8 9 10 11 12 13 14*

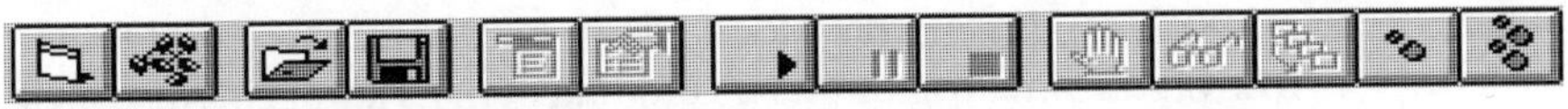

*Abb. 4.4 Funktionsleiste für Mousebedienung*

| Nummer | Bedeutung der Schaltflächen |
|---|---|
| 1 | Der aktuellen Arbeit wird eine neue Form zur Verfügung gestellt. |
| 2 | Ein weiteres Modul wird in die Anwendung integriert. |
| 3 | Visual Basic lädt ein neues Projekt in die Oberfläche, das bisherige Projekt wird bei Bedarf gesichert und aus dem Arbeitsspeicher entfernt. Es kann immer nur ein Projekt in Bearbeitung sein. |
| 4 | Das aktuelle Projekt wird komplett gespeichert (alle Formen und Module inbegriffen). Bisher noch nicht gesicherte Projektteile werden angezeigt und können benannt werden. |
| 5 | Der Mouseklick entspricht der Tastenkombination `Strg` + `M` und aktiviert das Menüerstellungsfenster, in dem Sie eigene Pull-Down-Menüs kreieren können. |
| 6 | Jedes in der Form plazierte Tool und sogar die Form selbst verfügt über umfangreiche Eigenschaften (Properties). Diese können durch das Symbol in einer Liste angezeigt werden. Die Kurzwahl ist auch über `F4` möglich. |
| 7 | Um eine Anwendung zu starten oder nach dem Anhalten erneut zu starten, wählen Sie diese Schaltfläche. Sie entspricht der Betätigung von `F5`. |
| 8 | Wurde die Anwendung gestartet, so wird diese Schaltfläche aktiv und ermöglicht das zeitweilige Anhalten der Anwendung, um Testaufgaben durchzuführen. |
| 9 | Wenn Sie zur Entwicklungsumgebung zurückkehren wollen und die Anwendung abbrechen, wählen Sie dieses Symbol. Die Symbole 7, 8 und 9 ersetzen Einträge des Menüs *Ausführen.* |

10 QuickBasic-Programmierer kennen die Funktionstaste [F9], mit der im Programmcode ein Haltepunkt gesetzt oder gelöscht werden kann, an dem die Programmausführung endet. [F9] ist auch in Visual Basic so belegt, das Symbol ersetzt die Taste und fügt den roten Haltepunkt als Balkenmarkierung ein.

11 Diese Kurzwahl bietet die Möglichkeit, die Fehlersuche und Ereignisverfolgung im Programm zu vereinfachen. Es kann ein Ausdruck formuliert werden und eine Bedingung, was bei Veränderung des Ausrucks (z.B. eines Variableninhalts) zu tun ist. Die gleiche Auswahl erhalten Sie auch mit [Shift] + [F9] im Unterbrechungsmodus.

12 [Strg] + [L] oder ein Klick auf das Symbol ermöglichen die Rückverfolgung von Prozedur- und Funktionsaufrufen in einer angehaltenen Anwendung (Unterbrechung durch das Menü *Ausführen* oder einen Haltepunkt). Es kann nachvollzogen werden, welche Prozedur aufgerufen wurde und welche Unterroutinen sie ihrerseits aktiviert hat.

13 Mit [F8] oder diesem Symbol haben Sie die Möglichkeit, ein angehaltenes Programm schrittweise weiter ausführen zu lassen. Es wird im Einzelschrittmodus Befehl für Befehl abgearbeitet.

14 Das Symbol entspricht [Shift] + [F8] und testet eine unterbrochene Anwendung in Prozedurschritten; eine aufgerufene Prozedur oder Funktion wird als solche wie ein Befehl behandelt und abgearbeitet, während der sonstige Code in Einzelschritten getestet wird.

# 4.4 Farbpalette

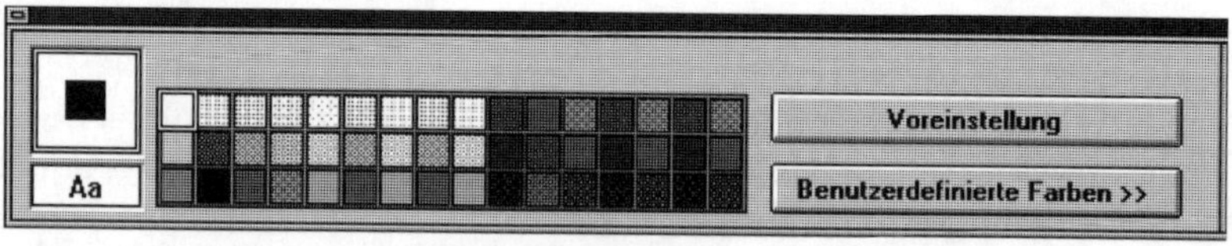


*Abb. 4.5 Farbpalette*

Bei der Gestaltung von Formen werden teilweise Farben benötigt, die aus der bereits fertigen Palette geholt werden können. Das Fenster liegt standardgemäß am unteren Bildschirmrand. Wenn die vorgegebenen Farben nicht ausreichen, können besondere Farben komponiert werden.

## 4.5 Eigenschaften (Properties)

Je nach Ausgabe von Visual Basic erscheint das Fenster als Eigenschaften- oder Properties-Fenster. Es kann bei der Erstellung der Form mit [F4] oder über die Funktionsleiste aktiviert werden. Jede Form und jedes in der Form plazierte Steuerelement besitzt Eigenschaften (Farben, Schriftarten, Rahmen, Größe, Sichtbarkeit, Wählbarkeit etc.). Jede Eigenschaft hat eine bestimmte Einstellung (wahr oder unwahr, ja oder nein, ein Zahlenwert für eine Größe, der Name einer Schrift etc.). Visual Basic setzt für jedes Steuerelement die zugehörigen Eigenschaften auf Standardeinstellung. Alle Eigenschaften,die Sie zur Entwicklungszeit beeinflussen können, werden im Properties-Fenster aufgelistet. Es existieren weitere Eigenschaften, die nur zur Laufzeit verändert werden können und bei der Formerstellung keine Rolle spielen. Kapitel 6 wird sich ausführlich mit den Eigenschaften und deren Einstellung auseinandersetzen. Ein Hinweis noch: Visual Basic 2.0 existiert als englische und als deutsche Standard-Ausgabe, die Professionelle Ausgabe ist nur in englischer Sprache erhältlich.

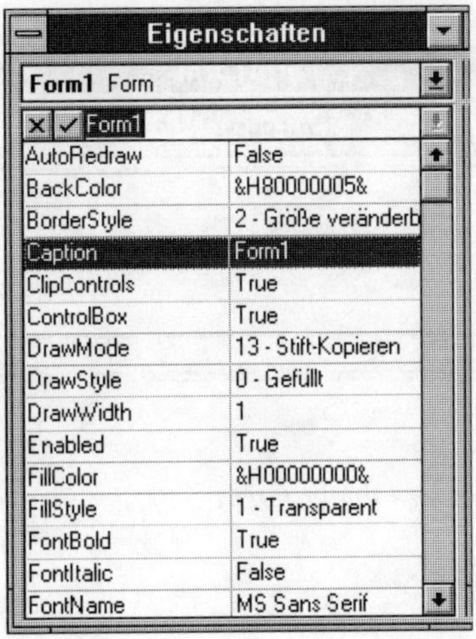


*Abb. 4.6 Eigenschaftenfenster einer Form*

# 4.6 Codefenster

Sicherlich hat sich der eine oder andere Leser bereits gefragt, ob denn nur noch Formen interessant sind und wie oder wo programmiert wird. Selbstverständlich muß auch in Visual Basic Programmcode geschrieben werden, aber in erster Linie, um auf Ereignisse der Form oder eines Steuerelements zu reagieren. Ein Ereignis kann ein Mouseklick auf eine Schaltfläche oder eine Form sein, ebenso das Erhalten oder Verlieren des Fokus oder das Drücken der Taste [Esc]. Auf jedes nur denkbare Ereignis kann im Codefenster reagiert werden, und der Programmierer bestimmt, was bei einem Klick auf ein bestimmtes Element geschieht. Sie können mit [F7] zur Entwicklungszeit der Form das Codefenster aktivieren und von dort aus jede Prozedur und damit jedes Ereignis behandeln. Im Codefenster werden auch das globale Modul oder die generellen Deklarationen zur Form programmiert. Unser Bildschirmbeispiel zeigt das Codefenster, in dem gerade der Code zum Ereignis *Form_Load* programmiert werden soll. Beim Laden einer Form wird dann der Code ausgeführt, noch bevor der Inhalt der Form auf dem Bildschirm sichtbar wird. Jedes Objekt (entspricht in etwa einem Tool oder Steuerelement) ist mit jeder Ereignisprozedur über ein Dropdown-Feld greifbar oder mit den [Bild]- oder [Bild]-Tasten wählbar.

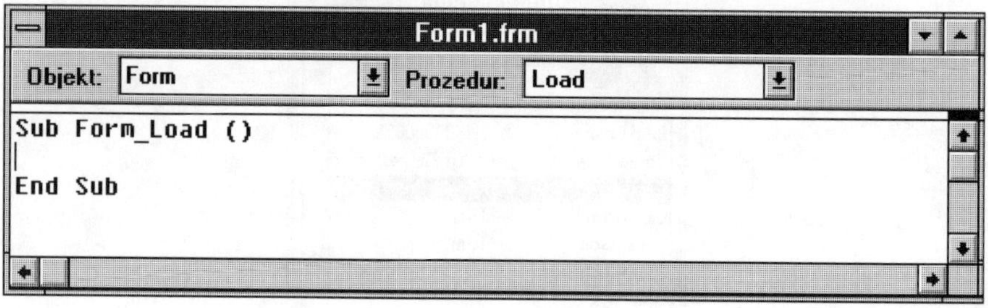


*Abb. 4.7 Codefenster zum Objekt Form*

## 4.6.1. Eingabekonventionen

An dieser Stelle sei ein kurzer Einschub gestattet, der sich mit der Eingabe von Programmcode im Editor befaßt. Wir plazieren diese Hinweise bewußt am Anfang, obwohl wir uns erst viel später mit der Eingabe von Programmcode auseinandersetzen, damit Sie bei eigenen Experimenten "außer der Reihe" eine Arbeitshilfe haben und (sofern Sie aus einem Basic-Dialekt ohne speziellen Editor kommen) Grundlagen der strukturierten Programmierung erhalten. Wenn es Sie an dieser Stelle nicht interessiert oder Sie aus QuickBasic oder QBasic kommen, blättern Sie getrost weiter, und gehen Sie später zu diesem Absatz zurück.

Visual Basic besitzt einen intelligenten Editor, der Ihnen viele Strukturierungen und lästige Arbeiten bereits abnimmt. Im Menüpunkt *Optionen Umgebung* sollten Sie sicherstellen, daß die Syntaxprüfung aktiviert ist, damit Fehler schon bei der Programmerstellung erkannt weden. Der Editor unterlegt verschiedene Codetypen mit unterschiedlichen Farben, was die Unterscheidung und das Lesen des Codes leichter macht. Sie können alle Farben später in den *Optionen* ändern, sollten aber zunächst alle Einstellungen übernehmen oder wiederherstellen.

### 4.6.1.1 Grundsätzliche Eingaberegeln

a) Befehlssyntax

Jede Programmiersprache besteht aus einem bestimmten Wortschatz, dem Befehlssatz, der mit dem Lexikon einer Sprache vergleichbar ist. Da auch Basic eine Sprache ist, muß die Rechtschreibung korrekt sein. Dieses Problem wird vom Editor sehr elegant und einsteigerfreundlich gehandhabt, da der erste Versuch, eine falsche Programmzeile mit `Enter` abzuschließen oder mit einer Cursortaste zu verlassen, abgefangen wird. Es erscheint eine Fehlermeldung mit konkretem Hinweis, was bei dem eingegebenen Befehl nicht in Ordnung ist. Die Schreibweise eines Befehls kann wahlweise in Groß- oder Kleinschrift erfolgen, da Basic selbständig alle Befehlsworte umsetzt und die Zeile mit eingefügten Leerstellen strukturiert.

b) Zeilenende

Eine Programmzeile darf im Editor maximal 255 Zeichen lang sein und kann minimal mit 0 Zeichen, also als Leerzeile, erfaßt werden. Die Ausnutzung der vollen Zeilenlänge ist nicht empfehlenswert, da Programme unübersichtlich werden und der Ausdruck eines Listings (Listing: Teil- oder Gesamtausdruck des Basic-Quellcodes) Probleme bereiten kann.

Eine neu erstellte Programmzeile wird in der Regel mit `Enter` abgeschlossen, sofern unterhalb der aktuellen Eingabezeile die Einfügung einer Leerzeile gewünscht wird. Durch Verlassen der aktuellen Zeile mit einer Cursorbewegung kann bei späterer Zeilenkorrektur die ungewollte Einfügung einer weiteren Leerzeile vermieden werden.

Hinweis: Befindet sich der Cursor innerhalb einer Eingabezeile, so daß rechts und links vor ihm Zeichen stehen, wird durch die `Enter`-Taste der rechts vom Cursor stehende Zeilenteil in die nächste Editorzeile verschoben.

c) Befehlsverarbeitung

Die Befehlsverarbeitung durch den Editor richtet sich nach der Reihenfolge der Erfassung. Programme werden von der ersten Eingabezeile abwärts bearbeitet; befinden sich in einer Programmzeile mehrere Befehle (siehe auch d), erfolgt die Bearbeitung von links nach rechts. Rücksprünge und Befehlswiederholungen sind durch spezielle Befehle jederzeit möglich.

Ein Programm endet, wenn ein Befehl das Ende signalisiert oder wenn alle Befehle bearbeitet wurden und kein Rücksprung von der letzten Programmzeile an eine andere Position erfolgt.

d) Mehrere Befehle in einer Zeile

In einigen Fällen der Programmierung ist es sinnvoll, in einer Zeile mehrere Befehle anzuordnen. Als Trennzeichen zwischen abgeschlossenen Befehlssequenzen wird der Doppelpunkt (:) gesetzt. Der Editor verhält sich bei der Programmausführung dann genau so, als ob die Befehle untereinander angeordnet wären.

Hinweis: Unabhängig davon, ob in einer Programmzeile ein Befehl oder mehrere Befehle eingegeben werden, gilt: Hinter dem letzten Befehl in einer Programmzeile wird kein Doppelpunkt gesetzt.

e) Befehl ist nicht gleich Befehl

Der Befehlsvorrat von Visual Basic muß in zwei globale Gruppen unterschieden werden. Es existieren die ausführbaren Befehle, die dem Programmierer direkt zur Problemlösung zur Verfügung stehen, und die nicht ausführbaren Befehle, die das Umfeld im Programm definieren und nur indirekt zur Lösung der Programmieraufgabe dienen. Die nicht ausführbaren Befehle sind beispielsweise:

- Deklarieren ausgelagerter Unterprogramme (Sub)
- Deklarieren ausgelagerter Funktionen (Function)
- Dimensionieren und teilen von Variablen oder Datenfeldern
- Definieren von Konstanten

f) Variablen

Zum Verständnis und erfolgreichen Nutzung einer Programmiersprache sind Variablen (Platzhalter für Zahlen oder Zeichen) ein wesentlicher und leider auch komplizierter Baustein. Kapitel 3 erläutert Variablenarten, -typen und die Nutzung von Variablen.

g) Zahlenformat und Rechenzeichen

Da Visual Basic kein deutsches Produkt ist, ist die Zahlenformatierung nach amerikanischem Standard im Editor etwas gewöhnungsbedürftig. Statt eines Dezimalkommas verwendet Basic den Dezimalpunkt (3.141593). Innerhalb der Programmausgaben stehen jedoch leistungsstarke Formatierungen zur Verfügung, so daß Sie dem Bediener Ihrer Programme die gewohnte deutsche Umgebung zur Verfügung stellen können.

Die gewohnten Rechenzeichen findet man bei Basic in Form des Pluszeichens (+) und des Minuszeichens (-) wieder. Für Multiplikationen wird das Sternchen (*) verwendet, für Divisionen die Querstriche (/ oder \).

### 4.6.1.2 Strukturierte Programmerfassung

Bevor es an die Erfassung des ersten Programms geht, noch ein Wort zur vielgepriesenen strukturierten Programmierung. Was versteht man darunter und wozu ist sie erforderlich oder zumindest sinnvoll? Visual Basic, QuickBasic und QBasic bieten als moderne Programmierinstrumente alle Möglichkeiten, Programme zu strukturieren und zu kommentieren, um dem Programmierer und anderen Quellcodebenutzern das Leben zu erleichtern. Diese Möglichkeiten sollten von Beginn an genutzt werden, um sich an einen sauberen Programmierstil zu gewöhnen. Einige Grundregeln haben wir zusammengestellt. Sofern die angesprochenen Befehle noch nicht bekannt sein sollten, betrachten Sie diesen Abschnitt als Nachschlagewerk, auf das während der Befehlserarbeitung zurückgegriffen werden sollte. Im übrigen halten sich die späteren Programmbeispiele an die Regeln der strukturierten Programmierung.

a) Keine Zeilennummern benutzen

Alte Basic-Versionen, beispielsweise GW-Basic bzw. BasicA, benutzen zur Ordnung der Programmzeilen aufsteigende Zeilennummern, die den Befehlen vorangestellt werden. Diese Angabe ist sowohl bei QuickBasic als auch bei QBasic zwar aus Kombatibilitätsgründen möglich, aber absolut überflüssig.

b) GoTo und GoSub vermeiden

Im Befehlssatz von Visual Basic sind noch Relikte aus alten Progammversionen und Vorläufern erhalten geblieben. Zwei typische Vertreter sind die Sprungbefehle *GoTo* und *GoSub*, die alleine nicht mehr benutzt werden sollten, da die Befehle zur Programmsteuerung effektivere Möglichkeiten bieten. Lediglich im Zusammenhang mit Befehlsblöcken wie *ON ERROR* sind klassische Sprungbefehle notwendig.

c) Zeilenlänge nicht voll ausnutzen

Der Editor von Visual Basic bietet die Möglichkeit, Zeilen mit bis zu 255 Zeichen zu erzeugen. Diese Vorgehensweise ist jedoch unpraktisch, da überlange Zeilen nicht nur das Überarbeiten von Programmen erschweren, sondern auch den Ausdruck des Listings optisch zerstören. Bei DIN A 4-Bögen können zwischen 80 und 130 Zeichen in einer Zeile dargestellt werden, und der Rest rückt in die nächste Zeile.

Es wird fast immer möglich sein, Zeilen auf die Breite eines Editorfensters, also auf etwa 80 Zeichen, zu beschränken.

d) Kommentare im Quellcode

Während der Programmerstellung ist dem Programmierer in der Regel jeder Arbeitsschritt völlig klar und leicht nachvollziehbar. Die Probleme beginnen, wenn komplexe Programmlistings nach Monaten oder vielleicht einem Jahr wieder aus der Schublade geholt werden müssen, um das System zu modifizieren. Dann kommen Fragen auf wie: was passiert denn in diesem Unterprogramm, welche Bedeutung hat diese oder jene Variable und was befindet sich in dieser Datei? Und was der Programmierer schon nach wenigen Monaten nicht mehr nachvollziehen kann, fällt einem dritten, der sich mit einem Listing beschäftigen muß, schon von vornherein schwer. Es ist daher sinnvoll und notwendig, die Programme extern zu dokumentieren und intern zu kommentieren. Die externe Dokumentation ist bei umfangreichen Programmierprojekten üblich, die oftmals hundert und mehr Variablen, Unterprogramme oder Dateien benutzen. Hier wird das ausgedruckte Listing manuell kommentiert, in Listen werden zusätzlich Variablenverwendungen, Dateinamen und -strukturen protokolliert. Wir begnügen uns zunächst mit der Programmkommentierung und stellen damit zugleich den ersten Basic-Befehl vor, der Textkommentare zuläßt:

```
Rem Kommentartext
' Kommentartext
```

*Rem* steht für REMARK (Kommentar) und läßt über den restlichen Zeilenbereich einen beliebigen *Kommentartext* zu. Auch hier sollten lieber mehrere kurze Kommentarzeilen eingegeben werden, anstatt die komplette Zeilenbreite zu nutzen. Durchgesetzt hat sich das Apostroph (') als Ersatz für *Rem*. Der *Rem*-Kurzkommentar weist auf das Programmgeschehen in einem bestimmten Abschnitt hin, sei es als Gedächtnisstütze für Variablenbelegungen, sei es als Hinweis auf eine Besonderheit oder einfach auf die nächsten Programmschritte. Wie bereits angemerkt: Kommentare müssen selbstverständlich nicht gesetzt werden, aber sie erleichtern die spätere Modifikation von Programmen erheblich.

## e) Einrückungen im Listing

In vielen Programmen werden Befehle ineinander verschachtelt, was die Nachvollziehbarkeit des internen Programmablaufs verbessert. In der Praxis werden meist drei oder vier Leerzeichen ([Tab-Taste]) für eine Einrückung benutzt. Betrachten Sie hierzu ein Beispiel, in dem diverse Programmschleifen ineinander verschachtelt werden:

```
'*** Verschachtelung von drei Schleifen
For außen% = 1 To 3
   For mitte% = 1 To 3
      For innen% = 1 To 3
         Print außen%, mitte%, innen%
      Next innen%
   NEXT mitte%
NEXT außen%
```

Die Zusammengehörigkeit der Befehlsgruppen *For...Next* (Programmschleife für eine bestimmte Anzahl von Programmwiederholungen) wird durch die Einrückung deutlicher. Betrachten Sie das unstrukturierte Listing:

```
'*** Verschachtelung von drei Schleifen
FOR außen% = 1 To 3
FOR mitte% = 1 To 3
FOR innen% = 1 To 3
PRINT außen%, mitte%, innen%
NEXT innen%
NEXT mitte%
NEXT außen%
```

Typische Befehle, bei denen sich Einrückungen bewährt haben, sind *For...Next*, *Do...Loop*, *While...Wend* oder *Open...Close*.

## f) Auslagerung in Unterprogramme (Subs)

Um das Basisprogramm übersichtlich gestalten zu können und zusätzlich Eingabeaufwand zu sparen, sollten möglichst viele Programmteile in Unterprogramme ausgelagert werden. Diese können später mit ihrem Namen beliebig oft und sogar durch sich selbst (rekursiv) aufgerufen werden. Bei der Ereignisverarbeitung legt Visual Basic für Sie alle benötigten Subs bereits selbständig an.

# 4.7 Projektfenster

Eine Anwendung in Visual Basic besteht bei einer sinnvollen Minimalausstattung aus einer Form. Im Projektfenster haben Sie schnellen Zugriff auf alle Module und Formen des aktuellen Projekts; außerdem sehen Sie die Bezeichnungen der Formen und Module. Bei Formen kann außerdem mit einem Mouseklick bestimmt werden, ob die Formgestaltung oder der Code zur Form angezeigt werden soll. Ist die Form sichtbar, kann auch mit [F7] zum Code hinübergeschaltet werden.

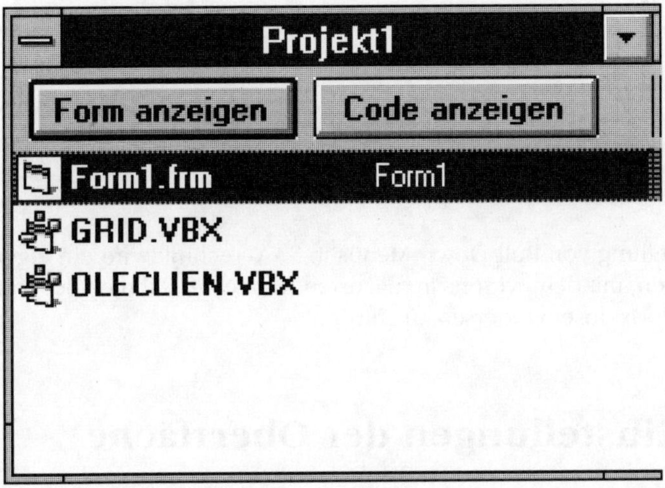


*Abb. 4.8 Das Projektfenster*

# 4.8 Menüentwurfsfenster

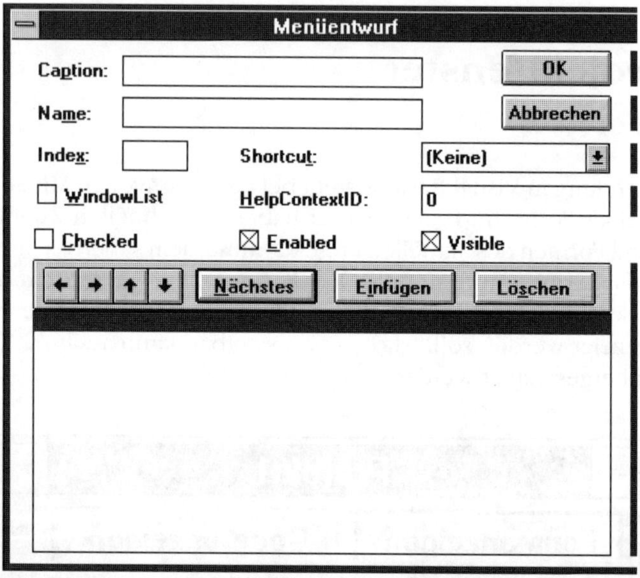


*Abb. 4.9 Das Menüentwurfsfenster*

Zur Erstellung von Pull-Down-Menüs in SAA-Technik wird ein eigenes Tool angeboten, mit dem wir uns im nächsten Kapitel im Rahmen der Darstellung der Toolbox auseinandersetzen werden.

# 4.9 Einstellungen der Oberfläche

Der Menüpunkt *Optionen* stellt das Kernstück der Einstellungen der Betriebsumgebung in Visual Basic dar und ermöglicht eine sehr flexible und individuelle Konfiguration der Umgebung. Sie können in den Umgebungsoptionen die im Editor benutzten Farben verändern, Tabulatorabstände setzen und das Verhalten der Form zur Entwicklungszeit bestimmen. Die Maßeinheit der Koordinatenpunkte sowie die automatische Ausrichtung der Objekte an den

Koordinaten können bestimmt werden. Die Konfiguration ist bereits mit Erfahrungswerten vorbelegt, Sie müssen also keine *Optionen* verändern, sondern können sofort mit der Formerstellung beginnen.

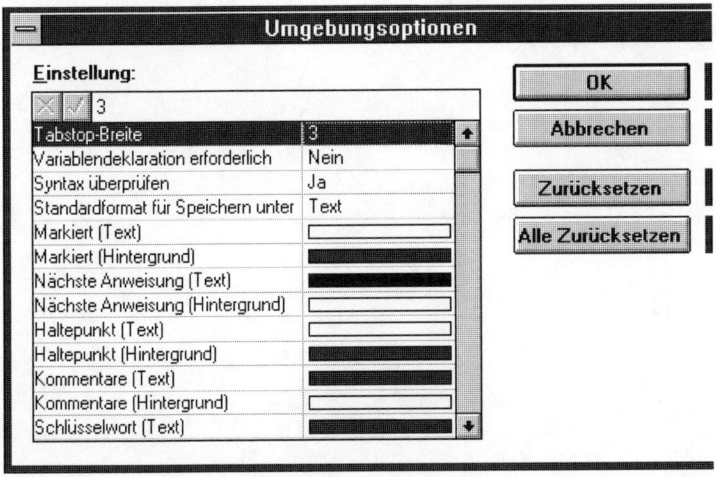


*Abb. 4.10 Menü Optionen Umgebung*

Für das aktuelle Projekt bestimmen die Projektoptionen, ob Argumente an die Anwendung übergeben werden (entspricht *Command$* aus QuickBasic). Die Startform kann ebenso bestimmt werden wie die Verwendung einer eventuellen Hilfedatei.

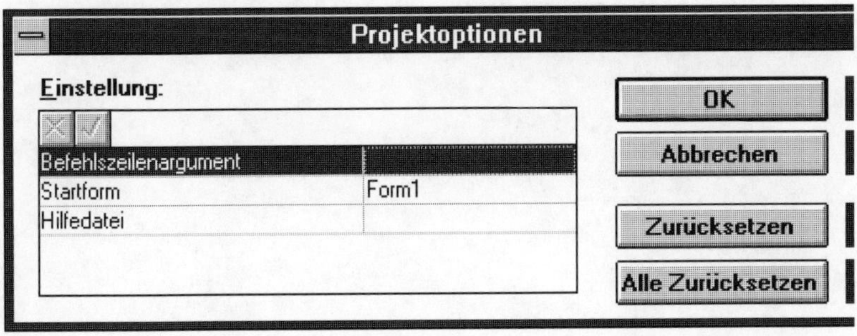


*Abb. 4.11 Menü Optionen Projekt*

# 5 Die Erstellung von Formen

Bei der Vorstellung der Bildschirmfenster von Visual Basic haben wir uns bereits mit der Form auseinandergesetzt, die das neue System der Programmiersprache repräsentiert. Die Erstellung von Formen ist daher auch Schwerpunktthema dieses Buches; dieses Kapitel und das Kapitel 6 beschäftigen sich aussschließlich mit der Erstellung und Bearbeitung dieser Elemente. Wir werden uns mit den Tools auseinandersetzen und darlegen, welche wesentlichen Aufgaben sie übernehmen können. Die Eigenschaften und Einstellungen werden schließlich in Kapitel 8 um einige Zusatzinformtionen zur Codeprogrammierung ergänzt. Formen sind auch für Umsteiger aus anderen Basic-Dialekten etwa Neues (QBasic, GWBasic, QuickBasic etc.), und das Ziel dieses Buches soll es sein, in der Praxis Formen zu erstellen und den Editor so zu handhaben, daß später Programme entstehen können. Was wir nicht können, ist einen Basic-Programmierer "ausbilden", da wären hunderte von Befehlen und Funktionen zu erläutern, was den Rahmen dieses Buches überschreiten würde. Wenn Sie bereits einen anderen Basic Dialekt beherrschen, gelingen Ihnen erste Anwendungen schneller, als Neueinsteiger in Basic können Sie sich auch anhand der dokumentierten Applikationen in Kapitel 9 (die auf Visual Basic 1.0 und 2.0 gleichermaßen lauffähig sind) einen ersten Eindruck verschaffen. Kenntnis und Beherrschung der Formen hingegen ist die absolute Grundlage, um überhaupt mit dem System arbeiten zu können. In diesem Sinne soll das Buch verstanden werden - nicht als Konkurrenz, sondern als hilfreiche Ergänzung der Originalliteratur. Nun aber zu den Formen. Wenn Sie Visual Basic neu installiert und im Menü *Optionen Umgebung* noch keine Einstellungen verändert haben, können Sie sofort weiterlesen, ansonsten verändern Sie folgende Vorgaben wie folgt:

| | |
|---|---|
| **Rasterbreite** | **auf 120** |
| **Rasterhöhe** | **auf 120** |
| **Raster anzeigen** | **auf Ja** |
| **Am Raster ausrichten** | **auf Ja** |

Wichtig ist insbesondere, daß alle später in der Form plazierten Elemente automatisch ausgerichtet sind und daß auch die Gitternetzlinien zur Arbeitserleichterung angezeigt werden. Elemente können dann in der Form nur noch im Hinblick auf die Punkte ausgerichtet werden; es ist somit wesentlich leichter, mehrere Tools in einer Spalte oder Zeile optisch korrekt anzuordnen. Im linken Bereich des Bildschirms sollte die Toolbox sichtbar sein, wenn dies nicht der Fall ist, wählen Sie aus dem Hauptmenü *Fenster* die Toolbox. Sind die Blankoform und die Toolbox sichtbar, können Sie fortfahren.

## 5.1 Das Plazieren von Elementen in der Form

Die einzelnen Tools werden wir uns etwas später hinsichtlich der Funktionsweise anschauen, es geht daher zunächst nur um die Plazierung eines Steuerelementes aus der Toolbox in der Form. Grundsätzlich stehen zwei Möglichkeiten zur Verfügung:

- Klicken Sie in der Toolbox einmal auf das gewünschte Element. Es erscheint nun wie eine gedrückte Taste.
- Bewegen Sie den Mousezeiger in die Form und drücken Sie an der Stelle die linke Mousetaste, an der die linke obere Ecke des Steuerelements in der Form erscheinen soll, und halten Sie die Taste gedrückt.
- Ziehen Sie das Steuerelement auf die gewünschte Größe, und lassen Sie die Mousetaste los.

oder

- Doppelklicken Sie in der Toolbox auf das gewünschte Element, und es erscheint in einer Standardgröße (die später verändert werden kann) im Zentrum der Form.

In der Praxis hat sich bewährt, die gewünschten Elemente zunächst mit einem Doppelklick zu holen und sie dann später zu plazieren und in der Größe zu verändern, sofern die Elemente nicht einem Rahmen zugeordnet werden sollen. Machen wir eine erste Probe:

- Doppelklicken Sie in der Toolbox auf das Symbol für ein Textfeld.

– Es erscheint nun folgendes Bild:

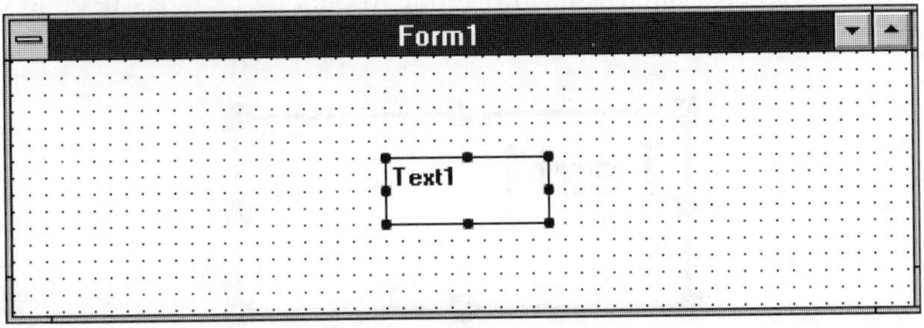


*Abb. 5.1 Form mit automatisch plaziertem Textfeld*

Das Steuerelement ist nun vorläufig plaziert und zur Bearbeitung markiert. Die kleinen Quadrate an acht Positionen werden *Anfasser* genannt und zeigen, daß dieses Steuerelement markiert ist und nun verschoben, vergrößert, verkleinert oder mit Eigenschaften versehen werden kann. Mit [F4] kann später auf die Eigenschaften des Elements zugegriffen werden. Uns genügen zunächst die Standardvorgaben. Um ein Element zu markieren, genügt ein Mouseklick in dem entsprechenden Darstellungsfeld. Probieren Sie auch dies, und klicken Sie auf die Form außerhalb des Textfeldes. Die Anfasser verschwinden, da nun die Form markiert ist. Nach einem erneuten Klick im Textfeld sind die Anfasser wieder angebracht. Wenn Sie später mehrere Elemente auf einer Form plazieren, muß vor der Bearbeitung immer erst markiert werden (*erst markieren, dann bearbeiten*), damit Visual Basic weiß, welche Eigenschaften der Programmierer verändern möchte.

## 5.1.1 Größe ändern

Sofern Sie nicht sofort die Größe eines Steuerelements bestimmen, sondern mit einem Doppelklick aus der Toolbox wählen, bietet Visual Basic eine Standardgröße an, die in den meisten Fällen nachgearbeitet werden muß, um eine Anpassung an individuelle Bedürfnisse zu erleichtern und zu ermöglichen. Wenn Sie die Größe unseres Textfeldes verändern wollen, ist die Funktion der Anfasser interessant. Die nachfolgende Abbildung zeigt das Textfeld vergrößert. Wir betrachten die acht Anfasser etwas genauer:

*Abb. 5.2 Element mit Anfassern*

An den vier Ecken können alle Komponenten hinsichtlich der Größe und zwei Komponenten bezüglich der Position verändert werden. So erlaubt der Anfasser links oben das Vergrößern oder Verkleinern des Elements, (alle vier Seiten sind betroffen), wobei die Position der rechten unteren Ecke und damit der unteren und rechten Seite unverändert bleibt. Die Anfasser an den Seiten des Elements verändern entweder die Höhe oder die Breite des Objekts. Um die Größe des Steuerelementes zu verändern:

- Markieren Sie mit einem Mouseklick das Objekt, um die Anfasser sichtbar zu machen.
- Setzen Sie den Mousezeiger auf einen Anfasser, die Cursorform wird sich bei korrekter Plazierung verändern.
- Drücken Sie die linke Mousetaste, und halten Sie diese gedrückt.
- Ziehen Sie das Objekt am Anfasser in die gewünschte Größe.

**Tips und Hinweise**

1) Die Größe der Form ist nur ein Vorschlag von Visual Basic. Sie können die Form also wie jedes andere Fenster in Windows vergrößern oder verkleinern.

2) Die Rasterung in der Form von 120 * 120 Twips (ein Twip entspricht 1440 Einheiten auf einem logischen Zoll [2,54 Zentimeter] und etwa 567 Einheiten auf einem logischen Zentimeter und ist eine von der Pixelzahl des Bildschirms unabhängige Maßeinheit) ist ebenfalls nur ein Vorschlag und kann im Menü *Optionen Umgebung* verändert werden.

3) In der Menüleiste wird in zwei Koordinatenfenstern die Lage und Größe der oder des markierten Steuerelementes angezeigt. Das linke Fenster zeigt die Lage der linken oberen Ecke, das rechte Fenster die Abmessungen. Formen haben als Bezugspunkt (0,0) die linke obere Bildschirmecke, Steuerelemente die linke obere Ecke der Form, in der sie plaziert sind. Dabei zählt nur die gerasterte Fläche, nicht aber der Rahmen oder die Titelleiste.

## 5.1.2 Elemente verschieben

Steuerelemente können in der Form frei plaziert und zur Entwicklungszeit (einige Elemente auch zur Laufzeit) verschoben werden. Die Reihenfolge wird nicht durch die Lage in der Form bestimmt, es wird also später nicht etwa von links oben nach rechts unten gearbeitet, sondern durch die Reihenfolge der Entnahme aus der Toolbox oder des Kopierens innerhalb der Form. Die Praxis zeigt jedoch, daß es sinnvoller ist, sich die Steuerelemente nach Belieben in die Form zu holen, sie zu plazieren und erst zuletzt die Reihenfolge zu bestimmen (siehe **5.1.5**).

Sie wünschen drei Textfelder in einer Form, die wie folgt plaziert werden sollen:

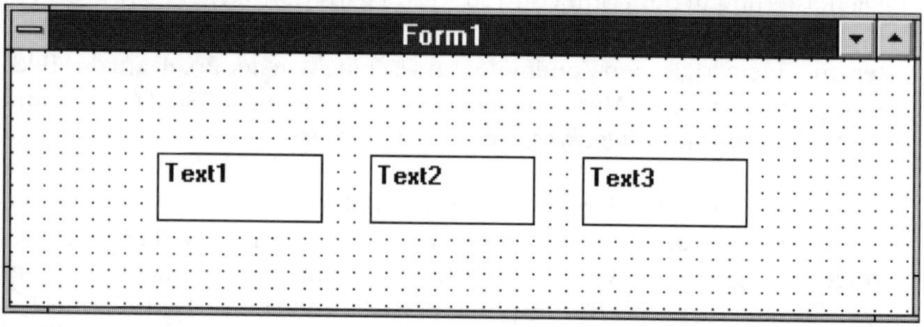


*Abb. 5.3 Mehrere Steuerelemente - 3 Textfelder*

- Doppelklicken Sie dreimal auf dem Symbol für Textfelder in der Toolbox (Symbol siehe oben).
- Es werden in der Mitte der Form drei Textfelder aufeinandergelegt. Sie sehen nur das Feld mit der Aufschrift *Text3*, da die anderen dieselbe Größe besitzen und verdeckt sind.
- Bewegen Sie mit der Mouse Feld *Text3* nach rechts, in der Mitte erscheint das Feld 2.
- Schieben Sie Feld 2 beiseite, und holen Sie das nun sichtbare Feld 1 nach links.
- Zuletzt plazieren Sie noch Feld 2 in der Mitte.

Das Anordnen der Elemente hat einige Arbeitsschritte erforderlich gemacht, und Sie stellen nun fest, daß die Felder untereinander zwar korrekt angeordnet wurden, aber insgesamt weiter nach links und nach oben verschoben werden sollen. Da der Abstand der Felder untereinander beibehalten werden soll, wäre es hilfreich, wenn der gesamte Feldverbund verschoben werden könnte. Visual Basic bietet diese Möglichkeit an. Wenn Sie mehrere Felder gleichzeitig verschieben wollen:

- Setzen Sie die Markierung auf eines der Felder, so daß es die Anfasser erhält.
- Halten Sie mit der Hand, die nicht die Mouse bedient, die `Strg`-Taste gedrückt, und klicken Sie mit der Mouse in allen Felder, die im Verbund mit verschoben werden sollen.
- Es erscheinen in jedem Feld abgeblendete Anfasser, die keine Größenänderung des Einzelobjektes zulassen.

– Verschieben Sie den Verbund an das gewünschte Ziel, und klicken Sie mit der Mouse in einem freien Formteil. Der Verbund ist verschoben.

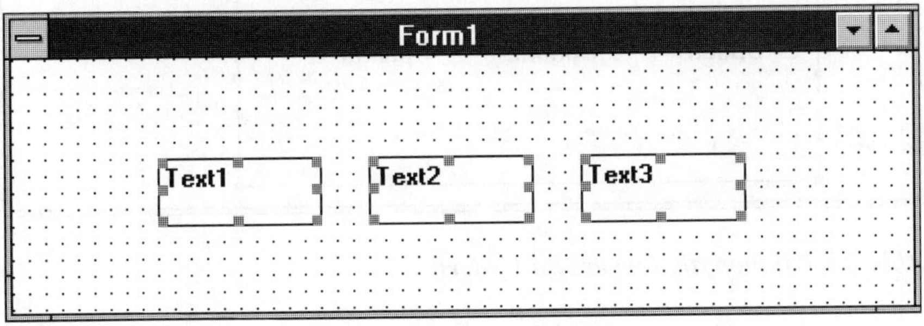


*Abb. 5.4 Darstellung gleichzeitig markierter Felder*

> Hinweis: Beim Verschieben eines Formfensters ist es nicht erforderlich, die darauf plazierten Steuerelemente als Verbund zu markieren. Alle Objekte behalten ihren bisherigen Platz.

## 5.1.3 Elemente im Element plazieren

Visual Basic bietet Tools an, deren Bestimmung es ist, andere Elemente aufzunehmen. Typische Beispiele sind das Bildfeld oder der Rahmen. Wir wollen am Beispiel des Rahmens zeigen, wie drei Optionsfelder darin plaziert werden können. Zu beachten ist eigentlich nur, daß zuerst der Rahmen plaziert und definiert wird und erst anschließend die Optionsfelder hinzukommen. Ansonsten würde der Rahmen unter bestimmten Umständen die Optionsfelder verdecken. An dieser Stelle nutzen Sie auch erstmals das Eigenschaften-Fenster, um den Rahmen individuell zu beschriften.

Benötigte Schaltflächen: 

(Rahmen)  (Optionsfeld)

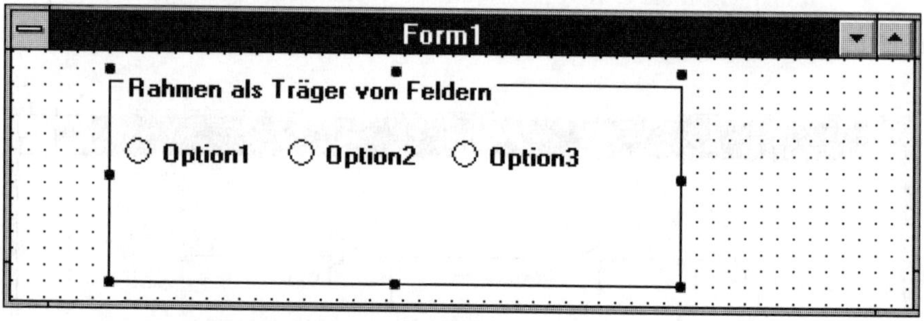


*Abb. 5.5 Rahmen als Träger von Feldern*

- Klicken Sie einmal auf dem Rahmen-Symbol und bewegen Sie den Mousezeiger auf die Position, an der die linke obere Ecke des Rahmens stehen soll.
- Ziehen Sie den Rahmen auf die gewünschte Größe.
- Drücken Sie [F4], es erscheint die Eigenschaftenliste, und das Feld *Caption* ist farbig unterlegt. Tippen Sie hier als Aufschrift (*Caption* ist das, was der Bediener zur Laufzeit auf einem Steuerelement sehen kann) *Rahmen als Träger von Feldern* ein, und bestätigen Sie mit [Enter] oder einem Klick auf dem Symbol [√] in der Eingabezeile der Eigenschaftenliste.
- Mit einem Klick auf die Form nehmen Sie die Bearbeitung wieder auf.
- Klicken Sie nun jeweils einmal auf dem Optionsfelder-Symbol, und zeichnen Sie im Rahmen die Optionsfelder. Anschließend kann der Rahmen zusammen mit den gezeichneten Feldern auch verschoben werden. Sofern Sie die Optionsfelder mit dem Doppelklick in die Form holen und dann in den Rahmen verschieben, bleiben die Steuerelemente an ihrem alten Platz in der Form und werden nicht zusammen mit dem Rahmen verschoben; was ein großer Nachteil ist, weshalb Sie Elemente in einem Rahmen immer zeichnen sollten.

### 5.1.4 Elemente ausschneiden, kopieren und löschen

Sie haben im letzten Beispiel gesehen, daß über [F4] das Eigenschaften-Fenster zum jeweiligen Steuerelement geöffnet werden kann. Auch die Form selber hat Eigenschaften, die geändert werden können. Wenn Sie ein umfangreiches Duplikat eines Steuerelementes in der derselben oder einer anderen Form benötigen, kann ein Element dupliziert werden. Das System behält alle Eigenschaften bei und hinterlegt ein ausgeschnittenes oder kopiertes Element in der Zwischenablage von Windows bereit.

Element ausschneiden

Bei der Programmierung von Projekten wird es regelmäßig der Fall sein, daß mehrere Formen zum Einsatz kommen. Um Steuerelemente aus der einen Form zu entfernen und in einer anderen Form anzusiedeln:

- Markieren Sie das Steuerelement mit einem Mouseklick oder mehrere Steuerelemente durch [Strg] und Mouseklick.
- Wählen Sie im Menü *Bearbeiten* den Punkt *Ausschneiden,* und die markierten Objekte werden in der Zwischenablage plaziert.
- Aktivieren Sie die Zielform (über das Projektfenster - Menü *Fenster*).
- Fügen Sie mit *Bearbeiten Einfügen* die Zwischenablage in die Form ein, und plazieren Sie die Objekte neu. Jedes aus der Zwischenablage kommende Objekt wird links oben in der Form zwischengelagert.
- Der Inhalt der Zwischenablage bleibt erhalten und kann so oft weiterbenutzt werden, bis die Zwischenablage anderweitig gefüllt wird.

Element kopieren

Um Steuerelemente innerhalb einer Form oder zwischen mehreren Formen zu kopieren:

- Markieren Sie das Steuerelement mit einem Mouseklick oder mehrere Steuerelemente durch [Strg] und Mouseklick.
- Wählen Sie im Menü *Bearbeiten* den Punkt *Kopieren,* und die markierten Objekte werden in der Zwischenablage plaziert. Die Originale bleiben in der Form aber erhalten.

- Aktivieren Sie bei Bedarf die Zielform (über das Projektfenster - Menü *Fenster*).
- Fügen Sie mit *Bearbeiten Einfügen* die Zwischenablage in die Form ein. Vor dem Plazieren müssen Sie die Frage beantworten, ob Sie an der Erstellung eines Steuerelementefeldes interessiert sind. Warum das so ist und sogar sein muß, erfahren Sie im nächsten Absatz. Haben Sie die Frage beantwortet, dann plazieren Sie die Objekte neu.
- Der Inhalt der Zwischenablage bleibt erhalten und kann so oft weiterbenutzt werden, bis die Zwischenablage anderweitig gefüllt wird.

### Probleme beim Kopieren oder beim Verschieben

Beim Kopieren eines Steuerelements innerhalb einer Form oder auf andere Formen sowie beim Verschieben von Objekten zwischen zwei Formen kann es zu einem Problem kommen, das regelmäßig die Frage durch Visual Basic aufwirft, ob Sie ein Steuerelementefeld erstellen möchten. Um diesen Hinweis zu verstehen, beschäftigen wir uns vorab mit einer Eigenschaft, die *Name* heißt und in einigen Versionen von Visual Basic auch als *CtlName* bekannt ist. *Name* und *CtlName* sind von der Funktion her identisch und beinhalten den Namen des Steuerelements. Da Ihnen der Variablenbegriff hinlänglich bekannt ist, stellen Sie sich die Eigenschaft *Name* wie einen Variablennamen vor. Für diesen galt nämlich die Regel, daß alle Variablennamen eindeutig sein müssen und daß es sich, wenn dieses nicht der Fall ist, um ein Variablenfeld handeln muß. Steuerelemente verhalten sich ähnlich. Jedes hat einen Namen, anhand dessen es identifiziert werden kann und anhand dessen Prüfungen vorgenommen werden, die Ereignisse heißen.
An diese Stelle bietet sich ein Vergleich mit den Variablen an. Wenn Sie dort wissen wollen, welchen Inhalt (Eigenschaft) die Variable **x$** hat, darf es die Variable nur einmal geben, oder sie muß durch einen Index eindeutig identifizierbar sein: **x$(Index)**. Stellen Sie sich nun vor, Sie möchten prüfen lassen, ob ein Bediener auf einem Steuerelement mit der Mouse klickt (*Click*-Ereignis), so können Sie doch nur sinnvoll darauf reagieren, wenn Sie genau wissen, auf welchem Feld das war. Da die Eigenschaft *Name* das Feld identifiziert, muß der Name eindeutig sein. Beim Kopieren werden alle Eigenschaften übernommen, also auch der Name. Folglich existieren plötzlich in der Form zwei Steuerelemente mit gleichem Namen. Um versehentliche Fehler zu vermeiden, schlägt Visual Basic die Erstellung eines Steuerelementefeldes vor. Hierin werden alle Steuerelemente gleichen Namens verpackt und können ab sofort gemeinsam Ereignisprozeduren teilen. Es wird immer dieselbe Prozedur für das Ereignis *Click* aufgerufen, gleichgültig, auf welches Steuer-

element des Feldes sie klicken. Die Regel ist, daß Steuerelemente der gleichen Art zu Feldern zusammengefaßt werden, da sich dieselben Ereignisse abarbeiten können. Wünschen Sie keine gemeinsame Ereignisbearbeitung, beantworten Sie die Frage nach dem Steuerelementefeld bitte mit *Nein*. Es ist dann allerdings sofort erforderlich, mit [F4] die Eigenschaft *Name* zu ändern. Jedes weitere Element mit gleichem Namen wird einem bestehenden Steuerelement automatisch hinzugefügt.

Steuerelemente in der Zusammenfassung

| | |
|---|---|
| Kriterium | : Mindestens zwei Steuerelemente gleichen Typs (sinnvoll bei Kontrollkästchen, Bezeichnungsfeldern, Optionsfeldern oder allen Arten von Befehlsschaltflächen) mit übereinstimmender Eigenschaft *Name*, was durch Kopieren oder manuellen Eintrag in der Eigenschaftenliste [F4] erfolgen kann. Alle anderen Eigenschaften dürfen sich unterscheiden. |
| Ereignisse | : Werden gemeinsam abgearbeitet, es existiert nur noch jeweils ein generelles Ereignis. Dieses wird abgearbeitet, wenn es auf irgendeinem der Feldelemente entsteht. |
| Unterscheidung | : Die Felder innerhalb des Steuerelementefeldes werden (ähnlich der Feldvariablen) durch einen Index identifiziert, der von 0 an aufwärts vergeben wird. Visual Basic setzt die Indices in der Reihenfolge der Aufnahme in das Feld, Sie können aber nachträglich die Indexreihenfolge über [F4] durch die Eigenschaft *Index* verändern. |
| Index TabIndex | : Die Eigenschaft *TabIndex* bestimmt die spätere Reihenfolge, in der Felder auf dem Bildschirm mit der [Tab] -Taste abgearbeitet werden können. Der interne Index zur Belegung des Steuerelementefeldes hat hiermit nichts zu tun. |

Vorteile : Ein Steuerelementefeld hat den Vorteil, daß über einen gemeinsamen Namen und einen Index auf verschiedene Felder zugegriffen werden kann. Unser Beispielprogramm in Kapitel 9 (Telefonregister) arbeitet mit einem Steuerelementefeld zur schnellen Bestückung von Textfeldern in einer Eingabemaske und Hinterlegung der Daten in einer Datei.

Element löschen

Um ein Element aus der Form zu entfernen, markieren Sie es mit der Mouse, und drücken Sie die Taste [Entf]. Wenn Sie sich über den Verbleib des Elements noch nicht sicher sind, schneiden Sie es über das Menü *Bearbeiten Ausschneiden* aus und holen es bei Bedarf wieder aus der Zwischenablage zurück.

### 5.1.5 Reihenfolge der Elemente bestimmen

Nahezu jedes Steuerelement besitzt eine Eigenschaft, die als *TabIndex* bezeichnet wird und die Arbeitsreihenfolge der in einer Form plazierten Elemente repräsentiert. Diese Eigenschaft wird von Visual Basic zunächst automatisch vergeben. Immer wenn der Programmierer ein neues Element aus der Toolbox holt oder aus der Zwischenablage einkopiert, erhöht das System die laufende Nummer. Eine doppelte Vergabe von Nummern ist ebenso ausgeschlossen wie eine Lücke in der Reihenfolge. Zur Laufzeit der fertigen Anwendung kann ein Steuerelement entweder direkt mit der Mouse bzw. einer Kurzwahltaste ([Alt]+[Kurzwahltaste]) oder in der vorbestimmten Reihenfolge mit der [Tab]-Taste angewählt werden. Die Plazierung der Elemente in der Form bestimmt nicht die Reihenfolge, sondern nur die Eigenschaft *TabIndex*. Ändern Sie bei einem Objekt in der Eigenschaftenliste [F4] die Einstellung des *TabIndex*, numeriert Visual Basic alle anderen Elemente eigenständig um. Gleiche und höhere Nummern werden um 1 nach oben gesetzt. Die Zählweise der Eigenschaft beginnt bei Null. Wenn Sie ein Element aus der Form entfernen, schließt das System die Lücke und numeriert alle folgenden Steuerelemente nach unten. Bitte beachten Sie, daß bei Steuerelementefeldern zwar der Name gleich ist, der *TabIndex* sich aber immer von allen anderen Objekten unterscheidet. Nicht jedes Tool besitzt die Eigenschaft *TabIndex*, da beispielsweise Zeitmesser oder Anzeige-Steuerelemente niemals den Fokus erhalten können, der sonst mit [Tab] von Feld zu Feld verschoben wird.

Weitere Eigenschaften der Tools finden Sie in diesem und im nächsten Kapitel beschrieben. Bei der Besprechung der Toolbox finden Sie jeweils auch eine Aufstellung der möglichen bzw. wichtigen Eigenschaften und Ereignisse. Die Besprechnung der Eigenschaften wurde in das Kapitel 6 verlegt, da bei der Vorstellung der Toolbox ansonsten zu viele sich wiederholende Beschreibungen unnötigen Platz belegen würden.

## 5.2 Die Toolbox

Wir kommen nun zur Vorstellung der Arbeitsmittel aus der Toolbox von Visual Basic für Windows 2.0 (Standard-Ausgabe). Starten Sie Visual Basic und stellen Sie sicher, daß eine Form sichtbar ist und die Toolbox angezeigt wird. Ist dies nicht der Fall, wählen Sie zunächst aus dem Menü *Fenster* das Projektfenster und anschließend die Toolbox aus. Die Auswahl eines Steuerelements erfolgt, wie bereits oben erwähnt, entweder durch einen Doppelklick auf dem gewünschten Symbol, oder durch Anklicken und anschließendes Aufziehen der Steuerelementgröße.

### 5.2.1 Bildfeld

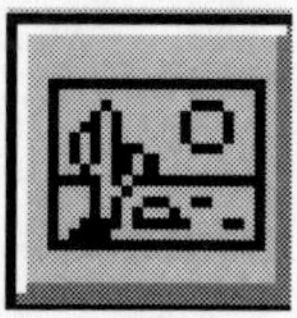

**Charakteristik**

Ein Bildfeld ist ein Steuerelement innerhalb einer Form. Es ist in der Lage, eine Grafik aufzunehmen und innerhalb des gezeichneten Rahmens anzuzeigen. Des weiteren können Texte, die unter Windows letztlich auch nichts anderes als Grafiken sind, mit der *Print*-Methode dargestellt werden. Bildfelder sind standardmäßig starr in der generierten Größe. Sofern das darzustellende Objekt größer als das Feld ist, erscheint nur der Teil des Objektes, der in den Rahmen paßt. Wünschen Sie eine automatische Anpassung des Rahmens an die Größe des darzustellenden Objektes, setzen Sie *AutoRedraw* bei der Formerstellung oder während der Laufzeit auf *wahr (-1)*.

**Einsatz**

Das Bildfeld kann zur Darstellung von Bitmaps, Symbolen aus der Icon-Bibliothek, Metafiles und Texten benutzt und als *Client* innerhalb des Dynamischen Datenaustausches (DDE) eingesetzt werden. Zur Laufzeit sind viele Eigenschaften und Methoden einsetzbar, so daß die Bildfelder zu interessanten Einsatzbereichen führen.

**Eigenschaften**

| | | |
|---|---|---|
| Align | :AutoRedraw | :AutoSize |
| BackColor | :BorderStyle | :ClipControls |
| CurrentX | :CurrentY | :DragIcon |
| DragMode | :DrawMode | :DrawStyle |
| DrawWidth | :Enabled | :FillColor |
| FillStyle | :FontBold | :FontItalic |
| FontName | :FontSize | :FontStrikethru |
| FontTransparent | :FontUnderline | :ForeColor |
| hDC | :Height | :HelpContextID |
| hWnd | :Image | :Index |
| Left | :LinkItem | :LinkMode |
| LinkTimeout | :LinkTopic | :MousePointer |
| Name | :Parent | :Picture |
| ScaleHeight | :ScaleLeft | :ScaleMode |
| ScaleTop | :ScaleWidth | :TabIndex |
| TabStop | :Tag | :Top |
| Visible | :Width | |

**Ereignisse**

| | | |
|---|---|---|
| Change | :Click | :DblClick |
| DragDrop | :DragOver | :GotFocus |
| KeyDown | :KeyPress | :KeyUp |
| LinkClose | :LinkError | :LinkNotify |
| LinkOpen | :LostFocus | :MouseDown |
| MouseMove | :MouseUp | :Paint |
| Resize | | |

**Methoden**

| | | |
|---|---|---|
| Circle | :Cls | :Drag |
| Line | :LinkExecute | :LinkPoke |
| LinkRequest | :LinkSend | :Move |
| Point | :Print | :Pset |
| Refresh | :Scale | :SetFocus |
| TextHeight | :TextWidth | :ZOrder |

Hinweis: Da Bildfelder keine *Caption*-Eigenschaft besitzen, kann diese mit einem Bezeichnungsfeld simuliert werden.

**Beispiel zur Laufzeit**

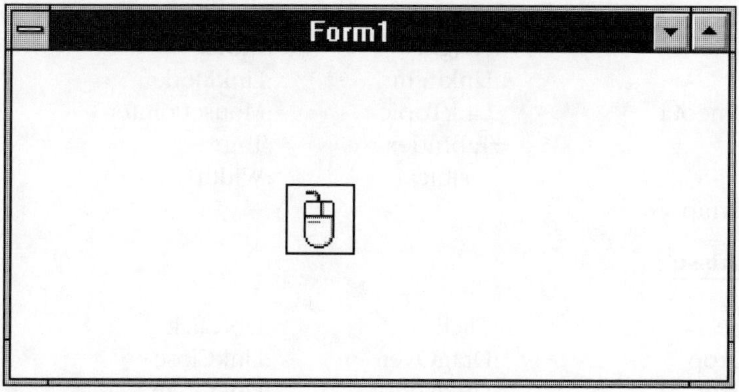


*Abb. 5.6 Bildfeld zur Laufzeit*

## 5.2.2 Bezeichnungsfeld

**Charakteristik**

Bezeichnungsfelder werden als Steuerelement in Formen verwendet und geben für den Programmbediener erklärende oder bezeichnende Texte aus, die dieser aber in der Regel nicht verändern kann, da es kein Editorfeld ist. Änderungen zur Laufzeit der Anwendung sind aber durch den Programmcode möglich. Ein Anwendungsbeispiel sind die Textfelder in Visual Basic, deren fehlende Caption-Eigenschaft elegant durch ein Bezeichungsfeld ersetzt werden kann.

**Eigenschaften**

| | | |
|---|---|---|
| Alignment | :AutoSize | :BackColor |
| BackStyle | :BorderStyle | :Caption |
| DragIcon | :DragMode | :Enabled |
| FontBold | :FontItalic | :FontName |
| FontSize | :FontStrikethru | :FontUnderline |
| ForeColor | :Height | :Index |
| Left | :LinkItem | :LinkMode |
| LinkTimeout | :LinkTopic | :MousePointer |
| Name | :TabIndex | :Tag |
| Top | :Visible | :Width |
| WordWrap | | |

**Ereignisse**

| | | |
|---|---|---|
| Change | :Click | :DblClick |
| DragDrop | :DragOver | :LinkClose |
| LinkError | :LinkNotify | :LinkOpen |
| MouseDown | :MouseMove | :MouseUp |

## Methoden

| | | |
|---|---|---|
| Drag | :LinkExecute | :LinkPoke |
| LinkRequest | :Move | :Refresh |
| ZOrder | | |

## Anwendungshinweise

Um ein Textfeld zu beschriften, ordnen Sie ein Bezeichnungsfeld links oder oberhalb des Textfeldes an, und benutzen Sie bei der Formerstellung oder zur Laufzeit die Eigenschaft *Caption*; diese ist für das Textfeld selber nicht verfügbar. Bezeichnungsfelder können den Fokus nicht erhalten und geben diesen an das Folgefeld weiter. Beachtem Sie daher, daß der *TabIndex* des Textfelder immer direkt nach dem Bezeichnungsfeld folgt. Wählt ein Anwender dann das Bezeichnungsfeld über eine Kurzwahltaste an, gibt es den Fokus an den folgenden *TabIndex* weiter (das Textfeld), und es erscheint so, als ob das Textfeld direkt angesteuert worden wäre.

## Beispiel zur Laufzeit

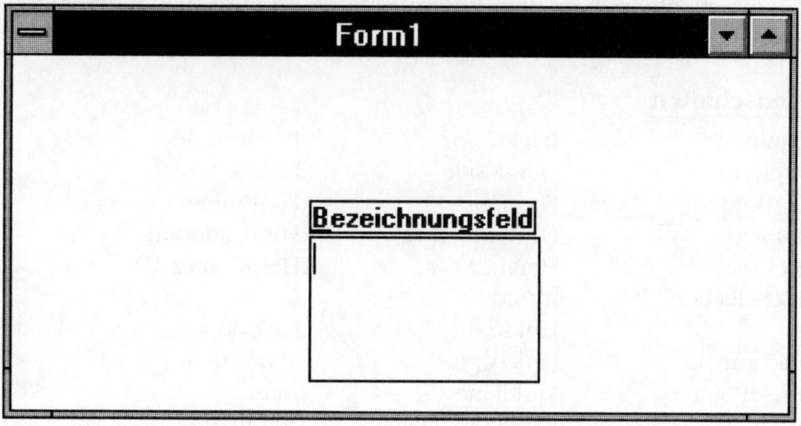


*Abb. 5.7 Bezeichnungsfeld beschriftet ein Textfeld*

## 5.2.3 Textfeld

**Charakteristik**

Ein Textfeld ist in der Lage, einen Text vom Bediener aufzunehmen und an den Code weiterzuleiten oder Ausgaben des Programms dem Anwender anzuzeigen. Textvorgaben können abschließend wieder aktualisiert werden, so daß ein dynamischer Dialog entsteht. Die entscheidende Eigenschaft lautet *Text* und repräsentiert den gesamten Inhalt der Textbox. Wenn nicht genau bekannt ist, was der Bediener eingibt, sollten Sie den Inhalt immer erst in eine Variable des Typs *Variant* übergeben und mit der *VarType*-Funktion feststellen, welcher Inhalt vorhanden ist. Standardmäßig sind Textfelder nur einzeilig zu beschriften, wenn aber *MultiLine* auf *wahr (-1)* gesetzt wird, sind mehrere Zeilen möglich. Die Eigenschaft *ScrollBars* legt fest, ob das Textfeld Bildlaufleisten erhalten soll. Wird keine vertikale Laufleiste angebracht und ist Mehrzeilenbetrieb erlaubt, bricht Visual Basic die Zeilenenden automatisch um.

**Eigenschaften**

| | | |
|---|---|---|
| Alignment | :BackColor | :BorderStyle |
| DragIcon | :DragMode | :Enabled |
| FontBold | :FontItalic | :FontName |
| FontSize | :FontStrikethru | :FontUnderline |
| ForeColor | :Height | :HelpContextID |
| HideSelection | :hWnd | :Index |
| Left | :LinkItem | :LinkMode |
| LinkTimeout | :LinkTopic | :MaxLenght |
| MousePointer | :MultiLine | :Name |
| Parent | :PasswordChar | :ScrollBars |
| SelLength | :SelStart | :SelText |
| TabIndex | :TabStop | :Tag |
| Text | :Top | :Visible |
| Width | | |

**Ereignisse**

Change :DragDrop :DragOver
GotFocus :KeyDown :KeyPress
KeyUp :LinkClose :LinkError
LinkNotify :LinkOpen :LostFocus

**Methoden**

Drag :LinkExecute :LinkPoke
LinkRequest :Move :Refresh
SetFocus :ZOrder

**Beispiel zur Laufzeit**

Siehe Abb. 5.7 beim Bezeichnungsfeld.

## 5.2.4 Rahmen

**Charakteristik**

Ein Rahmen hat als Steuerelement eine passive Funktion und ist zur Gruppierung von Steuerelementen gedacht. Er besitzt eine *Caption*-Eigenschaft zur Beschriftung der oberen Begrenzungslinie. Wenn Sie in einem Rahmen Optionsfelder oder Kontollkästchen anordnen, zeichnen Sie zunächst den Rahmen, und ordnen Sie anschließend die Steuerelemente zu.

**Eigenschaften**

BackColor :Caption :ClipControls
DragIcon :DragMode :Enabled
FontBold :FontItalic :FontName
FontSize :FontStrikethru :FontUnderline
ForeColor :HelpContextID :Height
hWnd :Index :Left

MousePointer :Name :Parent
TabIndex :TabStop :Tag
Top :Visible :Width

**Ereignisse**

DragDrop :DragOver

**Methoden**

Drag :Move :Refresh
ZOrder

**Beispiel zur Laufzeit**

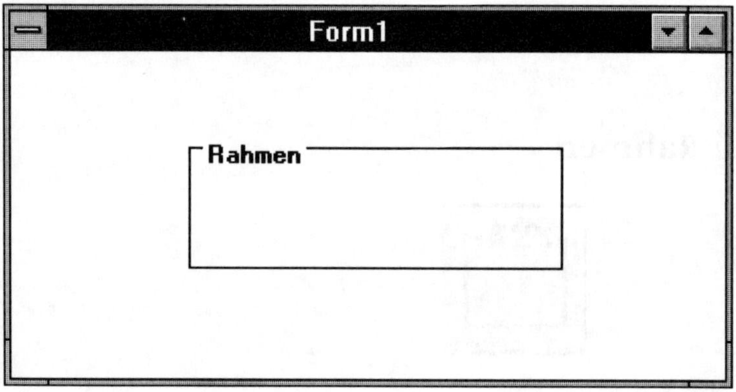


*Abb. 5.8 Rahmen zur Laufzeit*

## 5.2.5 Befehlsschaltfläche

**Charakteristik**

Das Steuerelement Befehlsschaltfläche reagiert auf Tastatur- oder Mouseaktionen wie das Setzen oder Verlieren des Fokus, auf Mouseklicks oder Bewegungen. Beachten Sie insbesondere die Eigenschaften *Default* und *Cancel*, mit denen Standardflächen für [Enter] und [Esc] definiert werden können.

**Eigenschaften**

| | | |
|---|---|---|
| BackColor | :Cancel | :Caption |
| Default | :DragIcon | :DragMode |
| Enabled | :FontBold | :FontItalic |
| FontName | :FontSize | :FontStrikethru |
| FontUnderline | :Height | :HelpContextID |
| hWnd | :Index | :Left |
| MousePointer | :Name | :Parent |
| TabIndex | :TabStop | :Tag |
| Top | :Value | :Visible |
| Width | | |

**Ereignisse**

| | | |
|---|---|---|
| Click | :DragDrop | :DragOver |
| GotFocus | :KeyDown | :KeyPress |
| KeyUp | :LostFocus | |

**Methoden**

| | | |
|---|---|---|
| Drag | :Move | :Refresh |
| SetFocus | :ZOrder | |

**Anwendungshinweise**

Erzeugen Sie in einer Form zwei Befehlsschaltflächen, und verändern Sie die Voreinstellungen [F4] aus Visual Basic wie folgt:

| | | |
|---|---|---|
| Schaltfläche 1 auf | *Cancel* | = -1 |
| | *Caption* | = "Abbruch" |
| Schaltfläche 2 auf | *Caption* | = "Weiter" |

Anschließend schreiben Sie für das *Click*-Ereignis der Befehlsschaltfläche 1 folgende Codezeile:

```
Sub Befehl1_Click ()
  MSGBOX "Sie haben ESC gedrückt"
End Sub
```

Nach dem Programmstart kann mit der [Esc]-Taste eine Messagebox aktiviert werden, unabhängig von der Position des Focus. Dieses Verhalten der Befehlsschaltfläche wird durch die Zuweisung der *Cancel*-Eigenschaft mit *-1* erreicht.

**Beispiel zur Laufzeit**

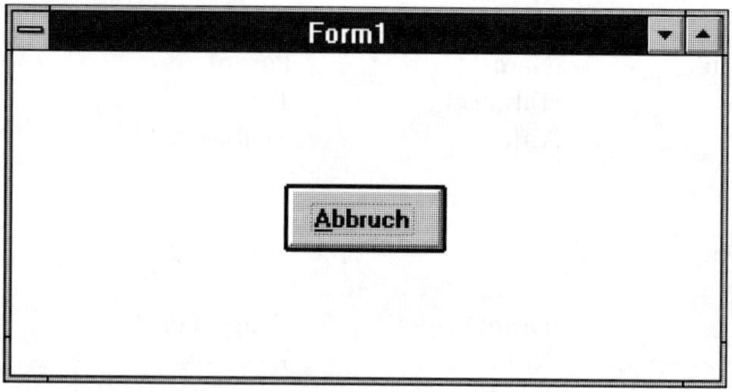


*Abb. 5.9 Befehlsschaltfläche mit Fokus zur Laufzeit*

## 5.2.6 Kontrollkästchen

## Charakteristik

Kontrollkästchen zeigen den Zustand einer beliebigen Option an und sind entweder angekreuzt, leer oder abgeblendet. Sie werden meist zu Gruppen zusammengefaßt, innerhalb deren auch mehrere Kontrollkästchen gleichzeitig gesetzt sein können, wobei die Eigenschaft *Value* den Status des Steuerelementes zurückgibt oder setzt. Jede Änderung löst ein *Click*-Ereignis aus (auch wenn der Code die Eigenschaft *Value* ändert). Bei der Programmierung ist daher später zu beachten, daß sich Kontrollkästchen nicht willkürlich gegenseitig beeinflussen und damit eine Endlosschleife von *Click*-Ereignissen auslösen, in der das Programm schließlich abstürzt.

## Eigenschaften

| | | |
|---|---|---|
| Alignment | :BackColor | :Caption |
| DragIcon | :DragMode | :Enabled |
| FontBold | :FontItalic | :FontName |
| FontSize | :FontStrikethru | :FontUnderline |
| ForeColor | :Height | :HelpContextID |
| hWnd | :Index | :Left |
| MousePointer | :Name | :Parent |
| TabIndex | :TabStop | :Tag |
| Top | :Value | :Visible |
| Width | | |

## Ereignisse

| | | |
|---|---|---|
| Click | :DragDrop | :DragOver |
| GotFocus | :KeyDown | :KeyPress |
| KeyUp | :LostFocus | |

## Methoden

| | | |
|---|---|---|
| Drag | :Move | :Refresh |
| SetFocus | :ZOrder | |

**Beispiel zur Laufzeit**

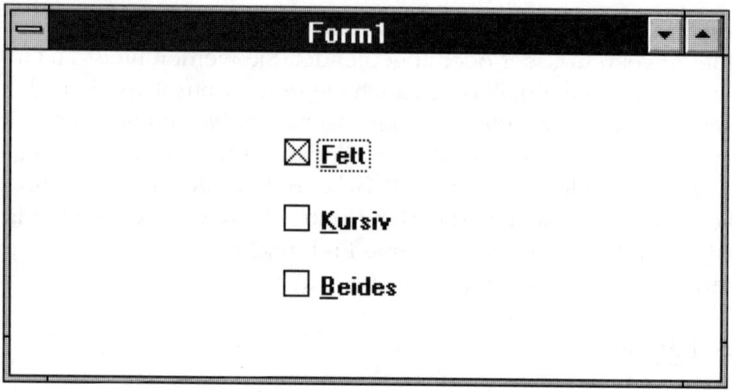


*Abb. 5.10 Kontrollkästchen zur Laufzeit*

## 5.2.7 Optionsfeld

**Charakteristik**

Optionsfelder verhalten sich ähnlich wie Kontrollkästchen und zeigen den Zustand einer beliebigen Option an. Sie sind entweder gesetzt oder leer und können in Gruppen zusammengefaßt werden, innerhalb deren immer nur ein Optionsfeld gesetzt sein kann. Visual Basic setzt automatisch alle anderen Optionsfelder einer Gruppe zurück, wenn ein neuen Feld aktiviert wurde, wobei die Eigenschaft *Value* den Status des Steuerelements zurückgibt oder setzt. Jede Änderung löst ein *Click*-Ereignis aus (auch wenn der Code die Eigenschaft *Value* ändert).

**Eigenschaften**

| | | |
|---|---|---|
| Alignment | :BackColor | :Caption |
| DragIcon | :DragMode | :Enabled |
| FontBold | :FontItalic | :FontName |
| FontSize | :FontStrikethru | :FontUnderline |
| ForeColor | :Height | :HelpContextID |
| hWnd | :Index | :Left |
| MousePointer | :Name | :Parent |
| TabIndex | :TabStop | :Tag |
| Top | :Value | :Visible |
| Width | | |

**Ereignisse**

| | | |
|---|---|---|
| Click | :DblClick | :DragDrop |
| DragOver | :GotFocus | :KeyDown |
| KeyPress | :KeyUp | :LostFocus |

**Methoden**

| | | |
|---|---|---|
| Drag | :Move | :Refresh |
| SetFocus | :ZOrder | |

**Beispiel zur Laufzeit**

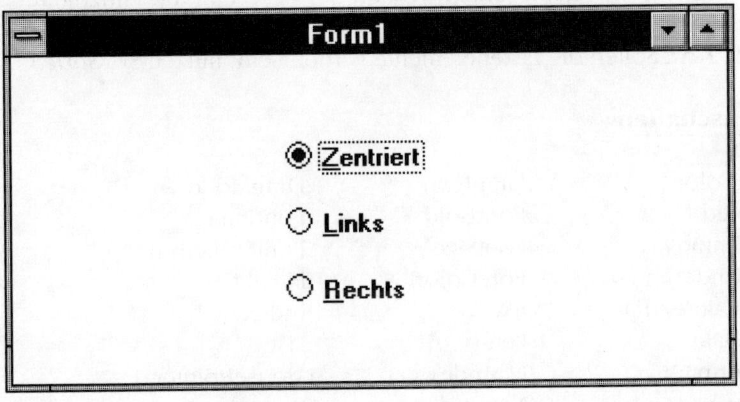


*Abb. 5.11 Optionsfelder zur Laufzeit*

**Wichtiger Hinweis:** Um innerhalb einer Form mehrere Optionsfeldgruppen zu erhalten, zeichnen Sie immer zuerst den Rahmen und dann im Rahmen die Optionsfelder. Unter Zeichnen der Optionsfelder ist nicht das Doppelklicken in der Toolbox zu verstehen. Klicken Sie nur einmal in der Toolbox, und ziehen Sie im Rahmen dann das Feld auf. Auf diese Weise ist jeder Rahmeninhalt automatisch mit dem Rahmen verbunden und wird beim Verschieben des Rahmens mit verschoben. Jeder Rahmeninhalt kann dann auch als ein eigenständiges Optionsfeld genutzt werden.

## 5.2.8 Kombinationsfeld

### Charakteristik

Kombinationsfelder sind eine Mischung aus Textfeld und Listenfeld. Der Bediener kann einerseits direkte Eingaben tätigen, andererseits aber auch aus einer vorgegebenen Liste einen konstanten Eintrag auswählen. Die Eigenschaft *Style* bestimmt das Verhalten des Kombinationsfeldes, mit den Methoden *AddItem* und *RemoveItem* werden der Liste Einträge hinzugefügt oder aus ihr gelöscht. Den Inhalt des Eingabefeldes setzt oder liefert die Eigenschaft *Text*. Sollen die Listenelemente sortiert sein, nutzen Sie *Sorted*.

### Eigenschaften

| | | |
|---|---|---|
| BackColor | :DragIcon | :DragMode |
| Enabled | :FontBold | :FontItalic |
| FontName | :FontSize | :FontStrikethru |
| FontUnderline | :ForeColor | :Height |
| HelpContextID | :hWnd | :Index |
| ItemData | :Left | :List |
| ListCount | :ListIndex | :MousePointer |
| Name | :NewIndex | :Parent |
| SelLenght | :SelStart | :SelText |

| | | |
|---|---|---|
| Sorted | :Style | :TabIndex |
| TabStop | :Tag | :Text |
| Top | :Visible | :Width |

**Ereignisse**

| | | |
|---|---|---|
| Change | :Click | :DblClick |
| DragDrop | :DragOver | :DropDown |
| GotFocus | :KeyDown | :KeyPress |
| KeyUp | :LostFocus | |

**Methoden**

| | | |
|---|---|---|
| AddItem | :Clear | :Drag |
| Move | :Refresh | :RemoveItem |
| SetFocus | :ZOrder | |

**Beispiel zur Laufzeit**

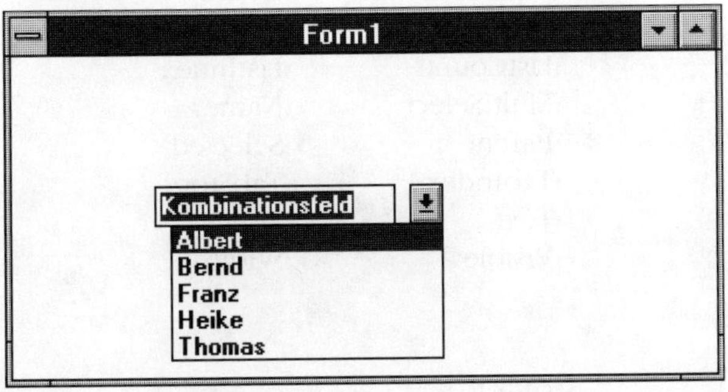


*5.12. Kombinationsfeld zur Laufzeit*

## 5.2.9 Listenfeld

## Charakteristik

Listenfelder präsentieren dem Anwender vorgegebene Einträge zur Auswahl, ohne daß dieser die Möglichkeit einer eigenen Eingabe besitzt (benutzen Sie für diesen Fall ein Kombinationsfeld). Die Methoden *AddItem* und *RemoveItem* bestimmen die Listenbestückung, die Reihenfolge legt *Sorted* fest. Um Inhalte zu ermitteln und die Auswahl zu verfolgen, werden *ListCount, ListIndex* und *List* benutzt.

## Eigenschaften

| | | |
|---|---|---|
| BackColor | :Columns | :DragIcon |
| DragMode | :Enabled | :FontBold |
| FontItalic | :FontName | :FontSize |
| FontStrikethru | :FontUnderline | :ForeColor |
| Height | :HelpContextID | :hWnd |
| Index | :ItemData | :Left |
| List | :ListCount | :ListIndex |
| MousePointer | :MultiSelect | :Name |
| NewIndex | :Parent | :Selected |
| Sorted | :TabIndex | :TabStop |
| Tag | :Text | :Top |
| TopIndex | :Visible | :Width |

## Ereignisse

| | | |
|---|---|---|
| Click | :DblClick | :DragDrop |
| DragOver | :GotFocus | :KeyDown |
| KeyPress | :KeyUp | :LostFocus |
| MouseDown | :MouseMove | :MouseUp |

## Methoden

| | | |
|---|---|---|
| AddItem | :Clear | :Drag |
| Move | :Refresh | :RemoveItem |
| SetFocus | :ZOrder | |

**Beispiel zur Laufzeit**

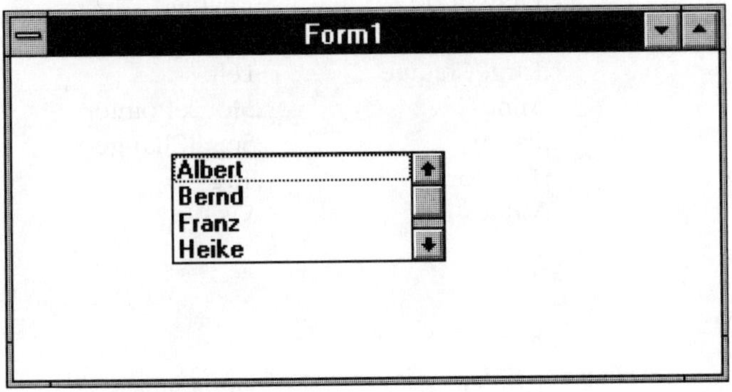


*Abb. 5.13 Listenfeld zur Laufzeit*

# 5.2.10 Bildlaufleisten

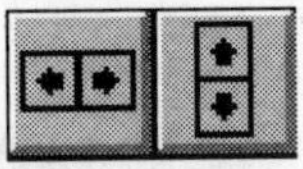

**Charakteristik**

Bildlaufleisten können horizontal oder vertikal plaziert werden und dienen der Einstellung von bestimmten Werten oder der Darstellung von Zuständen. Vielen Steuerelementen ordnet Visual Basic automatisch Bildlaufleisten zu (Listenfelder, Tabellen, Textfelder mit der Eigenschaft *ScrollBars*). Um den Wertebereich zu bestimmen, benutzen Sie *Min* und *Max*, *Value* setzt oder bestimmt den aktuellen Zustand, und *Large/SmallChange* definieren, um wieviele Schritte der Regler beim Klicken in der Laufleiste bewegt werden soll.

**Eigenschaften**

| | | |
|---|---|---|
| DragIcon | :DragMode | :Enabled |
| Height | :HelpContextID | :hWnd |
| Index | :LargeChange | :Left |
| Max | :Min | :MousePointer |
| Name | :Parent | :SmallChange |
| TabIndex | :TabStop | :Tag |
| Top | :Value | :Visible |
| Width | | |

**Ereignisse**

| | | |
|---|---|---|
| Change | :DragDrop | :DragOver |
| GotFocus | :KeyDown | :KeyPress |
| KeyUp | :LostFocus | :Scroll |

**Methoden**

| | | |
|---|---|---|
| Drag | :Move | :Refresh |
| SetFocus | :ZOrder | |

**Beispiel zur Laufzeit**

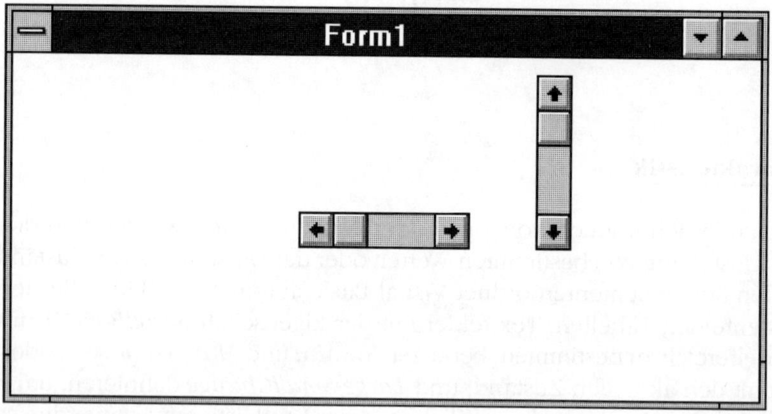


*Abb. 5.14 Bildlaufleisten*

## 5.2.11 Zeitmesser

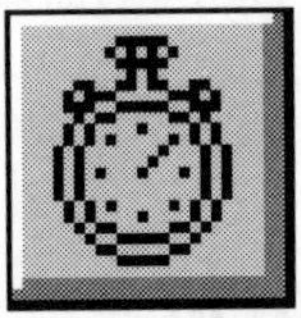

**Charakteristik**

Der Zeitmesser ermöglicht eine Unterbrechung des laufenden Programms in einem bestimmten Intervall. Es können dann andere Routinen, beispielsweise die Aktualisierung von Bildschirmanzeigen (Uhrzeit), ausgeführt werden. Die Häufigkeit der Programmunterbrechungen kann vom Programmierer bestimmt werden. Der Zeitmesser ist zur Laufzeit nicht sichtbar und kann an einer beliebigen Stelle innerhalb der Form plaziert werden. Mit *Enabled* wird der Zeitmesser aktiviert oder deaktiviert.

**Eigenschaften**

| | | |
|---|---|---|
| Enabled | :Index | :Interval |
| Left | :Name | :Parent |
| Tag | :Top | |

**Ereignisse**

Timer

**Anwendungshinweise**

Erstellen Sie eine Form mit einem Zeitmesser, einem Textfeld und einer Befehlsschaltfläche. Setzen Sie das Intervall des Timers in der Eigenschaft *Interval* auf 1000 (entspricht einer Sekunde), die Einstellung *Text* im Textfeld auf keinen Inhalt. Alle anderen Einstellungen können übernommen werden. Schreiben Sie Code für folgende Ereignisse:

```
Sub Befehl1_Click ()
   zeitmesser1.interval = 2000&
End Sub

Sub Zeitmesser1_Timer ()
   text1.text = TIME$
End Sub
```

Nach dem Start der Anwendung wird im Textfeld zunächst die Uhrzeit sekundenweise angezeigt, da dies Ihre Vorgabe (*Interval = 1000*) bei Erstellung der Form war. Durch einen Klick auf die Befehlsschaltfläche setzt der Code das Intervall auf zwei Sekunden.

## 5.2.12 Laufwerklistenfeld

### Charakteristik

Laufwerklistenfelder ermöglichen den Zugriff auf alle Datenstationen eines Systems inklusive der Diskettenlaufwerke und Netzwerklaufwerke. Der Programmbediener kann zur Laufzeit ein Laufwerk wählen. In der Eigenschaft *Drive* wird das gewählte Laufwerk übergeben, wobei jede Änderung ein *Click*-Ereignis aufruft. Mit dessen Hilfe können Sie sich mit Programmcode die Verzeichnisse des Laufwerks anzeigen lassen (Verzeichnislistenfeld).

### Eigenschaften

| | | |
|---|---|---|
| BackColor | :DragIcon | :DragMode |
| Drive | :Enabled | :FontBold |
| FontItalic | :FontName | :FontSize |
| FontStrikethru | :FontTransparent | :FontUnderline |
| ForeColor | :Height | :HelpContextID |
| hWnd | :Index | :Left |
| List | :ListCount | :ListIndex |
| MousePointer | :Name | :Parent |
| TabIndex | :TabStop | :Tag |
| Top | :Visible | :Width |

**Ereignisse**

Change :DragDrop :DragOver
GotFocus :KeyDown :KeyPress
KeyUp :LostFocus

**Methoden**

Drag :Move :Refresh
SetFocus :ZOrder

**Beispiel zur Laufzeit**

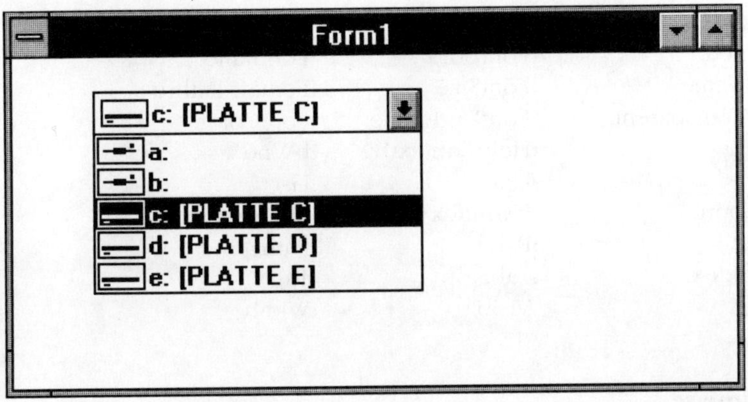


*Abb. 5.15 Laufwerklistenfeld zur Laufzeit*

## 5.2.13 Verzeichnislistenfeld

## Charakteristik

Verzeichnislistenfelder werden meist im Verbund mit Laufwerklistenfeldern benutzt und setzen oder liefern in der Eigenschaft *Path* das Verzeichnis. Dateilistenfelder können mit einem *PathChange*-Ereignis direkt auf Veränderungen im Verzeichnislistenfeld reagieren. Wichtige Eigenschaften sind *List, ListCount* und *ListIndex*.

## Eigenschaften

| | | |
|---|---|---|
| BackColor | :DragIcon | :DragMode |
| Enabled | :FontBold | :FontItalic |
| FontName | :FontSize | :FontStrikethru |
| FontTransparent | :FontUnderline | :ForeColor |
| Height | :HelpContextID | :hWnd |
| Index | :Left | :List |
| ListCount | :ListIndex | :MousePointer |
| Name | :Parent | :Path |
| TabIndex | :TabStop | :Tag |
| Top | :Visible | :Width |

## Ereignisse

| | | |
|---|---|---|
| Change | :Click | :DragDrop |
| DragOver | :GotFocus | :KeyDown |
| KeyPress | :KeyUp | :LostFocus |
| MouseDown | :MouseMove | :MouseUp |

## Methoden

| | | |
|---|---|---|
| Drag | :Move | :Refresh |
| SetFocus | :ZOrder | |

**Beispiel zur Laufzeit**

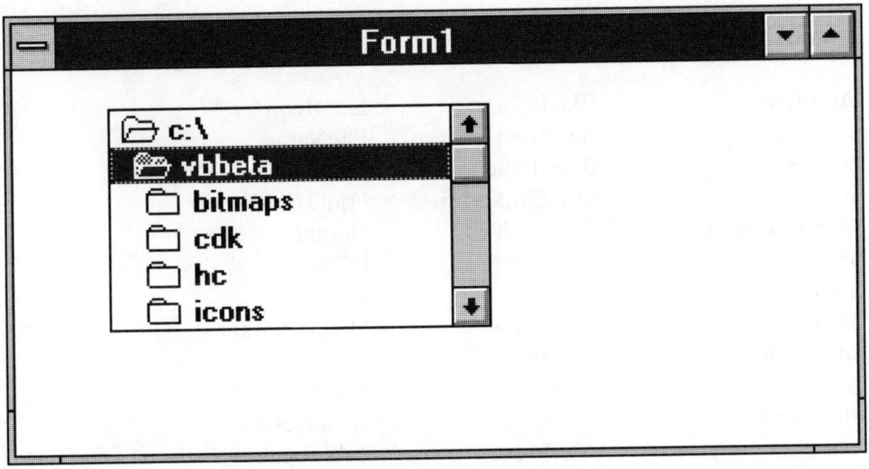


*Abb. 5.16 Verzeichnislistenfeld zur Laufzeit*

## 5.2.14 Dateilistenfeld

**Charakteristik**

Zum Laufwerk- und Verzeichnislistenfeld gehört ein Dateilistenfeld, in dem alle Dateien eines Verzeichnisses angezeigt werden können. Es kann auf *PathChange* reagieren (Veränderung des Verzeichnisses) und mit der *Pattern*-Eigenschaft die Dateigruppe bestimmen, die zur Anzeige gelangen soll (Dateianhang = Pattern). Auch die aus dem Betriebssystem MS-DOS bekannten Dateiattribute können zu Selektionszwecken genutzt werden (z.B. *Normal, ReadOnly, System, Archive, Hidden*).

## Eigenschaften

| | | |
|---|---|---|
| Archive | :BackColor | :DragIcon |
| DragMode | :Enabled | :FileName |
| FontBold | :FontItalic | :FontName |
| FontSize | :FontStrikethru | :FontTransparent |
| FontUnderline | :ForeColor | :Height |
| HelpContextID | :Hidden | :hWnd |
| Index | :Left | :List |
| ListCount | :ListIndex | :MousePointer |
| MultiSelect | :Name | :Normal |
| Parent | :Path | :Pattern |
| ReadOnly | :Selected | :ScaleHeight |
| System | :TabIndex | :TabStop |
| Tag | :Top | :TopIndex |
| Visible | :Width | |

## Ereignisse

| | | |
|---|---|---|
| Click | :DblClick | :DragDrop |
| DragOver | :GotFocus | :KeyDown |
| KeyPress | :KeyUp | :LostFocus |
| MouseDown | :MouseMove | :MouseUp |
| PathChange | :PatternChange | |

## Methoden

| | | |
|---|---|---|
| Drag | :Move | :Refresh |
| SetFocus | :ZOrder | |

**Beispiel zur Laufzeit**

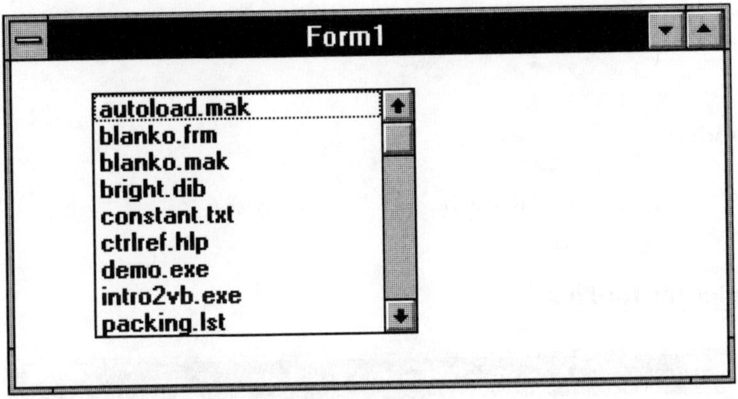


*Abb. 5.17 Dateilistenfeld zur Laufzeit*

# 5.2.15 Figurensteuerelement

**Charakteristik**

Zur Laufzeit kann mit Programmcode in Formen oder Bildfeldern mit diversen grafischen Methoden gearbeitet werden, um Grafiken zu erzeugen (*Circle, Line* etc.). Wenn Sie bereits zur Entwicklungszeit ein grafisches geometrisches Objekt plazieren wollen, hilft das Figurensteuerelement weiter. *BorderWidth* definiert die Rahmenbreite, *FillStyle* den Inhalt (Schraffur etc.) und *Shape* die Form des Objektes (Kreis, Oval, Rechteck etc.).

**Eigenschaften**

| | | |
|---|---|---|
| BackColor | :BackStyle | :BorderColor |
| BorderStyle | :BorderWidth | :DrawMode |

FillColor :FillStyle :Height
Index :Left :Name
Parent :Shape :Tag
Top :Visible :Width

**Methoden**

Move :Refresh :ZOrder

**Beispiel zur Laufzeit**

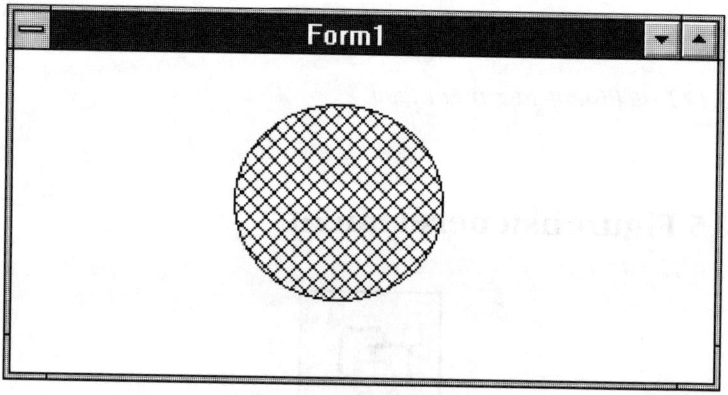


*Abb. 5.18 Figurensteuerelement zur Laufzeit*

## 5.2.16 Liniensteuerelement

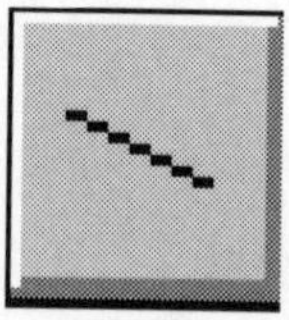

**Charakteristik**

Neben zweidimensionalen Objekten können zur Entwicklungszeit Linien gezeichnet werden, deren Dicke durch *BorderWidth* und deren Art durch *BorderStyle* definiert wird.

**Eigenschaften**

| | | |
|---|---|---|
| BorderColor | :BorderStyle | :BorderWidth |
| DrawMode | :Index | :Name |
| Parent | :Tag | :Visible |
| X1,X2,Y1,Y2 | | |

**Methoden**

| | |
|---|---|
| Refresh | :ZOrder |

**Beispiel zur Laufzeit**

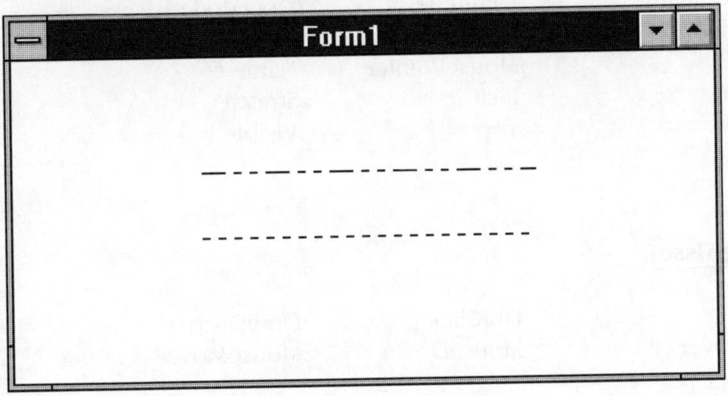


*Abb. 5.19 Liniensteuerelement zur Laufzeit*

# 5.2.17 Anzeigesteuerelement

## Charakteristik

Das Anzeigesteuerelement ist ein "abgespecktes" Bildfeld mit weniger Eigenschaften, dafür aber schneller im Bildaufbau. Verwenden Sie *Picture*, um eine Grafik zuzuweisen und *Stretch* zur Definition, ob sich die Größe der Grafik nach der Rahmengröße richten oder ob der Rahmen der Grafik angepaßt werden soll.

## Eigenschaften

| | | |
|---|---|---|
| BorderStyle | :DragIcon | :DragMode |
| Enabled | :Height | :Index |
| Left | :MousePointer | :Name |
| Parent | :Picture | :Stretch |
| Tag | :Top | :Visible |
| Width | | |

## Ereignisse

| | | |
|---|---|---|
| Click | :DblClick | :DragDrop |
| DragOver | :MouseDown | :MouseMove |
| MouseUp | | |

**Beispiel zur Laufzeit**

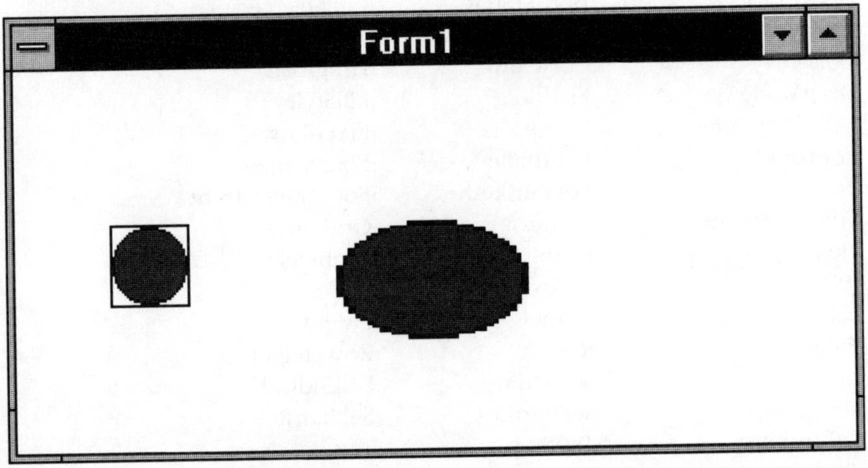


*Abb. 5.20 Bildfeld und Anzeigesteuerelement zur Laufzeit*

## 5.2.18 Gitternetz

**Charakteristik**

Das Gitternetz ist ein Tabellenelement, wie Sie es aus Kalkulationstabellen kennen. Sie können große Tabellenfelder aufbauen, den Inhalt scrollen, Zeilen und Spalten beschriften sowie Markierungen von Zellen oder Bereichen vornehmen.

## Eigenschaften

BackColor :BorderStyle :CellSelected
Clip :Col :ColAlignment
Cols :ColWidth :DragIcon
DragMode :Enabled :FillStyle
FixedAlignment :FixedCols :FixedRows
FontBold :FontItalic :FontName
FontSize :FontStrikethru :FontTransparent
FontUnderline :ForeColor :GridLines
Height :HelpContextID :HighLight
hWnd :Index :Left
LeftCol :Name :Parent
Picture :Row :RowHeight
Rows :ScrollBars :SelEndCol
SelEndRow :SelStartCol :SelStartRow
TabIndex :TabStop :Tag
Text :Top :TopRow
Visible :Width

## Ereignisse

Click :DblClick :DragDrop
DragOver :GotFocus :KeyDown
KeyPress :KeyUp :LostFocus
MouseDown :MouseMove :MouseUp
RowColChange :SelChange

## Methoden

AddItem :Drag :Move
Refresh :RemoveItem :SetFocus
ZOrder

**Beispiel zur Laufzeit**

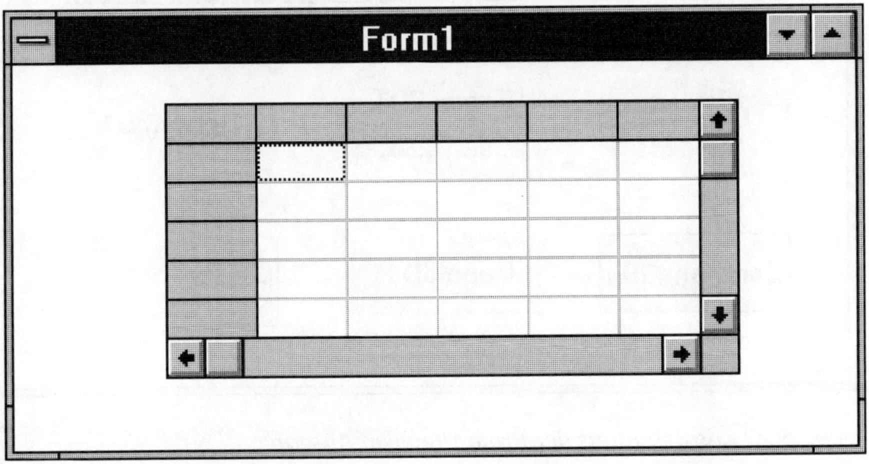


*Abb. 5.21 Gitternetz zur Laufzeit*

## 5.2.19 Ein Blick über den Zaun

Wir haben im Rahmen dieses Buches keine Möglichkeiten, auf Spezialthemen, Basic-Befehle oder die Professionelle Ausgabe von Visual Basic für Windows einzugehen, wollen es aber nicht versäumen, einige Tools dieser Ausgabe zur Laufzeit zu zeigen. Es sind neue Buttons und die Möglichkeit, Statistiken grafisch darstellen zu können.

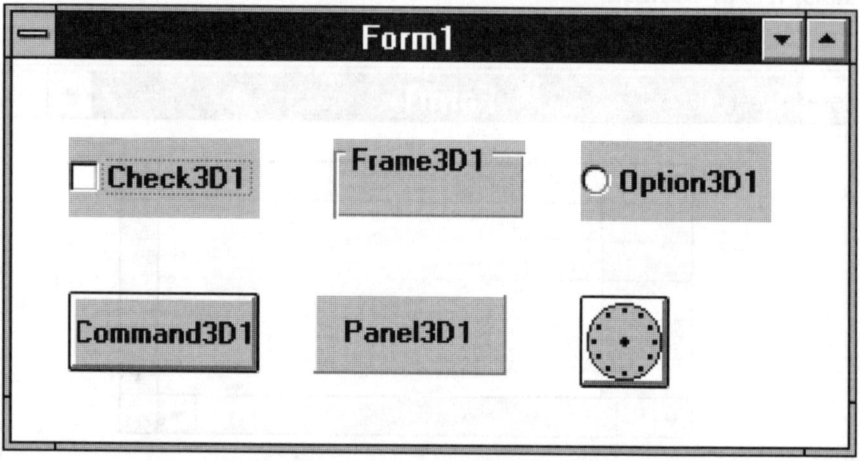


*Abb. 5.22 Zusatzbuttons der Professionellen Ausgabe*

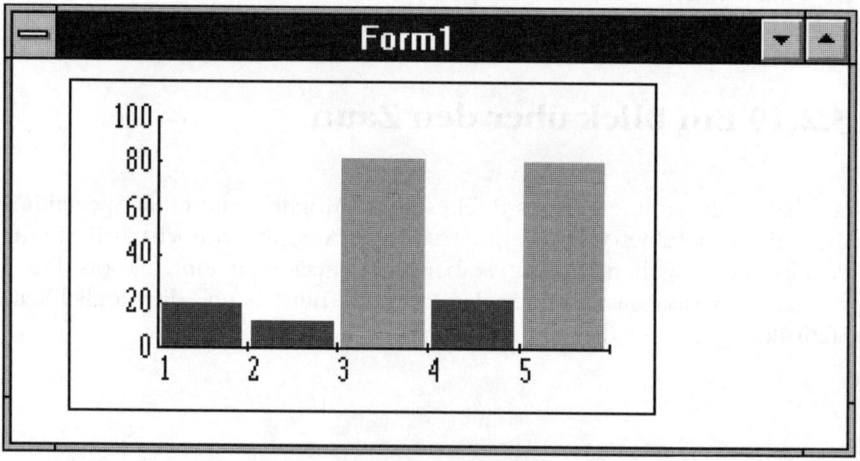


*Abb. 5.23 Grafikmodul der Professionellen Ausgabe*

# 5.3 Das Menüentwurfsfenster

Visual Basic versteckt ein weiteres Tool bescheiden im Menü *Fenster*. Dort befindet sich der Eintrag *Menüerstellungsfenster*, mit dessen Hilfe Sie für eigene Anwendungen komplette Pull-Down-Menüs programmieren können. Es finden sich alle Elemente von Kontrollhäkchen, Untermenüs oder der Möglichkeit, dem späteren Bediener eine Menüerweiterung mit eigenen Punkten zu gestatten. Öffnen Sie das Menüentwurfsfenster, das in unserem Beispiel mit den Informationen versehen ist, die zur Gestaltung eines Pull-Down-Menü-Auszugs eines Immobilienprogramms benutzt weden soll. Wir bespechen die Einträge und Felder sofort im Anschluß, nachdem Sie sich einen Überblick verschafft haben.

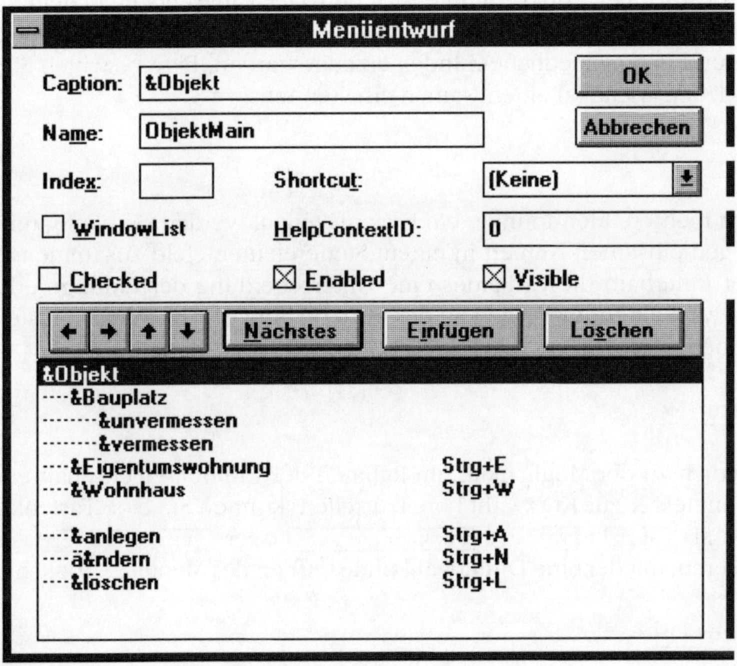


*Abb. 5.24 Menüentwurfsfenster*

Die Felder des Menüentwurfsfensters im einzelnen:

Caption

Hier werden die Menüpunkte eingetragen, wie sie später in der Leiste oder einem Untermenü darzustellen sind. Wie bei anderen Steuerelementen kann auch hier der Caption-Eigenschaft des Menüeintrages das Zeichen & zugeordnet werden, um einen Buchstaben zu unterstreichen (Kurzwahlverfahren). Menüeinträge lassen sich optisch durch eine Trennlinie unterteilen, wenn im Feld *Caption* ein Bindestrich (-) eingegeben wird.

Name

Jedem Menüeintrag muß ein Name zugeordnet werden, anhand dessen Sie im Code auf einen Punkt zugreifen können. Der Name entspricht dem Namen eines Steuerelements, es kann ein Steuerelementefeld mit gleicher Bezeichnung und unterschiedlichem Index erzeugt werden. Bitte beachten Sie, daß auch Trennstriche (-) einen Namen erhalten müssen.

Index

Sofern mehrere Menüpunkte ein Ereignis teilen, werden sie häufig unter einem gemeinsamen Namen in einem Steuerelementefeld zusammengefaßt. Damit innerhalb dieses Feldes eine Unterscheidung der Einträge erfolgen kann, wird ein Index vergeben, der bei 0 beginnt und lückenlos aufsteigend vergeben wird.

Shortcut

Zusätzlich zu der Möglichkeit, im Rahmen der *Caption*-Eigenschaft ein Zeichen mittels & zur Kurzwahl bereitzustellen, können Sie eine Tastenkombination als `Strg` + `Taste`, `Funktionstaste` oder `Strg` + `Shift` + `Taste` definieren, mit der eine Direktwahl ohne Öffnen des Menüs ermöglicht wird.

Window List

Dieser Menüpunkt ist eine Spezialoption für MDI-Formen (Multi Document Form) und zeigt im Systemmenü eine Liste der geöffneten untergeordneten MDI-Formen.

HelpContextID

Visual Basic für Windows bietet die Möglichkeit, eine zentrale Hilfedatei zu erstellen (mit der Professionellen Ausgabe des Systems!). Jedem Menüpunkt und Steuerelement kann dann eine eindeutige Hilfenummer zugewiesen werden, die als Zugriffskriterium für die Hilfedatei dient. Es ist somit möglich, eine kontextbezogene Hilfe zu programmieren, die immer mit derselben Taste [F1] aufgerufen wird und die auf die aktuelle Programmposition des Bedieners reagiert.

Checked

Um einen Menüpunkt als gewählt oder aktiviert zu kennzeichnen, kann mit der Eigenschaft *Checked* ein Kontrollhaken (_) zugewiesen werden. Dieser wird entweder direkt über dieses Feld zur Entwicklungszeit des Menüs erzeugt oder aber durch späteren Programmcode verändert (Menüname.checked = wahr/unwahr).

Enabled

Ein mit *Enabled* markierter Menüpunkt ist wählbar. Sofern Sie einzelne Punkte nur anzeigen, aber nicht zur Auswahl zur Verfügung stellen wollen, wird *Enabled* gelöscht.

Visible

Um einen Menüpunkt völlig auszublenden und für den Anwender unsichtbar zu machen, wird diese Eigenschaft benutzt. Sie ist ebenso wie *Enabled* auch im Rahmen der normalen Steuerelemente verfügbar.

Cursortasten nach links und rechts

Menüpunkte werden in einer bestimmten Hierarchie aufgebaut und entsprechend am Bildschirm plaziert. Die erste Ebene wird ohne Einrückung direkt links im Erstellungsfenster plaziert, jede untergeordnete Gruppe kann einen oder mehrere Schritte mit der Pfeiltaste nach rechts eingerückt werden. Um eine Ebene in der Rangordnung wieder zum linken Rand zu rücken, benutzen Sie den Pfeil nach links.

Cursortasten nach oben und unten

Wenn die Position des Menüeintrages innerhalb der Aufstellung verändert werden soll, markieren Sie das Element mit der Mouse, und verschieben Sie es mit den Pfeiltasten nach oben oder unten.

Einfügen

An der Position des Markierungsbalkens wird eine Leerzeile eingefügt, um einen weiteren Menüpunkt aufzunehmen.

Löschen

Der in der Aufstellung markierte Eintrag wird entfernt.

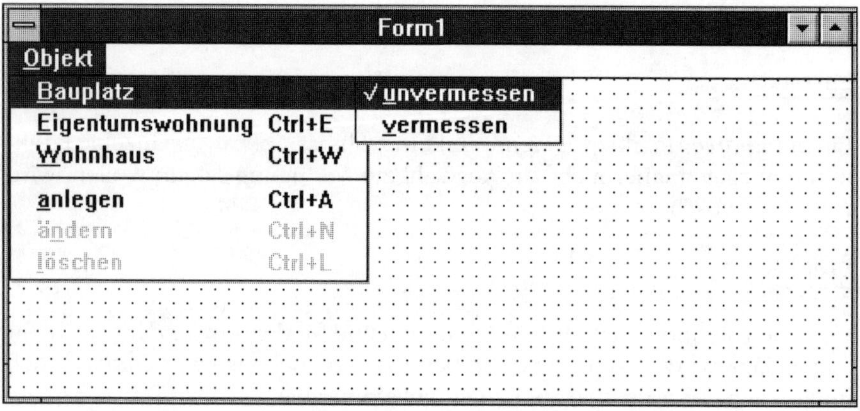


*Abb. 5.25 Menüauszug zur Entwicklungszeit der Form*

# 6 Eigenschaften und Ereignisse

Wir haben im vorherigen Kapitel die Toolbox von Visual Basic und die Erstellung von Formen behandelt. Bereits dort wurde mehrfach über die Taste [F4] auf die Eigenschaftenliste zugegriffen, um *Name, Caption* oder andere Eigenschaften zu setzen, also Einstellungen vorzunehmen. Dieses Kapitel zeigt in übersichtlicher Anordnung wesentliche Eigenschaften; wir haben bewußt auf das eine oder andere Element verzichtet, vermitteln aber wichtige Informationen zu häufig benutzten Eigenschaften. In Visual Basic wird unterschieden, ob Eigenschaften

- nur zur Entwicklungszeit über [F4] verändert werden können und zur Laufzeit schreibgeschützt sind,
- zur Entwicklungszeit und zur Laufzeit verändert werden können oder
- nur zur Laufzeit genutzt werden können.

Sie werden daher unter [F4] nicht alle der folgenden Eigenschaften finden und schon zur Entwicklungszeit einstellen können. Andere (wie beispielsweise *Name* [*CtlName*]) können nur bei der Formentwicklung vergeben und geändert werden.

## 6.1 Eigenschaften und Einstellungen

```
Objekt.ActiveControl
```

**Charakteristik**

Durch Bedieneraktionen mit der Tastatur oder der Mouse kann der Fokus innerhalb einer Form verschoben werden. *ActiveControl* gibt das Steuerelement zurück, das zum Zeitpunkt der Abfrage den Fokus hat.

## Einsatz

Die Eigenschaft wird mit dem Objekt "Screen" eingesetzt. Sofern innerhalb einer Form alle Steuerelemente (Kontrollkästchen, Listenfelder etc.) unsichtbar sind und damit keines dieser Elemente den Fokus haben kann, ist die *ActiveControl* nicht nutzbar. Zur Entwicklungszeit hat der Programmierer keinen Zugriff auf die Eigenschaft, eine Veränderung zur Laufzeit ist nicht möglich, da die Information nur gelesen werden kann.

## Syntaxhinweise

*Screen.ActiveControl*

## Anwendungshinweise

*ActiveControl* wird oft im Zusammenhang mit der Eigenschaft *Tag* benutzt, um einem gerade fokussierten Steuerelement eine interne Nummer oder eine Bezeichung zuzuweisen, ohne dabei andere Eigenschaften wie *Caption* zu benutzen.

Erzeugen Sie in einer Form zwei Befehlsschaltflächen, und belassen Sie alle Grundeinstellungen von Visual Basic, wie sie sind. Folgende Routinen zeigen mögliche Wertzuweisungen mit *Tag*:

```
Sub Befehl1_Click ()
   Screen.ActiveControl.Tag = "Fläche_1"
End Sub

Sub Befehl1_GotFocus ()
   MSGBOX Screen.ActiveControl.Tag
End Sub
```

Nach dem Starten des Programms kann der Fokus mit der Tabulator-Taste verschoben werden. Auf der Befehlsschaltfläche 1 wird eine Messagebox geöffnet, die zunächst leer ist. Sobald aber auf der Befehlsschaltfläche 1 geklickt wurde, erfolgt die Wertzuweisung *Fläche_1*, was bei der nächsten Verschiebung des Fokus in der Messagebox angezeigt wird.

```
Objekt.ActiveForm
```

**Charakteristik**

Die Eigenschaft *Active.Form* bezieht sich ebenso wie *ActiveControl* auf Steuerelemente. Wenn der Bediener mit der Tastatur oder der Mouse den Fokus auf eine bestimmte Form setzt, gibt die Eigenschaft *ActiveForm* die Form zurück, die zum Zeitpunkt der Abfrage den Fokus hat.

**Einsatz**

Die Eigenschaft wird mit dem Objekt "Screen" eingesetzt. Sofern in einer Anwendung keine Formen geladen sind, kann auch keine Auswahl mit dem Fokus erfolgen. In diesem Fall ist die Anweisung ungültig. Zur Entwicklungszeit ist die Eigenschaft nicht greifbar, eine Veränderung zur Laufzeit ist nicht möglich, da die Information nur gelesen werden kann.

**Syntaxhinweise**

*Screen.ActiveForm*

```
[Form.][Bildfeld.]Align [ = Einstellung%]
```

**Charakteristik**

Die Eigenschaft *Align* dient der Ausrichtung von Bildfeldern innerhalb einer Form. Diese können standardmäßig frei plaziert werden und sind in der Größe rundum flexibel. Es ist aber auch möglich, Bildfelder in der jeweiligen Breite der Form am oberen oder unteren Rand zu erzeugen, so daß nur noch die Höhe gestaltet werden kann.

**Einsatz**

Die Eigenschaft wird in Bildfeldern eingesetzt.

**Syntaxhinweise**

| *Einstellung* | Justierung |
|---|---|
| 0 | Bildfeld ist frei plazierbar (Standardwert) |
| 1 | Bildfeld liegt am oberen Formrand |
| 2 | Bildfeld liegt am unteren Formrand |

## Anwendungshinweise

Wenn Sie eine Menü- oder Statusleiste erstellen wollen, die sich in ihrer Breite automatisch einer veränderten Formbreite anpaßt (z.B. wenn der Bediener diese mit der Mouse ändert), dann setzen Sie die Eigenschaft eines Bildfeldes auf *1* oder *2*.

```
[Form.][Bezeichnungsfeld.]Alignment[ = Ausrichtung%]
```

## Charakteristik

Die Eigenschaft *Alignment* dient der Ausrichtung von Textinhalten. Von Textverarbeitungen her sind die Möglichkeiten linksbündig, rechtsbündig und zentriert bekannt. Diese Möglichkeiten sind auchin Visual Basic realisiert.

## Einsatz

Die Eigenschaft kann Bezeichnungsfeldern zugeordnet werden.

## Syntaxhinweise

Optional werden der Name der *Form* und der Name des auszurichtenden *Bezeichnungsfeldes* angegeben. Der Integerwert zur *Ausrichtung* zeigt die Justierung des Textes an:

| *Ausrichtung* | Justierung |
|---|---|
| 0 | linksbündig (Standardwert) |
| 1 | rechtsbündig |
| 2 | zentriert |

## Anwendungshinweise

Erstellen Sie eine Form mit einem Bezeichnungsfeld und drei Befehlsschaltflächen. Sie können fast alle Einstellungen im Standard belassen und sollten lediglich die *Caption*-Eigenschaft der drei Befehlsschaltflächen auf *Links*, *Rechts* und *Mitte* setzen. Die *Click*-Ereignisse der drei Befehlsschaltflächen werden wie folgt programmiert:

```
Sub Befehl1_Click ()
   Bezeichnung1.Alignment = 0
End Sub

Sub Befehl2_Click ()
   Bezeichnung1.Alignment = 1
End Sub

Sub Befehl3_Click ()
   Bezeichnung1.Alignment = 2
End Sub
```

Nach jedem Klick auf die gewünschte Ausrichtungstaste wird der Text im Bezeichnungsfeld sichtbar ausgerichtet.

```
[Form.]Dateilistenfeld.Attribut[ = Einstellung]
```

## Charakteristik

Im Betriebssystem MS-DOS werden Dateien mit diversen Attributen versehen, die den Status einer Datei näher beschreiben. Es existieren folgende Attribute, die im Betriebssystem teilweise automatisch gesetzt werden, aber auch mit dem MS-DOS-Befehl *ATTRIB* veränderbar sind:

| | |
|---|---|
| A = Archivattribut gesetzt | (Datei wurde verändert) |
| H = Hidden | (Datei wurde versteckt) |
| R = Read Only | (Datei wurde schreibgeschützt) |
| S = Systemdatei | (Datei gehört zum MS-DOS-Kern) |

Normalerweise werden in einem Dateilistenfeld alle normalen Dateien nebst Archivdateien und Read Only-Dateien angezeigt. Diese Einstellung kann manipuliert werden, indem bestimmte Eigenschaften ein- oder ausgeblendet werden.

## Einsatz

Die Eigenschaften zu Dateiattributen sind nur in Dateilistenfeldern einsetzbar. Sie stehen auch zur Laufzeit zur Verfügung und aktualisieren nach jeder Veränderung sofort das Dateilistenfeld.

## Syntaxhinweise

Innerhalb der optionalen *Form* werden für das angegebene *Dateilistenfeld* die Attribute festgelegt, deren zugehörige Dateien angezeigt werden sollen. Für den Platzhalter *Attribut* können folgende Schlüsselworte eingesetzt und über die *Eigenschaft wahr (-1)* oder *unwahr (0)* aktiviert werden.

| *Attribut* | *Eigenschaft* | (Standard) |
|---|---|---|
| Archive | wahr | (-1) |
| Hidden | unwahr | (0) |
| Normal | wahr | (-1) |
| ReadOnly | wahr | (-1) |
| System | unwahr | (0) |

In einem Dateilistenfeld erscheinen also ohne Veränderung der Voreinstellungen von Visual Basic nur Normal-, Archiv- und Nur-Lese-Dateien.

## Anwendungshinweise

Wenn Sie in einem Dateilistenfeld nur Dateien mit gesetztem *ReadOnly*- und *Hidden*-Attribut anzeigen wollen, erstellen Sie eine Form, die ein Dateilistenfeld und eine Befehlsschaltfläche enthält. Sie können alle Vorgaben von Visual Basic bei der Formerstellung übernehmen:

```
Sub Befehl1_Click ()
   Datei1.Archive = 0
   Datei1.ReadOnly = 0
   Datei1.Normal = 0
   Datei1.Hidden = -1
   Datei1.System = -1
End Sub

Sub Form_Load ()
   Datei1.Path = "C:\"
End Sub
```

Um in jedem Fall versteckte Dateien zu erhalten, wird beim Ladevorgang der Form der Suchpfad auf die Basis der Festplatte C: gesetzt. Wird die Anwendung gestartet, erscheinen zunächst alle Dateien des Verzeichnisses, nach dem Klick auf die Befehlsschaltfläche wird die Menge der angezeigten Dateien beschränkt.

```
[Form.][Bildfeld.]AutoRedraw[ = Einstellung]
```

## Charakteristik

*AutoRedraw* definiert die Ausgabe einer Grafik-Methode (z.B. *Circle*, *Line* oder *PSet*) als fixiertes Bitmap. Damit wird je nach gewählter Einstellung der erneute Aufbau einer Form oder eines Bildfeldes ermöglicht oder unterbunden.

## Einsatz

Die Eigenschaft steht in Formen und Bildfeldern zur Verfügung und kann auch zur Laufzeit der Anwendung verändert werden. Wenn eines der genannten Steuerelemente durch eine Form oder andere Elemente verdeckt war und durch Verschiebungen wieder sichtbar wird, ist die Rekonstruktion der bisher verdeckten Grafik erforderlich. Standardmäßig bewahrt Visual Basic verdeckte Formteile oder Bildfelder nicht im Speicher auf, so daß der Programmierer mit Hilfe des *Paint*-Ereignisses eine Aktualisierung der freigelegten Bereiche vornehmen muß. Wurde *AutoRedraw* auf *wahr* gesetzt, werden Kopien der Formen und Bildfelder im Speicher aufbewahrt und automatisch rekonstruiert; das *Paint*-Ereignis kommt dann niemals zum Einsatz. Um Speicherplatz zu sparen, sollte bei Formen die Standardeinstellung nicht verändern und mit möglichst wenigen Bildfeldern parallel gearbeitet werden.

## Syntaxhinweise

In der betreffenden *Form* oder im angesprochenen *Bildfeld* kann die Einstellung auf *wahr (-1)* oder *falsch (0)* gesetzt werden. Mit *wahr* wird der erneute Aufbau der Form oder des Bildfeldes möglich, bei der Einstellung *falsch* unterbindet Visual Basic das neuerliche Zeichnen des Objektes. Der Wert *falsch* ist die Standardvorgabe.

```
[Form.][Bezeichnungsfeld.][Bildfeld.]AutoSize[ = Einstellung%]
```

## Charakteristik

*AutoSize* bestimmt, ob ein Steuerelement (siehe Einsatz) hinsichtlich seiner Größe automatisch angepaßt werden darf oder nicht. Vielfach passen geladene Bilder oder Grafiken nicht in ein vordefiniertes Feld, sondern sind größer als dieses. Visual Basic ist in der Lage, die Größe des Steuerelements den Ausmaßen des darzustellenden Inhalts anzupassen. Der Programmierer kann diese Eigenschaft freigeben oder sperren.

## Einsatz

Diese Eigenschaft ist in Bildfeldern und Bezeichnungsfeldern verfügbar und zur Laufzeit modifizierbar. Sie wird meist aber bereits zur Entwicklungszeit gesetzt.

## Syntaxhinweise

Das gewählte *Bildfeld* oder *Bezeichnungsfeld* wird namentlich angegeben und mit der optionalen *Form* zusammen eingestellt. Die *Einstellung* ist ein boolescher Integerwert, der entweder mit *wahr (-1)* oder *falsch (0)* angegeben werden darf.

| *Einstellung* | Wirkung |
|---|---|
| wahr (-1) | Eine automatische Anpassung der Größe des Steuerelements wird zugelassen. |
| falsch (0) | Um das Layout innerhalb einer Form nicht zu beeinträchtigen, kann eine automatischen Anpassung des Steuerelementes an die Inhaltsanforderungen verhindert werden. Bei der Erstellung eines Bezeichnungsfeldes oder eines Bildfeldes ist *falsch* die Standardeinstellung. |

```
[Form.][Steuerelement.]BackColor[ = Farbangabe&]
[Form.][Steuerelement.]ForeColor[ = Farbangabe&]
```

**Charakteristik**

Objekten, also Formen oder Steuerelementen, können Farbeigenschaften zugewiesen werden, die in Vordergrund- und Hintergrundfarben unterteilbar sind. *BackColor* stellt die Farbe des Hintergrundes dar, auf dem ein Objekt erscheint, während *ForeColor* für die Vordergrundfarbe steht, in der Grafik- oder Textausgaben dargestellt werden.

**Einsatz**

Das Einsatzgebiet dieser Eigenschaft ist universell und betrifft folgende Steuerelemente:

| Steuerelement | *BackColor* | *ForeColor* |
|---|---|---|
| Befehlsschaltfläche | X | |
| Bezeichnungsfeld | X | X |
| Bildfeld | X | X |
| Dateilistenfeld | X | X |
| Figur | X | |
| Form | X | X |
| Gitternetz | X | X |
| Kombinationsfeld | X | X |
| Kontrollkästchen | X | X |
| Laufwerklistenfeld | X | X |
| Listenfeld | X | X |
| Objekt "Printer" | | X |
| Optionsfeld | X | X |
| Rahmen | X | X |
| Textfeld | X | X |
| Verzeichnislistenfeld | X | X |

**Syntaxhinweise**

Für das unter *Form* und *Steuerelement* angegebene Objekt wird eine Vorder- oder Hintergrundfarbe gesetzt. Die *Farbangabe* richtet sich nach der Betriebsumgebung von Windows, das mit einem RGB-Schema arbeitet. RGB steht für Rot-Grün-Blau und gibt das Mischungsverhältnis der Farbelemente an. Der Zahlenbereich der *Long-Farbangabe* kann zwischen 0 und 16.777.215 (&HFFFFFF) liegen.

Bitte beachten Sie, daß die Vergabe der Eigenschaft *BackColor* bei Formen und Bildfeldern die Grafiken und Druckausgaben löscht, *ForeColor* läßt diese unverändert.

```
[Form.]{Bezeichnungsfeld|Figur}.BackStyle [ = Einstellung]
```

## Charakteristik

Die Eigenschaft legt fest, ob der Hintergrund eines Bezeichnungsfeldes oder einer Form undurchsichtig oder durchsichtig ist.

## Syntaxhinweise

Setzen Sie die *Einstellung* auf *0*, wenn Sie eine transparente Darstellung wünschen und die Farben im Hintergrund ebenso sichtbar bleiben sollen wie eventuelle Grafiken. Der eingestelle Standardwert ist *1* und macht die Fläche undurchsichtig. Die Hintergrundfarbe des Steuerelements (*BackColor*) füllt die Fläche und verbirgt alle dahinter liegenden Farben und Grafiken.

## Anwendungshinweise

Die Anwendung der *BackStyle*-Eigenschaft empfiehlt sich, wenn im Hintergrund einer Anwendung benötigte Grafiken oder Farbdarstellungen liegen, die durch ein Steuerelement hindurchscheinen sollen. Für Textausgaben existierte in Visual Basic bereits die Eigenschaft *FontTransparent*.

```
[Form.]{Linien-|Figurensteuerelement}.BorderColor [ = Farbe]
```

## Charakteristik

Diese Eigenschaft bestimmt die Rahmenfarbe der Figurensteuerelemente und Liniensteuerelemente, wobei direkt aus der Eigenschaftenliste [F4] heraus auf die Farbpalette zugegriffen werden kann.

## Syntaxhinweise

Die *Farbe* richtet sich nach der Betriebsumgebung von Windows und kann entweder die *QBColor*-Funktion oder die *RGB*-Funktion benutzen, um einen gültigen Wert zuzuweisen.

## Anwendungshinweise

Die Palette der *RGB*-Farben umfaßt theoretisch 16.777.215 Farbtöne, *QBColor* liefert 16 fertige Farben. Um die Handhabung der *RGB*-Farben noch einfacher zu gestalten, wurden im Dokument zur Konstantendefinition (Datei *constant.txt*) schon etliche Farben vorbelegt. Laden Sie bei Bedarf die Konstantendefinitionen in den Deklarationsteil eines Moduls.

```
[Form.][Steuerelement.]BorderStyle[ = Einstellung%]
```

## Charakteristik

Während einige Steuerelemente bei ihrer Erstellung bereits automatisch einen Rahmen erhalten, werden beispielsweise bei Bezeichnungsfeldern keine Rahmen angezeigt. Die Eigenschaft *BorderStyle* bestimmt Art und Aussehen des Rahmenelementes.

## Einsatz

Die Eigenschaft *BorderStyle* kann mit Formen, Bezeichnungsfeldern, Bildfeldern und Textfeldern benutzt werden. Sie kann bereits bei der Formerstellung vergeben werden und ist zur Laufzeit schreibgeschützt. Ein Einsatz ist auch innerhalb von Formen nützlich, wenn die Veränderung der Fenstergröße durch den Bediener ausgeschlossen werden soll.

## Syntaxhinweise

Nachdem die gewünschte *Form* und/oder das *Steuerelement* bestimmt wurden, kann über die Einstellung die Rahmenart bestimmt werden:

| Objekt | *Einstellung* | Wirkung der Einstellung |
|---|---|---|
| Form | 0 | Es wird kein Rahmen angezeigt, Titelleiste und Klickfelder fehlen völlig. Eine Veränderung der Formgröße durch den Bediener ist ausgeschlossen, auch die Ablage als Symbol oder die Vollbilddarstellung fehlen. |
| Form | 1 | Der Rahmen wird mit einer einfachen Linie dargestellt, der Bediener kann die Fenstergröße nicht verändern und nur über das Menüfeld links oben (Systemmenü) die Ablage als Symbol oder Vollbild nutzen. |
| Form | 2 | Die Standardeinstellung von Visul Basic läßt Größenveränderungen des Fensters zu und stellt das gesamte Systemmenü zur Verfügung. |
| Form | 3 | Der Rahmen wird als doppelte Linie dargestellt, Größenänderungen sind nicht zulässig. |
| Bezeichnungsfeld | 0 | Es wird kein Rahmen angezeigt (Standardvorgabe bei der Formerstellung). |
| | 1 | Das Bezeichnungsfeld erhält einen Rahmen, die Größe ist nicht veränderbar. |
| Textfeld und Bildfeld | 0 | Die Rahmendarstellung um ein Text- oder Bildfeld wird ausgeblendet. |
| | 1 | Es wird ein Rahmen angezeigt (Standardvorgabe). |
| Linien/Figurensteuerelement | 0 | Transparente Darstellung. |
| | 1 | Es wird ein durchgezogener Rahmen benutzt, der an der Kante des Figurensteuerelements ausgerichtet wird (Standard). |
| | 2 | Gestrichelt. |
| | 3 | Gepunktet. |
| | 4 | Strich-Punkt-Darstellung. |
| | 5 | Strich-Punkt-Punkt. |
| | 6 | Innen ausfefüllt. |

## Anwendungshinweise

Um eine Form als Arbeitsfläche darzustellen, die keinen Rahmen zeigt und durch den Bediener in keiner Weise in der Darstellung verändert werden kann (auch keine Darstellung als Symbol oder Vollbild), setzen Sie *BorderStyle* für die Form einfach auf *0*.

```
[Form.]{Linien-|Figurensteuerelement}.BorderWidth [ = Einstellung]
```

## Charakteristik

Eine neue Eigenschaft aus Visual Basic für Windows 2.0 ist *BorderWidth*, mit der Sie die Breite einer Umrandung um ein Figurensteuerelement oder die Dicke einer Linie bestimmen können, die sie bereits zur Entwicklungszeit der Form plazieren. *BorderStyle* bestimmt für die Begrenzung des Figurensteuerelements ebenso für die Linie das Aussehen (gepunktet, gestrichelt, normal etc.) und *BorderWidth* die Breite des Zeichenstiftes.

## Syntaxhinweise

Die *Einstellung* ist eine positive Ganzzahl im Bereich von 1 bis 8192 und bestimmt die Zeichenbreite. Wenn Sie allerdings einen Wert größer 1 wählen, sind in der *BorderStyle*-Eigenschaft nur noch die Einstellungen 1 oder 6 sinnvoll, da die Typen 2 bis 5 keinen anderen Effekt haben, wenn die Breite des Zeichenstiftes erhöht wird.

## Anwendungshinweise

Erstellen Sie auf einer Form ein Figurensteuerelement, und setzen Sie in der Eigenschaftenliste [F4] *BorderStyle* auf *1*, *BorderWidth* auf *10* und *FillStyle* auf *6*. Sie sehen nun, daß der Rahmen um die grafische Darstellung breiter geworden ist. Beachten Sie, daß *BorderWidth* keine Wirkung hat, wenn *BorderStyle* auf transparenter Darstellung steht (Einstellung *0*).

```
Befehlsschaltfläche.Cancel[ = Einstellung]
```

## Charakteristik

In Eingabemenüs, Optionsfeldergruppen oder Formen mit mehreren Schaltflächen ist es üblich, daß eine Befehlsschaltfläche mit *Abbrechen* beschriftet ist. Um dem Bediener die Auswahl dieser Schaltfläche neben dem Mouseklick oder dem Verschieben des Fokus noch weiter zu erleichtern, kann mit der [Esc]-Taste direkt eine Aktivierung der Befehlsschaltfläche erfolgen. Wo der Fokus zuvor plaziert war, ist völlig unerheblich.

## Einsatz

*Cancel* ist eine Eigenschaft von genau einer Befehlsschaltfläche innerhalb einer Form. Zusätzlich kann über die Eigenschaft SetFocus der Fokus beim Aufbau einer Form direkt auf dem Feld *Abbrechen* postiert werden, um ganz sicher zu gehen, daß auch die Bestätigung mit [Enter] nicht zu ungewünschten Aktionen führt (siehe Anwendungshinweise).

## Syntaxhinweise

Es wird der Name der *Befehlsschaltfläche* angegeben und anschließend die *Eigenschaft* mit *wahr (-1)* oder *unwahr (0)* bestimmt:

| *Einstellung* | Wirkung |
|---|---|
| wahr (-1) | Die gewählte Befehlsschaltfläche ist als Feld zum Abbruch einer Auswahl vorgesehen und kann direkt mit [Esc] aktiviert werden. Da immer nur genau eine Schaltfläche die Eigenschaft *Cancel* innehaben kann, werden bei Zuweisung zu einer Befehlsschaltfläche alle anderen automatisch auf *unwahr (0)* gesetzt. |
| falsch (0) | Die Standardvorgabe in Visual Basic für Befehlsschaltflächen. |

## Anwendungshinweise

Sie wollen in einer Form mit drei Schaltflächen (*Caption* Formatieren, Datei löschen, Abbruch) die Fläche Abbruch als *Cancel*-Fläche belegen und beim Aufruf der Form auch den Fokus auf diesem dritten Feld plazieren. Erstellen

Sie eine Form mit den Befehlsschaltflächen 1 bis 3, die folgende Eigenschaften erhalten:

Befehlsschaltfläche 1: *Caption* auf Formatieren
Befehlsschaltfläche 2: *Caption* auf Datei löschen
Befehlsschaltfläche 3: *Caption* auf Abbruch
*Cancel* auf wahr (-1)
*SetFocus* beim Laden der Form setzen.

Schreiben Sie nun ein *Click*-Ereignis für die Befehlsschaltfläche 3, kann dieses jederzeit durch [Esc] ausgelöst werden, egal auf welchem Feld der Fokus steht.

```
[Form.][Steuerelement.]Caption[ = Zeichenkette$]
```

## Charakteristik

*Caption* ist eine Eigenschaft, die diversen Steuerelementen zugeordnet werden kann und die die Bezeichnung oder den Titel angibt. Diese Bezeichnung hat nichts mit der Eigenschaft *Name* (*CtlName* in Version 1.0) gemeinsam, mit der man die im Programmcode verwendete Bezeichnung eines Steuerelements festlegt. Die *Caption*-Angabe ist also für den Bediener innerhalb der Form sichtbar. Visual Basic schlägt automatisch einen *Caption*-Namen vor, der beispielsweise für Befehlsschaltflächen *Befehlx* lautet, wobei *x* für eine laufende Nummer steht.

## Einsatz

Die *Caption*-Eigenschaft kann als Titel einer Form oder bei den Steuerlementen Kontrollkästchen, Befehlsschaltfläche, Rahmen, Bezeichnungsfeld, Menü oder Optionsfeld als Bezeichnung vergeben oder abgefragt werden. Sie ist zur Entwicklungs- und zur Laufzeit verfügbar.

## Syntaxhinweise

Es wird der Name der *Form* und/oder der *Name* des *Steuerelements* angegeben. Zur Veränderung der *Caption*-Eigenschaft zur Laufzeit wird eine

*Zeichenkette$* angegeben. Um in einer Form mit mehreren Steuerelementen schnell auf ein Element zugreifen zu können, wird das &-Zeichen dem Buchstaben vorangestellt, mit dem der Direktaufruf erfolgen soll. Sofern in der von Ihnen erstellten Form einer automatischen Größenanpassung des Steuerelementes bei einer veränderten Aufschrift nichts entgegensteht, bestimmt *AutoSize* gleich *wahr (-1)* das gewünschte Verhalten.

## Anwendungshinweise

Erstellen Sie in einer Form eine Befehlsschaltfläche, und übernehmen Sie alle Vorgaben aus Visual Basic. Programmieren Sie die beiden Subs *Befehl1_Click ()* und *Form_Load (),* und starten Sie die Anwendung:

```
Sub Befehl1_Click ()
   Befehl1.Caption = "Klickfeld"
End Sub

Sub Form_Load ()
   MsgBox Befehl1.Caption
End Sub
```

In der Messagebox wird zunächst die Vorgabe der *Caption*-Einstellung aus Visual Basic angezeigt. Bestätigen Sie, und es wird die Befehlsschaltfläche ausgewiesen. Nach einem Klick auf dieses Steuerelement ändert es seinen Namen (*Befehl1.Caption = "Klickfeld"*).

```
[Form.]Gitternetz.CellSelected
```

## Charakteristik

In einem Tabellenelement kann der Anwender einzelne Zellen per Mouseklick anwählen oder einen ganzen Bereich von Zellen durch Halten und Ziehen markieren. Genauso können Sie auch vom Programmcode aus eine bestimmte Zelle ansprechen oder einen Bereich definieren. Um zu kontrollieren, ob eine vom Bediener gewählte Zelle im gewünschten Bereich liegt, gibt *CellSelected* genau diese Tatsache aus.

## Einsatz

Im Gitternetz ist die Eigenschaft zur Entwicklungszeit nicht verfügbar und zur Laufzeit der Anwendung nur lesbar.

## Syntaxhinweise

*CellSelected* gibt einen Wert zurück, der entweder *wahr (-1)* oder *unwahr (0)* ist. Wenn die vom Bediener gewählte Zelle im gewünschten Bereich liegt, ist die Eigenschaft wahr.

## Anwendungshinweise

Sie erzeugen eine Tabelle mit 5 Zeilen und 5 Spalten. Programmieren Sie nun ein *Click*-Ereignis, in dem Sie beispielsweise eine konkrete Zelle (**Steuerelement.Row = 2** und **Steuerelement.Col = 3**) oder einen Zellbereich (benutzen Sie *SelStartRow, SelStartCol, SelEndRow, SelEndCol*) bestimmen. Anschließend fragen Sie mit **MsgBox Str$(Steuerelement.CellSelected)** den Status der Eigenschaft ab. Immer, wenn im definierten Bereich geklickt wird, erscheint *-1*, sonst *0*.

```
Menüelement.Checked[ = Einstellung]
```

## Charakteristik

*Checked* zeigt an, ob ein Menüpunkt gesetzt ist oder nicht. Hierzu wird der betreffende Eintrag abgehakt, wenn ein Menüpunkt eine Schalterstellung besitzt. Ein Beispiel hierfür finden Sie auch in der Visual Basic für Windows 1.0-Oberfläche in Gestalt der Syntaxüberprüfung; Sie erkennen im Menü sofort, ob die Funktion aktiv (abgehakt) oder inaktiv (ohne Haken) ist.

## Einsatz

Die *Checked*-Eigenschaft wird in Pull-Down-Menüs benutzt, die Sie im Menüentwurfsfenster (erreichbar bei Erstellung einer Form) aufbauen können. Die Eigenschaft ist zur Laufzeit verfügbar.

## Syntaxhinweise

Jedes *Menüelement* erhält genau wie ein Steuerelement einen Namen, auf den Sie Bezug nehmen können. Steht die *Eigenschaft* auf *wahr (-1)*, wird der Punkt im Menü abgehakt, bei *falsch (0)* wird der Haken wieder entfernt.

## Anwendungshinweise

Siehe Menüerstellung im Rahmen der Toolbox-Vorstellung.

> Hinweis: Ein Setzen und Entfernen des Häkchens innerhalb einer Routine ist sehr leicht möglich, wenn mit *Not* gearbeitet wird, also beispielsweise
> **Menüpunkt.Checked = Not Menüpunkt.Checked**
> ausgewiesen wird.

```
[Form.]Gitternetz.Clip [ = Zeichenkette$]
```

## Charakteristik

Zum Bestücken eines zuvor markierten Zellbereiches mit Inhalten kann die *Clip*-Eigenschaft benutzt werden. Durch eine spezielle Syntax ist es möglich, mehrere Zellen gleichzeitig zu füllen oder zu lesen. Mit der Eigenschaft *Text* können Sie Einzelzellen bestücken und die Zeilen- und Spaltenmarkierung vergeben.

## Einsatz

Die Eigenschaft kann zur Laufzeit gelesen und geschrieben werden und ist zur Entwicklungszeit der Form nicht verfügbar. Sie betrifft nur das Gitternetz.

## Syntaxhinweise

Sofern die Zeichenkette nur aus einem Eintrag besteht, wird dieser in die aktuelle Zelle eingeschrieben. Die gesonderte Markierung entfällt dann, da der Fokus sowieso in der aktuellen Zelle steht. In der Regel ist es aber effektiver, mehrere Zellen gleichzeitig zu bestücken. Nachdem der Bereich markiert wurde, kann die *Zeichenkette* übergeben werden. In diesem zusammenhängenden Gebiet wird mit **Chr$(9)** die rechts benachbarte Zelle erreicht. **Chr$(13)** sucht die erste Zelle der Folgezeile innerhalb der Markierung auf, also nicht die erste Zelle in der Tabelle. Verkettet werden alle Einträge mit dem &-Zeichen.

**Anwendungshinweise**

Erzeugen Sie eine Tabelle mit 10 Zeilen und 10 Spalten (*Rows, Cols*), und schreiben Sie ein *Form_Click()*-Ereignis mit der Zeile **Tabellenname.Clip = "Start" & Chr$(13) & "unten" & Chr$(9) & "rechts"**. Markieren Sie mit der Mouse einen mindestens 2 mal 2 Zellen großen Bereich, und klicken Sie irgendwo außerhalb der Tabelle auf die Form. Sofern die Markierung in der Tabelle fehlt oder zu klein ist, wird die Ausgabe unvollständig sein.

```
[Form.]Gitternetz.ColAlignment (Spalte) [ = Einstellung]
```

**Charakteristik**

In den variablen Spalten einer Tabelle kann die Darstellung linksbündig, rechtsbündig und zentriert ausgerichtet werden. Verschiedene Spalten dürfen verschieden justiert sein, allerdings sind dann alle Zellen der Spalte betroffen. Um die Ausrichtung zu bestimmen oder zu definieren, benutzen Sie die Eigenschaft *ColAlignment*.

**Einsatz**

Zur Entwicklungszeit ist die Eigenschaft nicht verfügbar; sie betrifft das Gitternetz.

**Syntaxhinweise**

Die zu setzende oder gelieferte *Einstellung* besitzt folgende Bedeutung:

| *Einstellung* | Ausrichtung in der gesamten Spalte |
|---|---|
| 0 | Linksbündige Ausrichtung (Standardvorgabe) |
| 1 | Rechtsbündige Darstellung |
| 2 | Zentrierte Ausrichtung |

## Anwendungshinweise

Die fixierte Zeile und Spalte, die zur Beschriftung der Tabelle dient, kann nicht mit *ColAlignment* ausgerichtet werden. Benutzen Sie für diesen Zweck *FixedAlignment.*

```
[Form.]Gitternetz.]Col [ = Spalte]
[Form.]Gitternetz.]Row [ = Zeile]
```

## Charakteristik

Die Eigenschaften *Row* und *Col* setzen oder ermitteln die Koordinaten der aktiven Zelle, also des Tabellenelementes, das den Fokus innehat. Wenn der Bediener eine Zelle anklickt, kann die Position ermittelt werden. Benötigen Sie in der Tabelle den Fokus an einem bestimmten Punkt, kann er direkt durch Programmcode gesetzt werden. Auch in einem markierten Bereich gibt es immer eine Zelle, die *Col* und *Row* wiedergibt. Es handelt sich um die Zelle, von der das Ziehen mit der Mouse gestartet wurde.

## Einsatz

Die Eigenschaft wird im Gitternetz zur Laufzeit benutzt.

## Syntaxhinweise

Die Einstellungen für *Zeile* und *Spalte* bewegen sich bei einer Standardtabelle im Bereich von *1* bis *Cols-1* oder *Rows-1*, die Nullangabe ist für die Beschriftungleiste gedacht, deren fixe Zellen immer auf dem Bildschirm sichtbar sind und die Zeilen- und Spaltennumerierung aufnehmen sollen.

## Anwendungshinweise

In der Zelle in Spalte 3 und Zeile 7 soll ein Eintrag erscheinen. Es genügen die Angaben **Steuerelement.Row = 7**, **Steuerelement.Col = 3**, **Steuerelement.Text = "Eintrag"**. Zur Beschriftung der fixen Tabellenelemente finden Sie bei der *Text*-Eigenschaft ein Beispiel. Zur Ausrichtung eines Eintrages wird *ColAlignment* bzw. *FixedAlignment* benutzt.

```
[Form.]Gitternetz.Cols [ = Spaltenanzahl]
[Form.]Gitternetz.Rows [ = Zeilennanzahl]
```

## Charakteristik

Den Eigenschaften *Col* und *Row* optisch zum Verwechseln ähnlich sind *Cols* und *Rows*, aber die Bedeutung ist absolut verschieden. Mit *Cols* und *Rows* bestimmen Sie bei der Entwicklung der Form oder zur Laufzeit die Anzahl der Spalten und Zeilen in einer Tabelle. Wenn keine weiteren Angaben gemacht werden, haben Sie hinterher jeweils neun variable Zeilen und Spalten, da jeweils ein Element zum Aufbau der Beschriftungsbereiche (fixe Zeile/Spalte) abgezogen wird. Wenn eine Tabelle nicht in den dafür vorgesehenen Rahmen passen sollte, legt Visual Basic automatisch Bildlaufleisten an.

## Einsatz

Die Eigenschaft ist zur Entwicklungs- und zur Laufzeit verfügbar.

## Syntaxhinweise

Die *Spaltenanzahl* und *Zeilenanzahl* sind Ganzzahlwerte zwischen 1 und 400 Spalten bei 1 bis 2000 Zeilen.

```
[Form.]Gitternetz.ColWidth (Spaltennummer) [ = Einstellung]
[Form.]Gitternetz.RowHeight (Zeilennummer) [ = Einstellung]
```

## Charakteristik

Aus Tabellenkalkulationen ist Ihnen eventuell die Möglichkeit vertraut, Zeilen und Spalten in ihrer Breite und Höhe mit der Mouse zu verändern. Hierzu wird die Mouse auf einen Grenzbereich zwischen zwei Zeilen oder Spalten auf dem fixen Elemente plaziert, die linke Mousetaste gehalten und die Vergrößerung oder Verkleinerung vorgenommen. Es sind immer komplette Zeilen oder Spalten betroffen. *ColWidth* liefert oder setzt die Spaltenbreite, *RowHeight* definiert die Höhe einer Zeile. Auch vom Programmcode können die Einstellungen der Eigenschaften verändert werden.

## Einsatz

Der Einsatz erfolgt im Gitternetz. Zur Laufzeit ist die Eigenschaft lesbar und schreibbar, zur Entwicklungszeit der Form besteht keine Zugriffsmöglichkeit.

## Syntaxhinweise

Alle *Einstellungen* werden standardmäßig in Twips vorgenommen (1 logischer Zoll entspricht 1440 Twips, ein logischer Zentimeter also etwa 567 Twips).

## Anwendungshinweise

Um eine Spalte einen logischen Zentimeter zu verbreitern, genügt es, die bisherige Breite mit *ColWidth* auszulesen und um 567 Twips erhöht wieder zurückzuschreiben. Die Eingabe **Tabellenname.ColWidth(1) = Tabellenname.Colwidth(1) + 567** verbreitert Spalte 1 der Tabelle um einen logischen Zentimeter.

```
[Form.]Listenfeld.Columns
```

## Charakteristik

Listenfelder bestehen standardmäßig aus einer Spalte, innerhalb deren ein Anwender mit Hilfe der vertikalen Bildlaufleiste einen Eintrag wählt. Wenn der Platzbedarf der Form oder die Gestaltungsmöglichkeiten eine andere Auswahlmethode der Listeneinträge erforderlich machen, kann das Listenfeld auch horizontal durchlaufen werden. Die Eigenschaft *Columns* bestimmt dabei, wieviele Listeneinträge gleichzeitig auf der Feldbreite sichtbar sind.

## Einsatz

*Columns* wird in Listenfeldern eingesetzt und muß zur Entwicklungszeit der Form bestimmt werden.

## Syntaxhinweise

Als Vorgabe steht die Eigenschaft auf *0*, alle Werte darüber bestimmen die Anzahl der Werte, die innerhalb der Listenfeldbreite darzustellen sind. Wenn das Listenfeld höher als eine Zeile ist, werden so viele Zeilen dargestellt, wie vertikal ohne Bildlaufleiste in das Feld passen.

```
[Form.]ControlBox
```

**Charakteristik**

Sie bestimmen mit *ControlBox*, ob in der jeweiligen Form ein Windows-Systemmenü verfügbar ist, mit dem Vollbild- und Symboldarstellung ebenso wie das Wiederherstellen oder Verschieben der Form möglich ist.

**Einsatz**

Das Menüfeld als solches kann in einer Form über die Einstellung *wahr (-1)* zur Verfügung gestellt oder mit *unwahr (0)* gesperrt werden. Zur Laufzeit kann diese Einstellung nicht mehr geändert werden. Bei der Erstellung einer Form mit System-Menüfeld sollten Sie aber weitere Eigenschaften und Einstellungen beachten. Zunächst muß *BorderStyle* auf die Einstellung *1*, *2* oder *3* gesetzt werden, damit die Plazierung der *ControlBox* überhaupt möglich ist. Ob der Bediener zur Laufzeit die Form zum Vollbild vergrößern oder zum Symbol verkleinern kann, bestimmen die Eigenschaften *MaxButton* und *MinButton*, die auf *wahr* oder *falsch* eingestellt werden können.

**Syntaxhinweise**

Es kann die *Form* angegeben werden, auf die sich das Systemmenü erstreckt. Wenn diese Angabe fehlt, wird die aktuelle Form bearbeitet.

```
{[Form.][Bildfeld.]Printer.}CurrentX[ = x!]
{[Form.][Bildfeld.]Printer.}CurrentY[ = y!]
```

**Charakteristik**

Um die Koordinaten des aktuellen Bildschirms oder einer Ausgabeseite für Grafikmethoden festzustellen oder diese Koordinaten neu zu vergeben, kann die Eigenschaft *CurrentX* für die horizontale und *CurrentY* für die vertikale Komponente abgefragt oder angegeben werden.

## Einsatz

*CurrentX/Y* werden in Formen, Bildfeldern oder zusammen mit dem Objekt "Printer" eingesetzt. Zur Laufzeit können die Eigenschaften vom Code aus geändert werden, zur Entwicklungszeit sind sie nicht verfügbar.

## Syntaxhinweise

Die Argumente *x!* und *y!* geben die Koordinaten in Twips oder einer anderen Maßeinheit an (siehe auch *ScaleMode*). Der Bezugspunkt dieser Koordinaten richtet sich nach der benutzten Methode und kann folgendermaßen eingestellt werden:

| Koordinaten x/y | Methode |
|---|---|
| 0,0 | Cls und NewPage |
| Objektmitte | Circle |
| Linienende | Line |
| folgende Druckposition | Print |
| gezeichneter Punkt | PSet |

```
[Form.]Befehlsschaltfläche.Default[ = Einstellung%]
```

## Charakteristik

Bei der *Cancel*-Eigenschaft konnte eine Standard-Befehlsschaltfläche für die [Esc]-Taste vergeben werden. Mit *Default* ist eine Vergabe der Taste [Enter] auf eine bestimmte Schaltfläche verbunden, die auch dann aufgerufen wird, wenn der Fokus nicht auf dieser Schaltfläche steht. Es kann in jeder Form nur eine Standardschaltfläche geben, die nach der Zuweisung der *Default*-Eigenschaft wie folgt reagiert: Sofern der Fokus auf einem beliebigen Steuerelement mit Ausnahme einer anderen Befehlsschaltfläche steht, bewirkt das Drücken von [Enter] immer, daß die *Default*-Fläche angesprochen und dort das *Click*-Ereignis ausgelöst wird. Sofern in derselben Form eine andere Befehlsschaltfläche den Fokus hält, wird diese mit [Enter] vorgezogen und nicht die *Default*-Fläche.

**Einsatz**

Die Eigenschaft bezieht sich auf das Steuerelement *Befehlsschaltfläche*. Es kann bei der Erstellung der Form direkt oder zur Laufzeit durch Programmcode zugewiesen werden. Wenn in einem Menü bereits Vorgaben stehen, die der Bediener verändern kann, aber nicht muß, sollte *Default* vergeben werden.

**Syntaxhinweise**

Geben Sie den Namen der *Form*, der *Befehlsschaltfläche* und die Einstellung an. Es sind die bekannten Zuweisungen (*-1* für *wahr* und *0* für *unwahr*).

```
[Form.]Steuerelement.DragIcon[ = Symbol]
```

**Charakteristik**

Visual Basic ermöglicht das Ziehen von Objekten mit der Mouse, also das Umgruppieren von Steuerelementen zur Laufzeit. Beim Bewegen über den Bildschirm wird standardmäßig nur ein Profil des gerade bewegten Objektes angezeigt. Wenn Sie jedoch statt dessen ein bestimmtes Icon aus der Bibliothek anzeigen wollen, wird dieses durch *DragIcon* ermöglicht.

**Einsatz**

Die Eigenschaft ist zur Entwicklungs- und Laufzeit verfügbar und betrifft Befehlsschaltfläche, Bezeichnungsfeld, Bildfeld, Bildlaufleisten, Dateilistenfeld, Kombinationsfeld, Kontrollkästchen, Laufwerklistenfeld, Listenfeld, Optionsfeld, Rahmen, Textfeld, Verzeichnislistenfeld.

**Syntaxhinweise**

Für das *Symbol* wird entweder der Inhalt eines in der *Form* bestehenden Bildfeldes benutzt, oder es wird bei der Entwicklung der *Form* die Eigenschaft *LoadIcon* aufgerufen. Sie können auch zur Laufzeit einen Suchpfad des Systems angeben, um ein Icon zu verwenden. Im Handbuch von Visual Basic sind alle verfügbaren Icons nach Gruppen sortiert aufgelistet. Einige Beispiele für die Erstellung eines Ziehsymbols:

**Bildfeldname.DragIcon = LoadPicture("Suchpfad\Iconname")**
oder
**Bildfeldname.DragIcon = anderer_Bildfeldname.Picture**
oder
**Bildfeldname.DragIcon = anderer_Bildfeldname.DragIcon**

```
[Form.]Steuerelement.DragMode[ = Modus%]
```

## Charakteristik

Um innerhalb einer Form ein Steuerelement automatisch ziehen zu können, kann *DragMode* gesetzt werden. Automatisch bedeutet, daß der Ziehvorgang mit einem Mouseklick auf dem zu ziehenden Objekt eingeleitet wird. Alle standardmäßigen Ereignisse der Mouseoperation werden nicht mehr erkannt. Wenn *DragMode* nicht gesetzt wurde, kann mit der *Drag*-Methode das Ziehen manuell eingeleitet werden, indem mit *Steuerelement.Drag Einstellung%* der Status des Ziehvorgangs definiert werden kann (*Einstellung 0 = Ziehvorgang abgebrochen, 1 = Ziehen wurde begonnen, 2 = Ziehen beendet*).

## Einsatz

Der Einsatz erfolgt in: Befehlsschaltfläche, Bezeichnungsfeld, Bildfeld, Bildlaufleisten, Dateilistenfeld, Kombinationsfeld, Kontrollkästchen, Laufwerklistenfeld, Listenfeld, Optionsfeld, Rahmen, Textfeld, Verzeichnislistenfeld. Die Eigenschaft ist zur Laufzeit verfügbar.

## Syntaxhinweise

Der *Modus%* ist mit Null voreingestellt und bedeutet dann manuelles Ziehen. In diesem Fall benutzen Sie die oben beschriebene *Drag*-Methode, um das Ziehen zu ermöglichen. Sofern der *Modus%* auf *1* gesetzt wurde, kann durch einen Mouseklick auf dem betreffenden Steuerelement direkt mit dem Ziehen begonnen werden. Ereignisse zur Kontrolle der Bewegungen sind beispielweise *DragDrop* oder *DragOver*.

```
{[Form.][Bildfeld.]Printer.}DrawStyle[ = Linienart%]
```

## Charakteristik

Zur Darstellung der Grafikmethoden (z.B. *Circle* oder *Line*) kann das Muster zum Zeichnen eines Objektes definiert werden. Linien können verschieden dargestellt werden. Sofern keine Angaben gemacht werden, zeichnet Visual Basic eine durchgezogene Linie.

## Einsatz

Die Eigenschaft betrifft alle Objekte, die grafische Ausgaben tätigen können (Form, Bildfeld und Objekt "Printer").

## Syntaxhinweise

Geben Sie die den Namen der *Form*, des *Bildfeldes* oder das Objektwort "Printer" an, und definieren Sie die *Linienart* durch eine Zahl von 0 bis 6. Dabei gelten folgende Vereinbarungen:

| *Linienart* | Gestaltung |
|---|---|
| 0 | Standardwert Darstellung geschlossen |
| 1 | gestrichelte Darstellung |
| 2 | gepunktete Darstellung |
| 3 | Strich-Punkt-Darstellung |
| 4 | Strich-Punkt-Punkt-Darstellung |
| 5 | unsichtbare Darstellung |
| 6 | innen durchgezogene Darstellung |

Die tatsächliche Darstellung hängt von *DrawWidth* ab. Steht *DrawWidth* auf einem Wert größer *1*, sind die *Linienarten 1* bis *4* unwirksam und werden als durchgezogene Linie dargestellt. Die Einstellung von *DrawStyle* behält aber ihren Wert bei. Sobald *DrawWidth* wieder auf *1* gesetzt wird, gelten alle oben anbezeigten Linienarten.

```
{[Form.][Bildfeld.]Printer.}DrawWidth[ = Größe%]
```

**Charakteristik**

Bei der Ausgabe von grafischen Methoden, die sowohl gedruckt als auch auf dem Bildschirm angezeigt werden können, ist die Linienbreite der Ausgaben wählbar und wird in Pixeln angegeben.

**Einsatz**

Betroffene Objekte sind die Formen, Bildfelder und "Printer".

**Syntaxhinweise**

Die Breite der zu zeichnenden Linie kann zwischen 1 und 32.767 gewählt werden. Die Maßeinheit ist hier aber nicht Twips, sondern wird in Pixeln (Bildschirmpunkte) ausgewiesen.

```
Laufwerklistenfeld.Drive[=Laufwerksangabe$]
```

**Charakteristik**

Sie haben mit der *Drive*-Eigenschaft die Möglichkeit, in einem Laufwerklistenfeld das aktuelle Laufwerk zu ermitteln oder zu wählen.

**Einsatz**

*Drive* betrifft Laufwerklistenfelder und ist zur Laufzeit des Programms verfügbar, zur Entwicklungszeit aber nicht. Es werden alle im System verfügbaren Laufwerke angeboten.

**Syntaxhinweise**

Die *Laufwerksangabe* wird als Zeichenkette übergeben. Beim Ermitteln des Laufwerks erhalten Sie den Laufwerksbuchstaben und eventuelle Bezeichnungen des Datenträgers, es ist auch ein Zugriff auf Netzwerklaufwerke möglich. Wollen Sie ein Laufwerk im Code setzen, geben Sie einfach den Laufwerksbuchstaben mit Doppelpunkt an (A:, B:, C: etc.). Sofern der Code ein nicht existierendes Laufwerk angibt, erzeugt Visual Basic eine Fehlermeldung, existiert das Laufwerk, folgt das *Change*-Ereignis.

## Anwendungshinweise

Die Angabe **aktuell$ = Laufwerk.Drive** legt das ausgewählte Laufwerk in einer Variablen ab.

```
[Form.][Steuerelement.]Enabled[ = Einstellung%]
```

## Charakteristik

Steuerelemente in einer Form können entweder mit *Visible* völlig ausgeblendet, also unsichtbar gemacht, oder mit *Enabled* unwählbar gemacht werden. Normalerweise kann jedes Steuerelement die ihm zugewiesenen Ereignisse auch empfangen und weiterverarbeiten. Ein nicht mehr mit *Enabled* charakterisiertes Element bleibt sichtbar, kann aber nicht mehr aufgerufen werden.

## Einsatz

Befehlsschaltfläche, Bezeichnungsfeld, Bildfeld, Bildlaufleisten, Dateilistenfeld, Form, Kombinationsfeld, Kontrollkästchen, Laufwerklistenfeld, Listenfeld, Menü, Optionsfeld, Rahmen, Textfeld, Verzeichnislistenfeld, Zeitmesser. Die Eigenschaft kann bei der Formerstellung oder zur Laufzeit gesetzt werden.

## Syntaxhinweise

Wenn die *Einstellung wahr* ist (*-1* als Standard), kann das Objekt Ereignisse verarbeiten, bei Stellung auf *unwahr (0)* ist es unwählbar.

## Anwendungshinweise

Sie blenden eine Befehlsschaltfläche mit dem *Name Abbruch* aus, da der Bediener nicht abbrechen darf und geben daher **Abbruch.Enabled = 0** im Code ein.

```
[Form.]Gitternetz.FixedCols [ = Anzahl]
[Form.]Gitternetz.FixedRows [ = Anzahl]
```

**Charakteristik**

Bei der Erstellung einer Tabelle haben Sie die Möglichkeit, Zeilen und Spalten als feste Elemente zu definieren. Sie werden grau unterlegt präsentiert und sind immer sichbar, auch wenn der Rest der Tabelle mit Bildlaufleisten bewegt werden muß oder kann, und dienen der Beschriftung von Zeilen und Spalten. Ohne eine Veränderung zieht Visual Basic von der in *Rows* und *Cols* angegebenen Zeilen- und Spaltenzahl immer jeweils ein Element für den fixen Bereich ab; eine 10 mal 10 Tabelle besteht dann aus 9 mal 9 variablen Feldern.

**Einsatz**

Sie können die Eigenschaft zur Entwicklungszeit der Form aus der Liste (F4) bestimmen und zur Laufzeit der Anwendung verändern.

**Syntaxhinweise**

Die *Anzahl* legt fest, wieviele fixierte Zeilen und/oder Spalten Sie in der Tabelle wünschen. Die minimale *Anzahl* ist 0, die maximale Zahl 399 fixe Spalten bei 1999 Zeilen, aber immer um eins kleiner als die Werte von *Cols* und *Rows*.

```
[Form.][Dateilistenfeld.]FileName[ = Dateiangabe$]
```

**Charakteristik**

In Dateilistenfelder können aus einem voreingestellten Verzeichnis Dateinamen angezeigt und ermittelt werden. Mit *FileName* ermitteln oder vergeben Sie einen Dateinamen aus diesem Dateilistenfeld.

**Einsatz**

*FileName* kann zur Laufzeit gesetzt oder gelesen werden und ist zur Entwicklungszeit nicht verfügbar.

**Syntaxhinweise**

Wenn Sie die Eigenschaft lesen, wird die gerade gewählte Datei des Dateilistenfeldes namentlich zurückgegeben. Wurde keine Datei gewählt, gibt *FileName* eine leere Zeichenkette zurück.

**Anwendungshinweise**

Die Angabe **Dateilistenfeld.FileName = "C:\SYSTEM\MENUE.BAM"** setzt den Dateiname, in *Filename* auf *Menue.bam*, die Eigenschaft *Drive* auf Laufwerk *C:* und den Pfad (*Path*) auf *C:\system*. Auch die *Pattern*-Eigenschaft kann bei Angabe eines Dateianhangs verändert werden.

```
{[Form.][Bildfeld.]Printer.}FillColor[ = Farbe&]
```

**Charakteristik**

Die Grafikmethoden *Circle* und *Line* sind in der Lage, Kreise und Rechtecke in einer Form, einem Bildfeld oder auf dem Objekt "Printer" darzustellen. Diese können ausgefüllt werden, wenn *FillColor* und *FillStyle* gesetzt werden.

**Einsatz**

Das Einsatzgebiet erstreckt sich auf die Objekte, die Methoden zur grafischen Darstellung verarbeiten. Namentlich sind es Formen, Bildfelder und das Objekt "Printer".

**Syntaxhinweise**

Wählen Sie das auszufüllende Objekt und die *Farbe&* aus. Dabei müssen *FillColor* und *FillStyle* vor der Anweisung zur Zeichnung des Objektes stehen. Ein Kreis wird nur ausgefüllt, wenn er nach der Einstellung der Eigenschaften erstellt wird. Die *Farbe&* wird als *RGB* oder *QBColor* angegeben.

```
{[Form.][Bildfeld.]Printer.}FillStyle[ = Stil%]
```

## Charakteristik

Die Eigenschaft *FillStyle* arbeitet eng mit *FillColor* und den grafischen Methoden zusammen und bestimmt, in welchem Stil eine Fläche ausgefüllt werden soll.

## Einsatz

Verwendung findet *FillStyle* in Bildfeldern, Formen und bei dem Objekt "Printer".

## Syntaxhinweise

Geben Sie den *Stil%* als Ganzzahl zwischen 0 und 7 an, um die Darstellungsweise festzulegen. Solange *FillStyle* auf seinem Standardwert *1* steht, ist eine gleichzeitige Verwendung von *FillColor* nicht möglich.

| *Stil%* | Darstellung |
|---|---|
| 0 | Fläche komplett ausfüllen |
| 1 | Transparent (Standard) |
| 2 | Schraffur horizontale Linie |
| 3 | Schraffur vertikale Linie |
| 4 | Schraffur Diagonal aufwärts |
| 5 | Schraffur Diagonal abwärts |
| 6 | Schraffur 2 und 3 gemeinsam |
| 7 | Schraffur 4 und 5 gemeinsam |

```
[Form.]Gitternetz.FixedAlignment(Spaltennummer) [ = Einstellung]
```

## Charakteristik

Jede Tabelle besteht aus mindestens einer fixen Zeile und einer fixen Spalte, die in der Regel keine Bewegungsdaten aufnehmen soll, sondern der Beschriftung der Zeilen und Spalten dient. Da eine Beschriftung häufig zentriert dargestellt ist, aber der restliche Inhalt der variablen Spalten durchaus anders ausgerichtet sein kann, wurden die Eigenschaften *ColAlignment* für den variablen Bereich und *FixedAlignment* für die festen Elemente getrennt.

**Einsatz**

Die Eigenschaft ist nur zur Laufzeit verfügbar und wird meist in der *Form_-Load()*-Prozedur plaziert, um die Tabelle vor dem Anzeigen der Form aufzubauen.

**Syntaxhinweise**

Die *Einstellung* gilt immer für die angegebene *Spaltennummer* (*0* bis *Cols - 1*) und ist wie folgt wählbar:

| *Einstellung* | Wirkung auf die Ausrichtung im fixen Tabellenbereich |
|---|---|
| 0 | Linksbündige Ausrichtung (Standard) |
| 1 | Rechtsbündige Darstellung |
| 2 | Zentrierte Darstellung |
| 3 | Die Einstellung von *ColAlignment* wird übernommen. |

**Anwendungshinweise**

Eine zentrierte Zeilen- und Spaltennumerierung finden Sie im ausprogrammierten Beispiel bei der *Text*-Eigenschaft.

```
{Printer | Screen}.FontCount
```

**Charakteristik**

Jedes mit Windows korrekt eingerichtete System weist für Bildschirmdarstellungen und Druckerausgaben diverse Schriftarten auf, die von der Betriebsumgebung jeder Windows-Anwendung zur Verfügung gestellt werden. Visual Basic ist in der Lage, mit *FontCount* die Anzahl der verfügbaren Schriften für den Bildschirm oder den Drucker zu ermitteln und mit *FontName* eine der Schriften auszuwählen.

**Einsatz**

Schriften lassen sich für die Objekte "Printer" und "Screen" ermitteln.

## Anwendungshinweise

Bei der Arbeit mit den diversen Eigenschaften zur Schriftdarstellung gehen Sie in einer bestimmten Reihenfolge vor, wenn der Bediener eine Schriftart wählen darf:

- Ermittlung der Anzahl der Schriften mit *FontCount.*
- Alle Schriften werden mit *AddItem* aufgrund von *FontName* einem Listenfeld zugewiesen.
- Der Bediener wählt eine Schriftart aus der Liste.
- Mit *FontName* kann die Schrift nun gesetzt werden.

Unser Programmbeispiel im Kapitel 9 zeigt ausführlich die Arbeit mit Schriften und deren Darstellungsarten.

```
{[Form.][Steuerelement.]|Printer.}FontEigenschaft[ = Einstellung
```

## Charakteristik

Visual Basic bedient sich der Systemumgebung von Windows und nutzt die Schriftarten, die mit *Fonts* ermittelt und mit *FontName* gesetzt werden können. Um nach der Wahl der Schriftart die Zeichen zur formatieren, sind grundlegende Textverarbeitungsdarstellungen integriert.

## Einsatz

Die Eigenschaft ist zur Entwicklungs- und zur Laufzeit verfügbar und betrifft die Objekte Befehlsschaltfläche, Bezeichnungsfeld, Bildfeld, Dateilistenfeld, Form, Kombinationsfeld, Kontrollkästchen, Laufwerklistenfeld, Listenfeld, "Printer", Optionsfeld, Rahmen, Textfeld, Verzeichnislistenfeld.

## Syntaxhinweise

Geben Sie den Namen der *Form*, den *Namen* des Steuerelementes oder das Objekt "Printer" an. Für den Begriff *FontEigenschaft* setzen Sie dann **FontBold**, *FontItalic*, ~~FontStrikethru~~ oder FontUnderline ein. Auch die Angabe *FontTransparent* ist möglich, wenn in einem Bildfeld, einer Form oder beim Objekt "Printer" die Darstellungen im Hintergrund durch eine Schrift hindurchscheinen sollen. Die *Einstellung* wird mit *-1* aktiviert und mit *0* abgeschaltet, wobei folgende Vorgaben gemacht sind:

| Vorgabe | Zeichenformat | |
|---|---|---|
| wahr | (-1) | FontBold (Fettschrift) |
| wahr | (-1) | FontTransparent (Hintergrund scheint durch) |
| unwahr | ( 0) | FontItalic (Kursivschrift) |
| unwahr | ( 0) | FontStrikethru (Schrift durchstreichen) |
| unwahr | ( 0) | FontUnderline (Schrift unterstreichen) |

Beachten Sie, daß zuerst mit *FontName* eine Schrift ausgesucht und erst danach Schriftgröße und Zeichenformate vergeben werden sollten.

```
{[Form.][Steuerelement.|Printer.}FontName[ = Schriftart$]
```

## Charakteristik

Jede Schrift aus der Windows-Betriebsumgebung kann in Visual Basic benutzt und für ein Steuerelement eingestellt werden. Sofern Sie den Namen der Schriftart kennen, wird dieser in der Zeichenkette übergeben, genauso ist es aber auch möglich, die Schriftart eines Steuerelementes zu lesen.

## Einsatz

*FontName* darf in allen Objekten eingesetzt werden, die in irgendeiner Form Zeichen ausgeben. Explizit sind dies: Befehlsschaltfläche, Bezeichnungsfeld, Bildfeld, Dateilistenfeld, Form, Kombinationsfeld, Kontrollkästchen, Laufwerklistenfeld, Listenfeld, Objekt "Printer", Optionsfeld, Rahmen, Textfeld, Verzeichnislistenfeld. Zur Laufzeit kann die Eigenschaft gesetzt und gelesen werden.

## Syntaxhinweise

Geben Sie in *Schriftart$* den Schriftnamen an, wenn Sie einem *Steuerelement* in einer bestimmten *Form* eine Schriftart zuweisen möchten. Sofern Ihnen die Anzahl und die Namen der Schriften aus der Betriebsumgebung unbekannt sind, nutzen Sie *FontCount* und *Fonts*, um die nötigen Informationen zu erhalten.

```
{Printer | Screen}.Fonts (Index%)
```

**Charakteristik**

Die Eigenschaft *Fonts* erlaubt den Zugriff auf die Betriebsumgebung von Windows hinsichtlich der definierten Schriftarten. Sie können namentlich geliefert (z.B. *DomCasual*) und mit *FontName* einem Steuerelement zugewiesen werden.

**Einsatz**

Da für Drucker und Bildschirmausgabe diverse Schriftarten angeboten werden, ist die Anwendung der Eigenschaft mit den Objekten "Screen" oder "Printer" möglich.

**Syntaxhinweise**

Geben Sie das Objekt an, dessen Schriftarten Sie auslesen wollen. Anschließend kann über den *Index* die Nummer der Schrift angegeben werden, die im Klartext auszulesen ist. Mit der Eigenschaft *FontCount* wird die Anzahl der Schriftarten gelesen, die maximal verfügbar ist. Der maximale *Index* ist somit *FontCount-1*, da die Null bereits die erste Schriftart beinhaltet.

```
{[Form.][Steuerelement.|Printer.}FontSize[ = Punkte%]
```

**Charakteristik**

Ein Schrift wird durch eine Schriftart und einen Schriftgrad grundsätzlich gekennzeichnet. Während die Schriftart über die Eigenschaften *FontCount, Fonts* und *FontName* bestimmt wird, gibt *FontSize* den Schriftgrad, also die Höhe der einzelnen Zeichen in Punkten an. Windows liefert immer eine Standardvorgabe, die anschließend geändert werden kann.

**Einsatz**

Text kann in sehr vielen Objekten dargestellt werden, entsprechend umfangreich ist die Liste der betroffenen Elemente: Befehlsschaltfläche, Bezeichnungsfeld, Bildfeld, Dateilistenfeld, Form, Kombinationsfeld, Kontrollkästchen, Laufwerklistenfeld, Listenfeld, Objekt "Printer", Optionsfeld, Rahmen, Textfeld, Verzeichnislistenfeld.

**Syntaxhinweise**

Bestimmen Sie das Element (*Form*, *Steuerelement* oder "Printer") und die Anzahl der Bildschirm-*Punkte%*. Je größer der Wert in *Punkte*, desto größer auch das Zeichen. Wenn Sie den Schriftgrad nur lesen wollen, genügt eine Programmzeile von der Art **Schriftgrad% = Text1.FontSize**. In der Variablen steht dann die Größe der Schrift im Steuerelement mit dem Namen *Text1*.

```
FormName (ab Version 2.0 Name)
```

**Charakteristik**

Bei der Erstellung von Formen werden diese von Visual Basic automatisch benannt, wie das auch bei Steuerelementen der Fall ist. Bei den Steuerelementen wird über *Caption* die in der Form sichtbare Bezeichnung geändert und mit *Name* der interne Name zwecks Zugriff durch den Programmcode geändert. Formen haben gleichfalls eine *Caption*-Eigenschaft und einen *Namen*. Dieser kann mit *Name* geändert werden.

**Einsatz**

*Name* (früher *FormName*) ist nur zur Entwicklungszeit der Form freigegeben und darf nicht mehr verändert werden, wenn bereits Ereignisprozeduren programmiert wurden. Diese werden ansonsten nicht mehr erkannt.

```
[Form.]Gitternetz.GridLines [ = Einstellung]
```

## Charakteristik

Eine Tabelle wird standardmäßig optisch durch vertikale und horizontale Trennlinien aufbereitet. *GridLines* definiert, ob diese Linien sichtbar sind oder nicht.

## Einsatz

Die Eigenschaft ist in Tabellen zur Laufzeit und zur Entwicklungszeit verfügbar.

## Syntaxhinweise

*GridLines* ist mit *wahr (-1)* voreingestellt, die Trennlinien sind sichtbar. Setzen Sie die Eigenschaft auf *falsch (0)*, verschwindet die Darstellung.

```
{[Form.][Steuerelement.]|Printer.|Screen.}Height[=Höhe!]
{[Form.][Steuerelement.]|Printer.|Screen.}Width[=Breite!]
```

## Charakteristik

Jedes Objekt besitzt in Visual Basic bestimmte Dimensionen, die bei der Erstellung einer Form zunächst mit Standardwerten vorgegeben werden. Zur Laufzeit erscheinen alle Elemente in der Größe, die zur Entwicklungszeit festgelegt wurde. *Height* und *Width* lesen oder setzen die die Höhe und/oder Breite eines Elements.

## Einsatz

Befehlsschaltfläche, Bezeichnungsfeld, Bildfeld, Bildlaufleisten, Dateilistenfeld, Form, Kombinationsfeld, Kontrollkästchen, Laufwerklistenfeld, Listenfeld, Objekt "Printer", Objekt "Screen", Optionsfeld, Rahmen, Textfeld, Verzeichnislistenfeld. Die Verfügbarkeit der Eigenschaft hängt vom behandelten Objekt ab:

| Objekt | Verfügungsbeschränkung | Bezug der Angabe |
|---|---|---|
| Form | | Höhe und Breite einschließlich Rahmen und Titelleiste |
| "Printer" | nur zur Laufzeit lesbar | Größe des Papiers |
| *Screen* | nur zur Laufzeit lesbar | Größe des Bildschirms |
| Steuerelement | | Höhe und Breite des Objekts |

**Syntaxhinweise**

*Höhe!* und *Breite!* sind *Single*-Werte (Ganzzahl mit einfacher Genauigkeit) und werden für Formen, und die Objekte "Printer" und "Screen" in der Maßeinheit Twips gemessen. Steuerelemente sind in Teilungseinheiten ihrer Platzhalter bemessen.

```
[Form.]Textfeld.HideSelection
```

**Charakteristik**

In einem Textfeld haben Sie die Möglichkeit, mit der Mouse oder mit `Shift` + `Cursortaste` einen Textbereich zu markieren, der farbig unterlegt wird. Normalerweise verschwindet die Markierung aber, wenn das Feld den Fokus verliert. Um eine einmal vorgenommene Markierung sichtbar beizubehalten, und zwar auch dann, wenn in anderen Feldern der Form gearbeitet wird, setzen Sie zur Entwicklungszeit der Form *HideSelection* auf *unwahr*.

**Einsatz**

Die Eigenschaft ist in Textfeldern zur Entwicklungszeit der Form verfügbar und kann zur Laufzeit des Programms nur noch gelesen werden.

**Syntaxhinweise**

*HideSelection* ist mit *wahr (-1)* voreingestellt, die Markierungen werden versteckt, sobald das Feld verlassen wurde. Setzen Sie die Eigenschaft auf *falsch*

*(0)*, bleibt die Darstellung erhalten.

```
[Form.]Gitternetz.HighLight [ = Einstellung]
```

**Charakteristik**

Wenn ein Programmanwender in einer Tabelle Zellen zu einem Bereich markiert, werden diese Zellen normalerweise farbig unterlegt, um das Ausmaß der Markierung anzuzeigen. Mit *HighLight* steuern Sie, ob diese optische Hervorhebung geschehen soll oder nicht.

**Einsatz**

Die Eigenschaft ist in Tabellen zur Laufzeit und zur Entwicklungszeit verfügbar.

**Syntaxhinweise**

*HighLight* ist mit *wahr (-1)* voreingestellt, die Markierungen sind sichtbar. Setzen Sie die Eigenschaft auf *falsch (0)*, verschwindet die Darstellung, und Sie können bei der Bereichsmarkierung nicht mehr wahrnehmen, welche Zellen zum Bereich gehören.

```
[Form.]Icon
```

**Charakteristik**

Der Programmierer kann dem Anwender gestatten, eine Form zum Symbol zu verkleinern (siehe auch *ControlBox*, *BorderStyle*, *MaxButton*, *Minbutton*). Standardmäßig wird ein Vorgabesymbol angezeigt. Wenn Sie mit mehreren Formen arbeiten, kann es hilfreich sein, diese nicht nur durch den Namen, sondern auch durch das Symbol-Icon schnell unterscheiden zu können. In diesem Fall kann aus der Icon-Bibliothek ein anderes Symbol bezogen und gesetzt werden.

**Einsatz**

Die Eigenschaft ist zur Laufzeit nur lesbar und wird während der Entwicklung einer Form vergeben. Dabei steht die komplette Bibliothek der Icons zur Verfügung. Alle vorhandenen Symbole entnehmen Sie bitte dem *Microsoft*-Handbuch im Anhang.

```
[Form.]Steuerelement[(Feldindex%)].Index
```

**Charakteristik**

Steuerelementefelder jeder Art lassen sich bei der Erstellung einer Form definieren. Sie besitzen denselben *Namen* und damit dieselben Ereignisprozeduren. Über die *Index*-Eigenschaft wird die Zahl gesetzt oder gelesen, mit der das Einzelfeld im Steuerelementefeld eindeutig identifiziert werden kann.

**Einsatz**

Als Steuerelementefeld lassen sich folgende Objekte darstellen:

Befehlsschaltfläche, Bezeichnungsfeld, Bildfeld, Bildlaufleisten, Dateilistenfeld, Kombinationsfeld, Kontrollkästchen, Laufwerklistenfeld, Listenfeld, Menü, Optionsfeld, Rahmen, Textfeld, Verzeichnislistenfeld, Zeitmesser. Zur Laufzeit der Anwendung ist die Eigenschaft nur lesbar.

**Syntaxhinweise**

Wenn Sie keinen *Feldindex* vergeben, ist das Objekt auch nicht Bestandteil eines Steuerelementefeldes. Die Indizierung von 0 bis 32767 gibt hingegen die eindeutige Kennung innerhalb des Gesamtfeldes an. Bei der Erstellung einer Form wird der Index automatisch vergeben, wenn der *Name* gleich ist. Visual Basic wird darauf hinweisen, daß ein Steuerelementefeld erstellt wird. Zur Laufzeit besteht die Möglichkeit, nachträglich Steuerelemente über den Index in das Feld einzufügen.

**Anwendungshinweise**

Siehe Kapitel 9 (Telefonregister).

```
[Form.]Zeitmesser.Interval[ = Millisekunden&]
```

## Charakteristik

Visual Basic für Windows ist mit insgesamt 16 Zeitmessern ausgerüstet, die unabhängig voneinander in programmierbaren Abständen ein *Timer*-Ereignis auslösen und damit bestimmte Aktionen verbinden können. Das Intervall bestimmt dabei, in welchem Abstand diese Programmverzweigung vorgenommen werden soll.

## Einsatz

*Interval* wird mit Zeitmessern eingesetzt. Es ist zur Entwicklungszeit setzbar und kann zur Laufzeit gesetzt oder geliefert werden.

## Syntaxhinweise

Das Intervall wird in *Millisekunden* angegeben und kann zwischen 0 (Zeitmesser gesperrt) und 65535 variieren. Es wäre jedoch zu umständlich, einen nur vorübergehend zu sperrenden Zeitmesser in seinem Intervall zu ändern. Besser ist es, mit der Eigenschaft *Enabled* zu arbeiten. Eine Einstellung in *Enabled* auf *unwahr (0)* schaltet den Zeitmesser ab, eine wahre Zuweisung *(-1)* aktiviert ihn wieder. Das Intervall bleibt dabei unverändert und muß nicht auf Null zurückgesetzt werden.

## Anwendungshinweise

Eine beliebte Anwendung ist das Aktualisieren der Uhrzeit in einem Ausgabefeld zu jeder Sekunde, während die normale Anwendung weiterarbeiten kann. In diesem Fall setzen Sie *Millisekunden* auf 1000 (eine Sekunde), und schreiben Sie die Ereignisprozedur *Timer*, indem dort die Uhrzeit ausgegeben wird (z.B. **Textfeld.Text = Time$**).

```
[Form.][Bildlaufleiste].LargeChange[ = Veränderung%]
[Form.][Bildlaufleiste].SmallChange[ = Veränderung%]
```

## Charakteristik

Bildlaufleisten können vertikal oder horizontal als eigenständiges Steuerelement bestimmt werden. Sofern diese also nicht automatischer Bestandteil eines Listenfeldes oder Kombinationsfeldes sind, sondern der individuellen Steuerung von Einstellungen dienen, muß der Grad der Veränderung definiert werden, der beim Klicken in der Leiste zurückgegeben werden soll. *SmallChange* legt die Schrittweite bei einem Klick auf einen Bildlaufpfeil fest, *LargeChange* die Schrittweite bei einem Klick im Bereich zwischen Bildlaufpfeil und Bildlauffeld.

## Einsatz

Die Eigenschaft wird in Bildlaufleisten eingesetzt und zur Entwicklungszeit in der Form eingestellt. Für Bildlaufleisten mit flexiblen Mehrfachfunktionen kann auch durch Programmcode eine andere Zuweisung vorgenommen werden.

## Syntaxhinweise

Als Vorgabe für *LargeChange* und *SmallChange* schlägt Visual Basic eine 1 vor, die *Veränderungen* dürfen zwischen 1 und 32767 liegen.

## Anwendungshinweise

Bestimmen Sie bei Ihrer individuellen Bildlaufleiste zunächst den Bereich, der eingestellt werden darf. Dieses geschieht mit den Eigenschaften *Min* für die Untergrenze und *Max* für die Obergrenze. Anschließend bestimmen Sie die Schrittweiten, wobei *LargeChange* auch wirklich größer als *SmallChange* sein sollte. Soll beispielsweise der Bediener auf einer Skala von 0 bis 100 einen Wert wählen, setzen Sie *Min* auf 0, *Max* auf 100, *SmallChange* auf 1 und *LargeChange* auf 5 oder 10.

```
[Form.]Gitternetz.LeftCol [ = Spaltennummer]
[Form.]Gitternetz.TopRow [ = Zeilennummer]
```

**Charakteristik**

Tabellenstrukturen sind oftmals größer als das Anzeigefeld in einer Form, da auch für Befehlsschaltflächen und andere Steuerelemente Platz benötigt wird. Sofern mehr Zeilen oder Spalten existieren als anzeigbar sind, fügt Visual Basic automatisch horizontale oder vertikale Bildlaufleisten hinzu. Um dem Bediener das Bewegen des Tabelleninhaltes zu einem bestimmten Ausgangspunkt zu ersparen, kann die Nummer der Spalte und die Nummer der Zeile angegeben werden, die ganz links oder ganz oben in der Tabelle stehen soll. Es wird automatisch gescrollt, und die Bildlaufleisten werden korrigiert.

**Einsatz**

Die Eigenschaften sind nur zur Laufzeit verfügbar und werden im Gitternetz eingesetzt.

**Syntaxhinweise**

Die *Spaltennummer* gibt an, welche Spalte der Tabelle ganz links angezeigt werden soll, die *Zeilennummer* legt die Nummer der oberen Zeile fest. Der Einsatz dieser Eigenschaft birgt ein Problem, das nur mit einer Fehlerabfangroutine sicher gelöst werden kann. Wie bei der Arbeit mit manuellen Bildlaufleisten muß das Tabellenfenster immer mit Tabellenzellen gefüllt sein. Hat Ihre Tabelle 20 Spalten und können 7 Spalten (plus eine Fixspalte) auf dem Bildschirm permanent angeschaut werden, darf *LeftCol* nicht auf einen Wert über 14 gesetzt werden, da ansonsten die gesamte Tabelle zu weit links stünde, was einen Laufzeitfehler auslöste.

```
[Form.]Steuerelement.List(Index%)[ = Zeichenkette$]
```

**Charakteristik**

In einigen Tools werden dem Anwender in einer Liste diverse Auswahldaten zur Verfügung gestellt (Dateien, Namen, numerische Werte etc.). Um einen gewählten Eintrag zu übernehmen oder die Liste überhaupt erst zu bestükken, benutzen Sie *List*.

**Einsatz**

Die Eigenschaft gilt für alle Steuerelemente, die mehrere Elemente in einer Aufstellung zur Verfügung stellen, namentlich Bezeichnungsfeld, Dateilistenfeld, Kombinationsfeld, Laufwerklistenfeld, Listenfeld, Verzeichnislistenfeld. Es hängt von der Art des Steuerelements ab, ob die Bestückung der Liste manuell oder automatisch erfolgt. Alle mit Verzeichnissen, Laufwerken oder Dateien zusammenhängenden Aufstellungen werden automatisch bestückt und können zur Laufzeit nur gelesen werden.

**Syntaxhinweise**

Der *Index* bestimmt, welche laufende Nummer ein Listenelement einnimmt. Der Inhalt des Elementes kann mit einer *Zeichenkette* zugewiesen, aber auch in eine Zeichenkette ausgegeben werden. Mit *ListCount* kann zunächst ermittelt werden, wieviele Einträge eine bestehende Liste besitzt, die Berechnung des *Index* beginnt dabei immer mit 0 (außer Verzeichnislistenfeldern). Bei Verzeichnislistenfeldern ist *-1* das aktuelle Verzeichnis, übergeordnete Verzeichnisse werden mit *-2, -3* usw. gekennzeichnet, während die untergeordneten Verzeichnisse mit den Indices von Null an in den positiven Bereich hinein bestimmbar sind.

**Anwendungshinweise**

Beim manuellen Belegen eines Listen- oder Kombinationsfeldes wird mit den Methoden *AddItem* und *RemoveItem* gearbeitet, um Einträge hinzuzufügen oder zu löschen. Die *Sorted*-Eigenschaft sollten Sie auf *wahr (-1)* setzen, wenn jedes hinzugefügte Element alphabetisch einsortiert werden soll. Wünschen Sie eine individuelle Reihenfolge, kann *Sorted* ausgeschaltet bleiben und ein Element explizit gesetzt werden.

```
[Form.]Steuerelement.ListCount
```

**Charakteristik**

*ListCount* ermittelt in einem laufenden Programm die Anzahl der Einträge in einem Steuerelement, das listenmäßige Darstellungen vornehmen kann. Über die *List*-Eigenschaft kann später dann der Inhalt ausgelesen werden.

**Einsatz**

Diese Eigenschaft ist zur Laufzeit nur lesbar und zur Entwicklungszeit nicht greifbar. Sie betrifft Bezeichnungsfeld, Dateilistenfeld, Kombinationsfeld, Laufwerklistenfeld, Listenfeld, Verzeichnislistenfeld.

## Anwendungshinweise

Zu beachten ist, daß (bis auf Verzeichnislistenfelder) der Index bei Null beginnt, also immer *ListCount-1* Einträge in einer Liste zu finden sind. Die zurückgegebene Information hängt dabei von der Art des Steuerelements ab.

| Art des Steuerelements | Was liefert *ListCount?* |
|---|---|
| Listenfeld | Anzahl der Elemente in der Liste |
| Kombinationsfeld | Anzahl der Elemente in der Liste |
| Verzeichnislistenfeld | Anzahl der untergeordneten Verzeichnisse |
| Laufwerklistenfeld | Anzahl der greifbaren Laufwerke |
| Dateilistenfeld | Anzahl der Dateien im eingestellten Verzeichnis, wobei *Pattern* die zugelassenen Dateianhänge bestimmt |

```
[Form.]Steuerelement.ListIndex[ = Index%]
```

## Charakteristik

Mit der *List*-Eigenschaft bietet Visual Basic die Möglichkeit, einen Listeneintrag aus den dafür vorgesehenen Steuerelementen auszulesen. Hierzu muß jedoch ein Index angegeben werden, der dem vom Bediener gewählten Eintrag entspricht. Die Obergrenze aller Einträge kann der Programmierer mit *ListCount* bestimmen, und *ListIndex* gibt die Nummer des gewählten Eintrages zurück. Eine Kombination aus den drei Eigenschaften bringt dann das korrekt Ergebnis (siehe Anwendungshinweise). Auch zum Setzen auf ein bestimmtes Listenelement kann *ListIndex* benutzt werden.

## Einsatz

Sie haben die Möglichkeit, alle Listenelemente (Dateilistenfeld, Kombinationsfeld, Laufwerklistenfeld, Listenfeld, Verzeichnislistenfeld) zu benutzen und die Information zur Laufzeit zu setzen oder auszulesen.

**Syntaxhinweise**

Eine Eingabe in der Form *Steuerelement.ListIndex=Index%* setzt den Index auf einen bestimmten Wert. Um die Bedienerauswahl auszulesen, wird kein *Index%* angegeben, sondern *ListIndex* selbst liefert diese Information.

**Anwendungshinweise**

Um ein bestimmtes Element einer variablen Liste auszulesen und Informationen zur Liste allgemein zu erhalten, gehen Sie in folgender Reihenfolge vor:

- Ermittlung der Anzahl aller Elemente der Liste mit *ListCount.*
- Ermittlung der Bedienerauswahl und Auslesen des Eintrages mit der Kombination *Variable$ = Steuerelement.List(ListIndex).*
- Wollen Sie alle Elemente auslesen, zählen Sie in einer *For...Next*-Schleife von 0 bis *Listcount-1,* und hinterlegen Sie jeden Eintrag in einem zuvor dimensionierten Feld.

```
For i% = 0 To ListIndex-1
   array$(i%) = Steuerelement.List(i%)
Next i%
```

```
[Form.][Bildlaufleiste].Max[ = Grenzwert%]
[Form.][Bildlaufleiste].Min[ = Grenzwert%]
```

**Charakteristik**

Die horizontalen und vertikalen Bildlaufleisten setzt Visual Basic in zwei Verfahren ein. Zum einen sind sie fester Bestandteil von Listendarstellungen wie Dateilisten und dort in allen Funktionen fest definiert, andererseits können sie auch individuell plaziert und für eigene Steuertätigkeiten genutzt werden. Hierzu ist jedoch erforderlich, daß die Grenzwerte fixiert werden, zwischen denen sich der Regler bewegen darf. *Max* setzt die Obergrenze, *Min* die Untergrenze des Wertebereiches.

**Einsatz**

*Max* und *Min* werden in Bildlaufleisten eingesetzt und normalerweise bei der Entwicklung der Form im Eigenschaftenfenster zugewiesen. Soll eine Bildlaufleiste flexible Aufgaben erfüllen, lassen sich die Zuweisungen auch zur Laufzeit ändern.

**Syntaxhinweise**

Sie können den *Grenzwert* als Ganzzahl im Bereich von -32768 bis 32767 festlegen. Visual Basic setzt *Max* standardmäßig auf 32767 und *Min* auf 0. Es dürften daher immer individuelle Zuweisungen notwendig sein, wenn Sie mit Bildlaufleisten arbeiten.

```
[Form.]MaxButton
```

**Charakteristik**

Aus Windows-Fenstern ist Ihnen in der rechten oberen Ecke eine Schaltfläche bekannt, mit der dieses zu einem Vollbild vergrößert werden kann. Sobald dann das Vollbild erschienen ist, wandelt sich die Schaltfläche in das Symbol für Wiederherstellung der Originalgröße um. *MaxButton* stellt diese Eigenschaft auch für selbstprogrammierte Formen zur Verfügung. Die betroffene Form kann vom Anwender zu einem Vollbild vergrößert werden.

**Einsatz**

*MaxButton* kann nur in Formen eingesetzt werden und ist zur Laufzeit der Anwendung schreibgeschützt.

**Syntaxhinweise**

*MaxButton* ist entweder möglich (Standardeinstellung *wahr = -1*) oder nicht zulässig (*unwahr = 0*).

**Anwendungshinweise**

Wenn Sie *MaxButton* in der Praxis einsetzen wollen, sind einige andere Verfahrensweisen zu beachten. Nicht jede Rahmengestalt kann überhaupt die Schaltfläche aufnehmen, so daß die Eigenschaft *BorderStyle* auf die Einstellung *1* oder *2* gesetzt werden muß. Wenn Sie es nicht dem Anwender überlassen wollen, ob eine Darstellung als Vollbild erfolgen soll, können Sie mit

*WindowState* den Status der Form abfragen und neu setzen. Wollen Sie gar auf die Bedieneraktion reagieren, hilft Ihnen das *Resize*-Ereignis weiter, das bei Änderung der Form auftritt und auf das Sie mit Code reagieren können.

```
[Form.]Textfeld.MaxLength [ = Zeichenanzahl]
```

**Charakteristik**

Die Eigenschaft bestimmt die maximale Anzahl von Zeichen, die ein Bediener in einem Textfeld plazieren darf.

**Einsatz**

*MaxLenght* kann zur Entwicklungs- und Laufzeit genutzt werden und betrifft Textfelder.

**Syntaxhinweise**

Visual Basic erlaubt dem Programmanwender im Textfeld die Eingabe nahezu unbegrenzt langer Zeichenketten, die in keiner Anwendung überschritten werden können. Sofern Sie *MaxLength* auf einen Wert größer 0 setzen, sind die Bedienereingaben auf diese Anzahl von Zeichen begrenzt, es sein denn, der Code schreibt selber etwas in das Textfeld hinein.

```
[Form.]MinButton
```

**Charakteristik**

Neben der Möglichkeit, in Windows ein Fenster zu einem Vollbild zu vergrößern, kann auch eine Schaltfläche angeboten werden, um das Ablegen als Symbol zu ermöglichen. Mit dem Klicken auf das Symbol wird die ursprüngliche Größe wiederhergestellt. *MinButton* stellt diese Eigenschaft in Ihrer Visual Basic-Applikation auf Wunsch zur Verfügung. Der Anwender hinterlegt die Form dann als Symbol.

## Einsatz

*MinButton* wird in Formen genutzt und ist zur Laufzeit der Anwendung schreibgeschützt.

## Syntaxhinweise

*MinButton* ist standardmäßig auf *wahr (-1)* gesetzt und zeigt das Symbolfeld auf der Form an. Soll das Feld nicht zur Verfügung gestellt werden, setzen Sie bei der Formerstellung die Einstellung auf *unwahr (0)*.

## Anwendungshinweise

Wenn *MinButton* in einer eigenen Anwendung eingesetzt wird, sind folgende Hinweise von Bedeutung. Die Eigenschaft *BorderStyle* der betreffenden Form ist auf die Einstellung *1* oder *2* zu setzen. Wenn Sie es nicht dem Anwender überlassen wollen, ob eine Darstellung als Symbol erfolgen soll, können Sie mit *WindowState* den Status der Form abfragen und neu vergeben. Mit dem *Resize*-Ereignis können Sie einen individuellen Code programmieren, der auf die Veränderung der Formgröße reagiert.

```
{[Form.][Steuerelement.]|Screen.}MousePointer[= Einstellung%]
```

## Charakteristik

Jeder Windows-Anwender kennt den Standard-Mousezeiger, der als Pfeil über den Bildschirm bewegt werden kann. Aus zeitaufwendigen Programmaktionen ist Ihnen sicherlich auch die Sanduhr geläufig, die dem Bediener zeigt, daß er sich einen Moment gedulden soll. Sie haben mit *MousePointer* Einfluß auf die Gestalt des Mousezeigers.

## Einsatz

Der Mousezeiger kann zur Laufzeit verändert werden und betrifft Befehlsschaltfläche, Bezeichnungsfeld, Bildfeld, Bildlaufleisten, Dateilistenfeld, Form, Kombinationsfeld, Kontrollkästchen, Laufwerklistenfeld, Listenfeld, Objekt "Screen", Optionsfeld, Rahmen, Textfeld, Verzeichnislistenfeld.

**Syntaxhinweise**

Bestimmen Sie zunächst, ob der Mousezeiger über einer *Form,* einem *Steuerelement* oder dem gesamten Objekt "Screen" verändert werden soll. Die *Einstellung* bestimmt dann das Aussehen des Mousezeigers:

| *Einstellung* | Aussehen des Mousezeigers |
|---|---|
| 0 | Das Steuerelement bestimmt das Aussehen (Standard) |
| 1 | Zeiger |
| 2 | Kreuz |
| 3 | Einfügemarke |
| 4 | Symbol |
| 5 - 9 | Diverse Pfeilkombinationen (Himmelsrichtungen) |
| 10 | Aufwärtspfeil |
| 11 | Sanduhr |
| 12 | Kein Ablegen |

```
[Form.]Textfeld.MultiLine
```

**Charakteristik**

In der Toolbox von Visual Basic wird das Steuerelement *Textfeld* angeboten, mit dessen Hilfe Bedienereingaben abgefragt und Texte ausgegeben werden können. Normalerweise können fast beliebig lange Eingaben getätigt werden, aber die Eingabe scrollt nur in einer Bildschirmzeile, auch wenn Sie das Textfeld bei der Formgestaltung für mehrere Zeilen auslegen. Mit der Eigenschaft *MultiLine* wird bestimmt, ob in einem Textfeld mehrere Zeilen zugelassen sind.

**Einsatz**

*MultiLine* kann in Textfeldern eingesetzt werden und ist zur Laufzeit der Anwendung schreibgeschützt.

**Syntaxhinweise**

Bei der Formerstellung steht die Einstellung zunächst auf *0*, *MultiLine* ist ausgeschaltet. Wird die Eigenschaft *wahr (-1)*, sind mehrere Zeilen möglich.

**Anwendungshinweise**

Bei der Gestaltung eines Textfeldes ist durch den Programmierer zu planen, ob ein automatischer Zeilenumbruch im Feld gewünscht wird oder ob der Anwender mit [Enter] das Zeilenende selber bestimmen kann. Verzichten Sie auf eine horizontale Bildlaufleiste, bricht Visual Basic automatisch am Ende des Textfeldes in die neue Zeile um, ansonsten erfolgt der manuelle Umbruch mit [Enter]. Wurde auf eine Befehlsschaltfläche die Eigenschaft *Default* vergeben, hat [Enter] nicht die Bedeutung des Zeilenumbruchs, sondern wird die Standard-Befehlsschaltfläche wählen. Drücken Sie in diesem Fall [Strg]+[Enter], um den Zeilenumbruch im Textfeld zu realisieren. Wenn Sie ein mehrzeiliges Editorfeld nutzen wollen, brauchen Sie keine Bildlaufleisten aus der Toolbox manuell am Textfeld anzulegen. Nutzen Sie die Eigenschaft *ScrollBars*, die diesen Prozeß automatisiert und das Scrollen kontrolliert.

```
[Form.]Steuerelement.MultiSelect [ = Einstellung]
```

**Charakteristik**

Listenfelder und Dateilistenfelder bieten dem Programmbediener vorgegebene Elemente, von denen er eines mit einem Mouseklick markieren und damit vorwählen kann. Wenn auf ein anderes Listenelement geklickt wird, erhält dieses die Markierung, und die Aufhellung im bisherigen Feld verschwindet. Mit *MultiSelect* kann der Bediener mehr als ein Element wählen.

**Einsatz**

*MultiSelect* wird in Listenfeldern und Dateilistenfeldern benutzt.

**Syntaxhinweise**

Ist *MultiSelect* auf *1* gesetzt, kann durch jeden Klick auf ein Listenelement dieses Element markiert oder wieder freigegeben werden. Bei der Einstellung *2* können durch Halten und Ziehen der Mouse zusammenhängende Bereiche aufgezogen werden, was das Markieren von aufeinanderfolgenden Listeneinträgen stark beschleunigt. Bei der Standardvorgabe *0* kann immer nur ein Listenelement gewählt werden. Um die gewählten Einträge zu erhalten, arbeiten Sie mit der Eigenschaft *Selected*.

| `Name` oder `CtlName` in Visual Basic 1.0 |
|---|

**Charakteristik**

*Name* weist einem Steuerelement einen internen Namen zu, mit dem Sie im Programmcode auf das Steuerelement zugreifen können. Jeder Bezug auf das Element muß dessen Namen aufrufen. Haben Sie einer Befehlsschaltfläche für Abbruch bei der Formerstellung den *Namen Abbruch* gegeben, werden alle Ereignisse und Eigenschaften auf diese Bezeichnung bezogen (z.B. *Abbruch_Click* oder *Abbruch.Caption* oder *Abbruch.Value* etc.). *Name* unterscheidet sich von den Eigenschaften *Caption* oder *Text*, da diese nach außen hin sichtbar werden.

**Einsatz**

Die Eigenschaft kann zur Laufzeit nicht verändert werden und darf, nachdem Ereignisprozeduren programmiert wurden, nicht mehr ohne weiteres geändert werden, da das Programm sonst nicht mehr lauffähig wäre. Bei der Formerstellung werden die Namen vergeben und anschließend nicht mehr geändert. *Name* ist verfügbar für Befehlsschaltfläche, Bezeichnungsfeld, Bildfeld, Bildlaufleisten, Dateilistenfeld, Kombinationsfeld, Kontrollkästchen, Laufwerklistenfeld, Listenfeld, Menü, Optionsfeld, Rahmen, Textfeld, Verzeichnislistenfeld, Zeitmesser.

Wenn Sie ein Steuerelementefeld definieren wollen, in dem alle Elemente später mit einem Index behandelt werden können, vergeben Sie bei der Formerstellung für alle Elemente im Steuerelementefeld den gleichen *Namen*. Nehmen wir als Beispiel eine Form, in der Sie vier Textfelder plaziert haben, um einen Vornamen, einen Zunamen, eine Vorwahl und eine Durchwahl anzufragen oder anzeigen zu lassen. Es bietet sich an, hier denselben *Name* (z.B. Eingabe) zu vergeben, so daß später über *Eingabe(Index).Eigenschaft* auf alle Elemente mit einem Index zugegriffen werden kann. Der Vorteil besteht darin, daß Datensätze sehr schnell in einem zweidimensionalen Feld hinterlegt werden können, da diese ebenfalls mit einem Index arbeiten. Da die Technik der Steuerelementefelder sehr interessant und vielseitig ist, führt **Kapitel 9** am Beispiel des *Telefonregisters* eine Musteranwendung vor.

```
Printer.Page
```

## Charakteristik

Viele Anwendungsprogramme kommunizieren mit einem Drucker, dessen Handhabung unter Visual Basic für Windows kein Problem darstellt, weil die Betriebsumgebung von Windows den Standarddrucker stellt, auf den automatisch gedruckt werden kann. Zur besseren Kontrolle des Objekts "Printer" ist eine Anwendung in der Lage, die laufende Seitennummer einer Druckseite festzustellen und in *Page* auszugeben. Es werden alle Seiten gezählt, die seit dem Start der Anwendung innerhalb des aktuellen Dokuments gedruckt wurden. Als Start zählt hierbei auch der erneute Druckbeginn nach der *EndDoc*-Anweisung.

## Einsatz

Die Eigenschaft ist dem Objekt "Printer" vorbehalten und kann nur gelesen werden. Zur Entwicklungszeit besteht keine Zugriffsmöglichkeit über die Eigenschaftenliste [F4]. Die Seitenzahl wird erhöht, wenn *NewPage* blättert oder die Druckausgabe länger als eine Seite ist.

```
Steuerelement.Parent
```

## Charakteristik

Bei der Erstellung von Formen werden auf dieser Form Steuerelemente angeordnet, die der Toolbox entnommen werden. Die Form ist Träger der Steuerelemente, und man vergleicht deshalb diese Konfiguration mit einer Eltern-Kind-Terminologie. Die Form hat die Eigenschaft der Eltern, daher *Parent*. Um auf die übergeordnete Form eines Steuerelementes zurückgreifen zu können, liefert *Parent* die Form, die das betreffende Steuerelement enthält.

## Einsatz

*Parent* ist zur Laufzeit nur lesbar und als Eigenschaft zur Entwicklungszeit nicht manipulierbar. Es sind alle Steuerelemente betroffen, die auf der Form plaziert werden können, also Befehlsschaltfläche, Bezeichnungsfeld, Bildfeld, Bildlaufleisten, Dateilistenfeld, Kombinationsfeld, Kontrollkästchen, Laufwerklistenfeld, Listenfeld, Menü, Optionsfeld, Rahmen, Textfeld, Verzeichnislistenfeld, Zeitmesser.

## Anwendungshinweise

Das Verständnis der Eigenschaft ist teilweise schwierig, und sie soll daher noch präziser verdeutlicht werden. Sie haben die Möglichkeit, beispielsweise bei Kontrollkästchen den Status (Eigenschaft *Value*) des Steuerelements an eine allgemeine Routine zu übergeben. Ein angekreuztes Kästchen liefert *Value* mit *1*, fehlt das Kreuz, steht *Value* auf *0*. Der Aufruf einer allgemeinen Sub erfolgt in der Weise, daß dem Namen der Sub das zu übergebende Argument folgt, also **SubNAME Argument,** oder konkreter der Wert des Kontrollkästchens **SubNAME Kontrollkästchen.Value**. Die zuständige Sub holt den übergebenen Wert ab, weiß aber normalerweise nicht, welcher Form das Steuerelement zugeordnet ist, dessen Wert ihm übergeben wurde. Mit *Parent* kann genau diese Information ermittelt werden, und die übergeordnete Form wird gefunden und kann für Ausgaben und Meldungen benutzt werden (z.B. **abgeholtes_Argument.Parent.Methode**).

```
[Form.]Textfeld.PasswordChar [ = Zeichen$]
```

## Charakteristik

Viele Anwenderprogramme benutzen ein Passwort, mit dem sich der berechtigte Bediener im System identifizieren kann. Um die Anzeige der Eingabe auf dem Bildschirm zu unterbinden, kann der Eigenschaft *PasswordChar* ein beliebiges Zeichen zugewiesen werden, das an Stelle der wirklichen Eingabe angezeigt wird. Für jedes eingegebene Zeichen erscheint dann das Passwortzeichen.

## Einsatz

Die Eigenschaft wird in Textfeldern eingesetzt und ist zur Entwicklungs- und zur Laufzeit verfügbar.

## Syntaxhinweise

Normalerweise enthält *PasswordChar* eine leere Zeichenkette, und alle Zeichen im Textfeld werden angezeigt. Sobald hier ein anderes Zeichen als ein Leerstring zugewiesen wird, sieht der Bediener nur noch die Anzahl der Zeichen im Textfeld, aber nicht mehr den wahren Inhalt. Dabei ist es unerheblich, ob der Text vom Code oder manuell eingestellt wurde. Die Eigenschaft *Text* wird intern nicht beeinflußt.

```
[Form.]{Verzeichnislistenfeld.|Dateilistenfeld.}Path[ = Angabe$]
```

## Charakteristik

Zu einem Zugriffssystem auf Dateien eines Rechnersystems werden immer drei oder, differenziert man weiter, sogar vier Informationen benötigt. Das Programm muß das Laufwerk, den Suchpfad und den Dateinamen kennen. Da *Pattern* eine eigenständig Eigenschaft darstellt, kann die Dateikennung (Dateianhang) als vierte Informations- und Selektionsquelle angesehen werden. Für jede der vier Teilbereiche bietet Visual Basic Unterstützung durch Eigenschaften und Ereignisse. *Path* definiert oder liefert den kompletten Laufwerkspfad der momentanen Einstellung.

## Einsatz

Die *Path*-Eigenschaft hat Einfluß auf Verzeichnislistenfelder und Dateilistenfelder und ist nur zur Laufzeit der Anwendung verfügbar.

## Syntaxhinweise

Wenn Sie den aktuellen Pfad setzen wollen, geben Sie diesen für *Angabe$* ein (z.B. "D:\VB\PRIVAT"). Zum Auslesen der Eigenschaft fragen Sie das gewünschte Feld ab und weisen die Rückmeldung einer Variablen zu oder verwenden diese direkt (**Pfadangabe$ = Verzeichnislistenfeld.Path**).

## Anwendungshinweise

Dem Programmierer stehen zwei Ereignisse zur Verfügung, die zur Laufzeit kontrolliert werden können. Ändert sich in einem Verzeichnislistenfeld der

Inhalt von *Path*, kann ein *Change*-Ereignis programmiert werden. Dabei ist völlig unerheblich, ob der Bediener oder der Programmcode die *Path*-Änderung erzeugt hat. Nach der Veränderung des Laufwerkspfades sind auch andere Dateien in einem eventuell parallel angezeigtem Dateilistenfeld anzuzeigen. Um diesen Vorgang automatisieren zu können, erhält das Dateilistenfeld ein *PathChange*-Ereignis. Die *Refresh*-Methode kann dabei behilflich sein.

```
[Form.]Dateilistenfeld.Pattern[ = Selektion$]
```

**Charakteristik**

Dateilistenfelder zeigen standardmäßig alle Dateien (*.*) eines Verzeichnisses an. Wenn Sie dem Anwender die Auswahl erleichtern wollen, kann mit der *Pattern*-Eigenschaft der Dateianhang gesetzt werden, auf den sich die Anzeige beschränkt. *Pattern* erlaubt es auch, den jeweils aktuell eingestellten Wert nur auszulesen.

**Einsatz**

Die Eigenschaft gehört zu den Dateilistenfeldern und ist zur Laufzeit verfügbar.

**Syntaxhinweise**

An Stelle des Platzhalters *Selektion* kann eine Zeichenkette übergeben werden, die den Dateianhang definiert. Mehrere Einträge werden durch ein Semikolon getrennt dargestellt (**Dateilistenfeld.Pattern = "*.EXE;*.COM"**).

**Anwendungshinweise**

Eine Änderung der *Pattern*-Eigenschaft bedingt das *PatternChange*-Ereignis, auf das Sie mit Programmcode reagieren können. Es ist auch hier nicht wichtig, ob eine Bedieneraktion oder der Programmcode das Ereignis auslöst.

```
[Form.][Bildfeld.]Picture[ = Bild]
```

## Charakteristik

Visual Basic ist in der Lage, auf einer Form oder in einem Bildfeld eine grafische Darstellung auszugeben. Normalerweise werden Icons als eine Art der grafischen Darstellung bereits bei der Formerstellung zur Entwicklungszeit aus der Bibliothek gewählt, andere Darstellungen sind später mit *LoadPicture* ladbar.

## Einsatz

Formen und Bildfelder sind in der Lage, eine grafische Darstellung auszugeben.

## Syntaxhinweise

Für den Platzhalter *Bild* existieren mehrere Möglichkeiten der Zuweisung einer grafischen Darstellung, wenn diese nicht schon zur Entwicklungszeit gesetzt wurde. Entweder laden Sie unter genauer Bezugnahme auf einen Laufwerkspfad und auf den Dateinamen die Grafik direkt mit *LoadPicture* (**Bildfeld.Picture = LoadPicture("Pfad_und_Dateiangabe"),** oder es wird der Inhalt eines anderen Bildfeldes zugewiesen (Eigenschaften *DragIcon, Icon, Picture, Image*).

```
{[Form.][Bildfeld.]|Printer.}ScaleHeight[ = Skala!]
{[Form.][Bildfeld.]|Printer.}ScaleWidth[ = Skala!]
```

## Charakteristik

Einige Objekte sind in der Lage, grafische Darstellungen aufzunehmen und anzuzeigen, wobei das Objekt als eine Art Rahmen wirkt, der eine Darstellung begrenzt. Bevorzugte Elemente sind die Form und das Bildfeld. Um individuelle Darstellungen im Objekt zu erlauben, kann jeweils ein Koordinatensystem festgelegt werden, das als Grundlage für die Grafik benutzt wird, um die Auflösung zu bestimmen und positive bzw. negative Werte verarbeiten zu können. *ScaleHeight* legt die innere Höhe (von der Unterkante der oberen Begrenzung bis zur Oberkante der unteren Begrenzung) fest, *ScaleWidth* die innere Breite (von der Innenkante der linken Begrenzung zur Innenkante der rechten Begrenzung). *ScaleMode* bestimmt auf Wunsch eine andere Maßeinheit als Twips.

**Einsatz**

Die grafische Ausgabe ist in Formen, Bildfeldern und auf dem Objekt "Printer" möglich.

**Syntaxhinweise**

Nach der Formerstellung sind die Werte für die *Skalierung* automatisch berechnet und eingestellt worden. Das Koordinatensystem verarbeitet Werte nach einem bestimmten Schema. Positive Werte lassen die Koordinatenwerte von oben nach unten und von links nach rechts wachsen, negative Werte genau umgekehrt.

**Anwendungshinweise**

Es existieren für die genannten Objekte in Visual Basic zwei Gruppen von Eigenschaften, die sich mit der Dimension und der Skalierung beschäftigen. Die normalen Eigenschaften *Height, Width, Top* und *Left* enthalten die Dimension des Objektes (Form inklusive Titelleiste und Rahmen, "Printer" die physikalische Papiergröße, Bildfeld inklusive einer eventuellen Rahmung). Das innere Koordinatensystem wird bestimmt, wenn jeweils *Scale* davorgesetzt ist. Haben Sie Werte für *ScaleHeight* und *ScaleWidth* gesetzt, wird *ScaleMode* auf den benutzerdefinierten Typ gesetzt (*0*). Andererseits beeinflußt der *ScaleMode* die beiden Eigenschaften, da sie automatisch in die betreffende Maßeinheit umgerechnet werden. Es erfolgt also eine automatische Anpassung aller benötigten Eigenschaften.

```
{[Form.][Bildfeld.]|Printer.}ScaleLeft[ = Skala!]
{[Form.][Bildfeld.]|Printer.}ScaleTop[ = Skala!]
```

**Charakteristik**

Wir wir bereits bei den Eigenschaften *ScaleHeight* und *ScaleWidth* festgestellt haben, kann das Innere eines Objekts (bei der Form: ohne Rahmen und Titel, beim Objekt "Printer": der effektiv bedruckbare Bereich eines Blattes, beim Bildfeld: innerhalb des Rahmens) mit einem individuellen Koordinatensystem belegt werden. Die Eigenschaften *ScaleLeft* und *ScaleTop* setzen oder bestimmen die linke obere Ecke des inneren Objektbereiches. Dabei geht es nicht um die absoluten Koordinaten, also nicht um den Eckpunkt in Bezug auf die gesamte Form. Innerhalb des Objekts gilt ein eigenes Koordinatensystem, so daß *ScaleLeft* und *ScaleTop* zunächst auf Null stehen.

**Einsatz**

Es sind Formen, Bildfelder und das Objekt "Printer" betroffen.

**Syntaxhinweise**

Für die *Skala* werden Werte eingetragen, die die linke obere Ecke des inneren Bereiches eines Objektes bestimmen.

**Anwendungshinweise**

Zur Verarbeitung der positiven und negativen Werte im Koordinatensystem gelten die unter *ScaleHeight* gemachten Angaben.

```
{[Form.][Bildfeld.]|Printer.}ScaleMode[ = Modus%]
```

**Charakteristik**

Bei der Arbeit mit Formen und Steuerelementen wird immer mit einem Koordinatensystem gearbeitet, mit dessen Hilfe Steuerelemente auf der Form plaziert werden und grafische Darstellungen innerhalb von Objekten erfolgen. Diese Maßeinheiten werden vom *ScaleMode* bestimmt und beeinflussen dann die Einstellungen von *Current*, *CurrentY, ScaleHeight* oder *ScaleWidth*, da diese automatisch in die neue Maßeinheit umgerechnet werden.

**Einsatz**

Koordinatensysteme lassen sich in Formen, Bildfeldern oder für das Objekt "Printer" bestimmen.

**Syntaxhinweise**

Der *Modus* ist eine positive Ganzzahl von 0 bis 7, wobei 0 automatisch gesetzt werden kann, wenn eine benutzerdefinierte Einstellung von *ScaleHeight, ScaleWidth, ScaleTop* oder *ScaleLeft* erfolgte.

| *Modus%* | Maßeinheit |
|---|---|
| 0 | Es wurde eine *ScaleHeight/Width/Top/Left*-Einstellung direkt vorgenommen. |
| 1 | Die Standardeinstellung betrifft die Twips mit 1440 Twips pro logischem Zoll (ein Zoll = 2,54 Zentimeter, daher entfallen auf einen Zentimeter 1440/2,54 = 567 Twips). Twips hängen nicht von der Bildschirmauflösung in Pixel ab, sondern sind bei jeder Auflösung eine gleich funktionierende Maßeinheit, da sie sich am logischen Zoll oder Zentimeter orientieren. |
| 2 | Punkt (72 Punkte pro logischem Zoll) |
| 3 | Pixel (Auflösung in Bildschirmpunkten, wobei die Auflösung von der Qualität der Grafikkarte abhängt. Unterschiedliche Rechner erzielen unterschiedlichen Darstellungen und Proportionen, was bei der Verwendung von Twips nicht geschehen kann.) |
| 4 | Zeichen (120 Twips breit, 240 Twips hoch) |
| 5 | Zoll |
| 6 | Millimeter |
| 7 | Zentimeter |

```
[Form.]Textfeld.ScrollBars
```

## Charakteristik

Sie haben bereits die Eigenschaft *MultiLine* kennengelernt, die einem Textfeld die Fähigkeit verleihen kann, mehrzeilige Ein- oder Ausgaben zu gestatten. Für umfangreiche Texterfassung in einem Textfeldeditor reicht die Größe der Form meist nicht aus, da sich auch noch andere Steuerelemente darin befinden. Einem Textfeld können daher Bildlaufleisten zugewiesen werden, um den Inhalt in der zur Verfügung stehenden Fläche zu präsentieren. *ScrollBars* stellt diese Bildlaufleisten einem Textfeld zur Verfügung, der Programmierer benutzt also nicht die individuellen Bildlaufleisten aus der Toolbox.

**Einsatz**

Die Eigenschaft betrifft Textfelder und wird zur Entwicklungszeit im Eigenschaften-Fenster [F4] vergeben.

**Syntaxhinweise**

| Einstellung | Auswirkung |
|---|---|
| 0 | Keine Bildlaufleisten (Vorgabe) |
| 1 | Eine horizontale Laufleiste |
| 2 | Eine vertikale Laufleiste |
| 3 | 1 und 2 kombiniert |

**Anwendungshinweise**

Beachten Sie, daß die Zuweisung nur Sinn macht, wenn *MultiLine* auf *wahr (-1)* steht. Fehlt die Zuweisung einer horizontalen Bildlaufleiste, bricht Visual Basic am Ende des Textfensters die Zeile um. Existiert die horizontale Leiste jedoch, muß der Anwender mit [Enter] eine Zeilenschaltung an der von ihm gewünschten Position vornehmen. Existiert auf einer Befehlsschaltfläche eine *Default*-Eigenschaft, erfolgt der Zeilenumbruch im Textfeld mit [Strg]+[Enter].

```
[Form.]Steuerelement.Selected [ = Einstellung]
```

**Charakteristik**

Sie kennen bereits die Eigenschaft *MultiSelect*, mit deren Hilfe in einem Listen- oder Dateilistenfeld mehrere Elemente markiert werden können. Um aber herauszufinden, welche Elemente markiert wurden, oder um selber Elemente vom Code aus zu markieren oder eine Markierung zu entfernen, ist die *Selected*-Eigenschaft nützlich.

## Einsatz

Die Eigenschaft betrifft Listenfelder und Dateilistenfelder und wird zur Laufzeit benutzt

## Syntaxhinweise

Um die in einer Liste markierten Elemente herauszufinden, ermitteln Sie zunächst mit *ListCount* die Anzahl der Elemente und können dann in einer Schleife von *0* bis *ListCount-1* prüfen, ob eine Auswahl vorliegt.

```
For i% = 0 To Steuerelementname.ListCount - 1
   If Steuerelementname.Selected(i%) Then
      '*** hier steht der Programmgrammcode, der nur
      '*** ausgeführt wird, wenn ein markiertes
      '*** Element gefunden wurde.
   End If
Next i%
```

```
[Form.][Kombinationsfeld|Textfeld].SelLength[ = Länge&]
[Form.][Kombinationsfeld|Textfeld].SelStart[ = Index&]
[Form.][Kombinationsfeld|Textfeld].SelText[ = Zeichenkette$]
```

## Charakteristik

Eine Gruppe vom Eigenschaften befaßt sich mit der Markierung von Einträgen in Kombinationsfeldern oder Textfeldern und deren Weiterverarbeitung. Wie Sie wissen, können beispielsweise in einem Textfeld mit der Mouse Zeichen, Zeilen oder Sätze markiert werden, um sie auszuschneiden, zu kopieren oder zu entfernen. Andererseits kann auch der Programmcode eine Markierung vornehmen, um dem Anwender das Löschen eines Vorschlags mit [Entf] zu erleichtern.

*SelLength* setzt oder holt die Anzahl der markierten Zeichen. Wenn der Anwender das Wort **IWT-Verlag** markiert, sind also 10 Zeichen enthalten.

*SelStart* setzt oder holt die Nummer des ersten Zeichens, an dem die Markierung beginnt oder beginnen soll.

*SelText* setzt oder holt den Klartext, der markiert ist oder durch den der markierte Bereich ersetzt werden soll.

## Einsatz

Bedienereingaben sind in Textfeldern und Kombinationsfelder möglich.

## Syntaxhinweise

Die *Länge* bestimmt die Anzahl der markierten Zeichen, der *Index* die Startposition im Text und die *Zeichenkette$* den Klartext der markierten Zeichen. Um Fehler zu vermeiden, beachten Sie bitte, daß *SelLength* im positiven Zahlenbereich stehen muß.

## Anwendungshinweise

In unserem Schriftprobenbeispiel in Kapitel 9 wird ein komplettes Textfeld wie folgt markiert: **Steuerelement.SelLength = Len(Steuerelement.Text),** und kann mit der Taste [Entf] sehr leicht gelöscht werden.

```
[Form.]Gitternetz.SelStartCol [ = Startspalte]
[Form.]Gitternetz.SelStartRow [ = Startzeile]
[Form.]Gitternetz.SelEndCol [ = Endspalte]
[Form.]Gitternetz.SelEndRow [ = Endzeile]
```

## Charakteristik

In einer Tabelle markiert der Fokus die aktuelle Einzelzelle, auf deren Koordinaten mit *Row* und *Col* zugegriffen werden kann. Oft wird ein Bereich benötigt, um mit *Clip* Informationen abzulegen oder zu lesen. Die vier *Select*-Eigenschaften liefern die Bereichskoordinaten eines vom Bediener markierten Zellenverbundes oder markieren einen Bereich aufgrund der eingestellten Zeilen- und Spaltenwerte.

**Einsatz**

Die Eigenschaften sind zur Entwicklungszeit nicht verfügbar und zur Laufzeit lesbar und änderbar.

**Syntaxhinweise**

Ein Bereich wird durch die linke obere und die rechte untere Ecke als Zellkoordinate definiert. *Startspalte* und *Startzeile* stellen die obere linke Ecke dar, *Endspalte* und *Endzeile* die rechte untere Zelle.

**Anwendungshinweise**

Wenn bei der Bereichsmarkierung die Aufhellung nicht wie gewünscht erscheint, prüfen Sie bitte, ob die *HighLight*-Eigenschaft auf *wahr* gesetzt ist.

```
[Form.]Figurensteuerelement.Shape [ = Einstellung]
```

**Charakteristik**

Die *Shape*-Eigenschaft setzt oder ermittelt die aktuelle Gestalt des Steuerelementes *Figur*.

**Syntaxhinweise**

Die *Einstellung* ist eine Ganzzahl zwischen *0* und *5*, wobei *0* die Standardvorgabe im Eigenschaftenfenster ist:

| *Einstellung* | Gestalt |
|---|---|
| 0 | Rechteck |
| 1 | Quadrat |
| 2 | Ellipse/Oval |
| 3 | Kreis |
| 4 | an den Ecken abgerundetes Rechteck |
| 5 | an den Ecken abgerundetes Quadrat |

```
[Form.][Kombinationsfeld|Listenfeld].Sorted
```

**Charakteristik**

Bei der Erstellung einer Form kann in der Eigenschaftenliste [F4] eines Kombinations- oder Listenfeldes definiert werden, ob die Einträge sortiert werden sollen oder nicht.

**Einsatz**

Listenfelder und Kombinationsfelder sind wesentliche Steuerelemente, auf die sich *Sorted* bezieht.

**Syntaxhinweise**

Setzen Sie *Sorted* auf *wahr (-1)*, erfolgt eine alphabetische Sortierung des Listeninhalts. Der Standardwert ist *unwahr*, so daß die Elemente gemäß der Indexvorgabe aus *AddItem* plaziert oder einfach angehängt werden.

**Anwendungshinweise**

Wenn die Eigenschaft *Sorted* aktiviert ist, sollten Sie niemals *AddItem* zusammen mit einem Index verwenden, da der Index Vorrang vor der Sortierung besitzt und die Sortierung durcheinanderbringen kann. Ein neues Element fügen Sie daher am besten mit **Steuerelement.AddItem Element$** einer Liste hinzu und verzichten auf den Index.

```
[Form.]Anzeigesteuerelement.Stretch [ = Einstellung]
```

**Charakteristik**

Das Anzeigesteuerelement ist in der Lage, Bilder darzustellen. Es besitzt weniger Eigenschaften als ein Bildfeld, ist aber schneller beim Wiederaufbau der Grafik und besitzt die *Stretch*-Eigenschaft, die dem Bildfeld nicht zugeordnet werden kann. Diese bestimmt, ob die Größe des Steuerelements der Bildgröße angepaßt wird, oder ob Visual Basic das Bild an den Rahmen des Steuerelements anpassen soll (Streckung des Bildes). Selbst Icons lassen sich auf diese Weise in anderer Größe darstellen.

**Syntaxhinweise**

*Stretch* ist in der Vorgabe auf *unwahr (0)* eingestellt und behält dann die Bildgröße bei. Sobald *wahr (-1)* gesetzt ist, wird Visual Basic das Bild der Größe des Rahmens anpassen und auch bei jeder nachträglichen Größenänderung bei der Formerstellung eine Anpassung vornehmen.

**Anwendungshinweise**

Um die Wirkung der Eigenschaft kennenzulernen, plazieren Sie ein Anzeigesteuerelement auf die Form und holen Sie ein Icon über die *Picture*-Eigenschaft (in der Liste mit [F4] vorhanden) in das Feld. Sobald Sie *Stretch* auf *wahr (-1)* setzen, erscheint das Icon verzerrt, da es dem rechteckigen Rahmen angepaßt wurde.

```
[Form.]Kombinationsfeld.Style
```

**Charakteristik**

*Style* bestimmt bei der Plazierung eines Kombinationsfeldes, wie es sich zur Laufzeit der Anwendung verhalten soll. Die Hauptfragen sind: Wieviel Platz nimmt das Steuerelement bei der Auswahl ein, und kann der Bediener Eingaben tätigen?

**Einsatz**

Die Eigenschaft betrifft Kombinationsfelder und kann zur Entwicklungszeit der Form bestimmt werden. Zur Laufzeit besteht Schreibschutz.

**Syntaxhinweise**

Bei der Entwicklung sind drei Einstellungen möglich:

| Einstellung | Verhalten des Kombinationsfeldes |
|---|---|
| 0 | Wenn Sie keine Veränderungen an der Visual Basic-Vorgabe vornehmen, bietet das Kombinationsfeld die effektivsten Möglichkeiten. Einmal kann im einem Eingabefeld die individuelle Bedienereingabe abgeholt werden, zum anderen ist eine Liste nach unten aufklappbar, um vorgegebene Einträge zu wählen. |
| 1 | Das Kombinationsfeld ist nun immer aufgeklappt und benötigt mehr Platz in der Form. Mit *Height* legen Sie fest, welcher Bereich der Liste ständig zu sehen ist. Bedienereingaben sind individuell möglich. |
| 2 | Um die Vorteile eines gewöhnlichen Listenfeldes mit dem des geringen Platzbedarfs eines Kombinationsfeldes zu paaren, existiert die Einstellung 2. Es sind keine Bedienereingaben mehr möglich, sondern nur die Auswahl aus der Liste, die bei Bedarf nach unten aufgeklappt wird. Nach der Auswahl schließt Visual Basic das Kombinationsfeld, so daß Formen effektiv benutzt und ausgelastet werden können. |

```
[Form.]Steuerelement.TabIndex[ = Indexwert%]
```

## Charakteristik

Bei der Entwicklung von Formen holen Sie aus der Toolbox Steuerelemente in die Form oder kopieren bereits bestehende Steuerelemente über die Zwischenablage. Zur Laufzeit kann der Fokus dann mit der [Tabulator]-Taste von Feld zu Feld weiterbewegt oder mit Kurzwahltasten direkt angesprochen werden. Damit der Fokus das nächste Feld finden kann, wird in der Reihenfolge, in der die Steuerelemente chronologisch plaziert werden, ein *TabIndex* gesetzt. Es kommt allerdings nur sehr selten vor, daß die Elemente in der Reihenfolge aus der Toolbox geholt werden, in der sie später abzuarbeiten sind. Sie können daher zur Entwicklungszeit der Form jederzeit den *TabIndex* ändern. Visual Basic numeriert anschließend bei allen Steuerelementen neu, so daß versehentliche Doppelnennungen ausgeschlossen sind.

## Einsatz

Es können fast alle Steuerelemente der Toolbox den Fokus erhalten. Entsprechend breit ist auch das Spektrum der möglichen Anwendungen auf Befehlsschaltfläche, Bezeichnungsfeld, Bildfeld, Bildlaufleisten, Dateilistenfeld, Kombinationsfeld, Kontrollkästchen, Laufwerklistenfeld, Listenfeld, Optionsfeld, Rahmen, Textfeld, Verzeichnislistenfeld. Der *TabIndex* ist zur Laufzeit und zur Entwicklungszeit verfügbar.

## Syntaxhinweise

Der *Indexwert* ist eine Ganzzahl zwischen 0 und der Gesamtzahl der fokussierbaren Steuerelemente minus 1.

## Anwendungshinweise

Mit den Eigenschaften *Visible* und *Enabled* lassen sich Steuerelemente unsichtbar machen oder abblenden. In beiden Fällen kann der Fokus nicht mehr empfangen werden. Trotzdem bleibt die interne *TabIndex*-Zuweisung erhalten. Beim Einsatz von Bezeichnungsfeldern zur Beschriftung von Elementen, die keine *Caption*-Eigenschaft besitzen (z.B. Textfelder), wird der Fokus an das dem Bezeichnungsfeld folgende Steuerelement weitergegeben, so daß mit Kurzwahltasten auf ein Bezeichnungsfeld zugegriffen werden kann, damit dieses den Fokus sofort an ein folgendes Textfeld weiterreicht.

```
[Form.]Steuerelement.TabStop[ = Einstellung%]
```

## Charakteristik

Mit der Eigenschaft *TabIndex* war es möglich, die Reihenfolge der Steuerelemente zu bestimmen, in der ein Fokus mit Hilfe der [Tabulator]-Taste durch eine Form bewegt wird. Mit *Visible* oder *Enabled* wird die Nutzung eines Feldes unterbunden, und der Fokus kann nicht auf den unsichtbaren oder abgeblendeten Elementen anhalten. Mit *TabStop* wird bestimmt, ob bei Benutzung der Tabulatortaste auf einem aktiven Steuerelement angehalten werden soll oder nicht. Auf diese Weise lassen sich Felder überspringen, die in der *TabIndex*-Reihenfolge eigentlich den Fokus erhalten müßten.

**Einsatz**

Befehlsschaltfläche, Bezeichnungsfeld, Bildfeld, Bildlaufleisten, Dateilistenfeld, Kombinationsfeld, Kontrollkästchen, Laufwerklistenfeld, Listenfeld, Optionsfeld, Rahmen, Textfeld, Verzeichnislistenfeld.

**Syntaxhinweise**

Visual Basic schlägt in der Eigenschaftenliste die Einstellung als *wahr (-1)* vor, so daß jedes der genannten Steuerelemente auch als *TabStop*-Feld definiert ist. Wollen Sie in der Anwendung ein Feld überspringen, setzen Sie *TabStop* auf *unwahr (0)*. Die interne, mit *TabIndex* definierte Reihenfolge wird nicht verändert.

```
{[Form.]|[Steuerelement.]}Tag[ = Zeichenkette$]
```

**Charakteristik**

*Tag* speichert zu einem Objekt eine beliebige Zeichenkette, die für keine Funktion und kein Ereignis eine direkte Bedeutung besitzt. Es ist eine Art Sondervariable, in der Sie Notizen, Identifikationsmerkmale oder Hinweise zu dem betreffenden Steuerelement speichern können. So kann beispielsweise ein Feldname, der vom Eintrag *Caption* abweicht, zwischengespeichert und später ausgelesen werden.

**Einsatz**

*Tag* betrifft Befehlsschaltfläche, Bezeichnungsfeld, Bildfeld, Bildlaufleisten, Dateilistenfeld, Form, Kombinationsfeld, Kontrollkästchen, Laufwerklistenfeld, Listenfeld, Menü, Optionsfeld, Rahmen, Textfeld, Verzeichnislistenfeld, Zeitmesser.

**Syntaxhinweise**

Sie können *Tag* eine beliebige Zeichenkette zuweisen und diese später wieder auslesen. Die Eigenschaft ist zur Laufzeit und zur Entwicklungszeit verfügbar.

## Anwendungshinweise

Unsere Anwendung des Telefonregisters in Kapitel 9 benutzt die *Tag*-Eigenschaft, um Feldnamen zu speichern, deren *Caption*-Eigenschaft durch Zuweisung von Zugriffstasten durch das &-Zeichen verunstaltet ist.

```
[Form.]{Kombinationsfeld|Listenfeld|Textfeld}.Text[ = Zeichenkette$]
```

## Charakteristik

In Listenfeldern, Kombinationsfeldern, aber insbesondere in Textfeldern können Bedienereingaben abgeholt und Textausgaben getätigt werden. Hierzu dient die Eigenschaft *Text*, die einen Dialog über die genannten Elemente ermöglicht.

## Einsatz

In Textfeldern, Kombinationsfeldern, Gitternetzen und Listenfeldern kann *Text* eingesetzt werden.

## Syntaxhinweise

Sie können ein Textfeld mit einer *Zeichenkette* bestücken und damit den bisherigen Inhalt überschreiben. Zum Löschen des Inhalts übergeben Sie eine leer Zeichenkette (""). Der vom Bediener eingegebene Inhalt kann ebenfalls in einer Zeichenkette abgeholt und weiterverarbeitet werden. Wenn Sie die Eingabe kontrollieren und das Verlassen des Feldes mit einer Fehleingabe verhindern wollen, programmieren Sie das Ereignis *LostFocus*.

## Anwendungshinweise

Die folgende Aufstellung zeigt die Steuerelemente unter dem Einfluß diverser Einstellungen:

| Steuerelement | Umfeld | Was kann die *Text*-Eigenschaft? |
|---|---|---|
| Kombinationsfeld | *Style = 0* | Lesen und Schreiben im Eingabebereich |
| | *Style = 1* | Lesen und Schreiben im Eingabebereich |
| | *Style = 2* | Vorhandenes Element lesen und schreiben |
| Listenfeld | | Vorhandenes Element lesen und schreiben |
| Textfeld | | Lesen und Schreiben im Eingabebereich |
| Gitternetz | | Lesen und Schreiben in fixen und variablen Zellen |

Um beispielsweise die Zeilen und Spalten einer Tabelle zentriert mit Nummern zu beschriften, genügen folgende Zeilen in der Ladeprozedur zur Form. Die Form soll 10 mal 10 Zellen besitzen (inklusive der festen Zeile und Spalte):

```
Sub Form_Load ()
   grid1.Rows = 10
   grid1.Cols = 10

   grid1.Row = 0
   For i% = 0 To 9
      grid1.Col = i%
      grid1.FixedAlignment(i%) = 2
      grid1.Text = LTrim$(Str$(i%))
   Next i%

   grid1.Col = 0
   For i% = 0 To 9
      grid1.Row = i%
      grid1.FixedAlignment(i%) = 2
      grid1.Text = LTrim$(Str$(i%))
   Next i%
End Sub
```

```
[Form.][Steuerelement.]Value[ = Einstellung%]
```

## Charakteristik

*Value* setzt oder ermittelt den aktuellen Zustand eines Steuerelements, bei dem der Bediener Einstellungen zur Laufzeit vornehmen kann.

**Einsatz**

*Value*-Eigenschaften finden sich bei Befehlsschaltflächen, Bildlaufleisten, Kontrollkästchen und Optionsfeldern.

**Syntaxhinweise**

Welchen Wert die *Einstellung* annehmen kann, hängt von der Art des Steuerelementes ab. Die nachfolgende Aufstellung vermittelt einen kurzen Überblick über wichtige Möglichkeiten:

| Steuerelement | *Einstellung* | Wirkung |
|---|---|---|
| Befehlsschaltfläche | -1 | Betätigung der Schaltfläche, Erzeugung eines *Click*-Ereignisses. |
| | 0 | Standard, die Schaltfläche wurde nicht gedrückt. |
| Bildlaufleiste | | Integerwert Der aktuelle Wert der Bildlaufleiste wird gesetzt oder ausgelesen, wobei der Integerwert zwischen -32768 und +32767 liegt. |
| Kontrollkästchen | 0 | Nicht benutzt. |
| | 1 | Angekreuzt. |
| | 2 | Abgeblendet. |
| Optionsfeld | -1 | Optionsfeld ist gewählt. |
| | 0 | Optionsfeld ist nicht gewählt. |

```
[Form.][Steuerelement.]Visible[ = Einstellung%]
```

**Charakteristik**

In einer Form müssen nicht immer alle Steuerelemente sichtbar sein. Es ist daher jederzeit möglich, ein Element auszublenden (unsichtbar zu machen) oder wieder einzublenden (sichtbar zu machen). Ob die Eigenschaft bei Erstellung der Form verändert oder erst durch den Code manipuliert wird, entscheidet sich im Hinblick auf den Zweck der Anwendung und die Technik des Programmiers. Standardmäßig sind zunächst alle Steuerelemente sichtbar, ein Zeitmesser kann niemals eingeblendet werden.

## Einsatz

Befehlsschaltfläche, Bezeichnungsfeld, Bildfeld, Bildlaufleisten, Dateilistenfeld, Form, Kombinationsfeld, Kontrollkästchen, Laufwerklistenfeld, Listenfeld, Menü, Optionsfeld, Rahmen, Textfeld, Verzeichnislistenfeld. Zur Entwicklungs- und zur Laufzeit steht die Eigenschaft zur Verfügung. Bei Formen können Sie anstelle von *Visible* auch mit den Methoden *Show* und *Hide* arbeiten.

## Syntaxhinweise

Die *Einstellung* ist entweder *wahr* (*-1* = sichtbar) oder *unwahr* (*0* = unsichtbar).

```
[Form.]WindowState[ = Status%]
```

## Charakteristik

Mit den Eigenschaften *MaxButton* und *MinButton* kann dem Anwender überlassen werden, ob er eine Form zum Vollbild oder zur Symbol verändern möchte. Jede Veränderung löst ihrerseits ein *Resize*-Ereignis aus. Um den Status einer Form zur Laufzeit zu ermitteln oder zu bestimmen, benutzen Sie *WindowState.*

## Einsatz

*WindowState* betrifft nur Formen.

## Syntaxhinweise

Wenn die Form in ihrer ursprünglichen Darstellungsweise angezeigt werden soll, setzen Sie den *Status* auf *0*, was auch die Vorgabe von Visual Basic ist. Die Präsentation als Symbol bedingt den *Status 1*, das Vollbild den *Status 2.*

## Anwendungshinweise

Um unkontrollierte oder unerwünschte Bedieneraktionen zu verhindern, vergeben Sie entweder keine Schaltflächen *MaxButton* und *MinButton* in der Form, oder Sie ergreifen im Code des *Resize*-Ereignisses Gegenmaßnahmen.

```
[Form.]Bezeichnungsfeld.WordWrap [ = Einstellung]
```

**Charakteristik**

Bezeichnungsfelder dienen der Beschriftung von anderen Steuerelementen und sind ähnlich wie Textfelder nur einzeilig mit Text belegbar, solange die Standardvorgabe nicht verändert wurde. *WordWrap* erlaubt einen automatischen Zeilenumbruch in Bezeichnungsfeldern.

**Einsatz**

*WordWrap* betrifft nur Bezeichnungsfelder.

**Syntaxhinweise**

Setzen Sie die Eigenschaft auf *wahr*, kann ein automatischer Zeilenumbruch erfolgen. Die Voreinstellung erlaubt nur einzeilige Bezeichnungen.

```
[Form.]Linienelement.X1 [ = 1.Koordinate]
[Form.]Linienelement.Y1 [ = 1.Koordinate]
[Form.]Linienelement.X2 [ = 2.Koordinate]
[Form.]Linienelement.Y2 [ = 2.Koordinate]
```

**Charakteristik**

Wenn Sie in der Toolbox mit dem Objekt *Linienelement* arbeiten, werden die Koordinaten der Linie automatisch ermittelt und in die Eigenschaftenliste eingetragen. Zur Laufzeit der Anwendung können Sie die Koordinaten lesen und verändern, um das Objekt zu bewegen.

**Syntaxhinweise**

Die *Koordinaten* geben die Lage der Linie zurück, das Paar *X1/Y1* bestimmt den Startpunkt, mit *X2/Y2* ist der Endpunkt gemeint. Wie in jedem Koordinatensystem ist *X* die horizontale und *Y* die vertikale Komponente.

# 6.2 Ereignisse

Mit der Kenntnis der wichtigsten Eigenschaften und deren Einstellung kennen Sie auch bereits einen Großteil der Formprogrammierung, denn Programmieren bedeutet nicht immer direkte Codeeingabe, sondern kann auch in ein Eigenschaftenfenster verlagert werden, um die Arbeit komfortabler zu gestalten. Ob im Code **Steuerelementname.Caption = "Abbruch"** steht oder sie über [F4] die Einstellung für *Caption* verändern, macht in der Sache keinen Unterschied; es wurde so oder so programmiert. Die Formen sind zwar das Zentrum jeder Anwendung, aber nicht Selbstzweck. Daher wurden Ereignisse definiert, die im Zusammenhang mit Steuerelementen vom Bediener oder durch den Programmcode ausgelöst werden können. Ereignisse sind beispielsweise ein Mouseklick im Kontrollkästchen, eine Inhaltsveränderung in einem Textfeld oder das Verschieben des Fokus in einer Tabelle oder überhaupt in der Form. Den Steuerelementen aus der Toolbox wurden Ereignisse zugeordnet, die vom Programmierer bei Bedarf mit Programmcode bearbeitet werden können. Wenn Sie gerade eine Form entwickeln, legt Visual Basic automatisch für die Form und jedes Steuerelement eine Ereignisprozedur an, die als Prozedurrahmen

```
Sub Prozedurname_Ereignis ()

End Sub
```

angelegt wird. Wenn Sie eine Befehlsschaltfläche mit der Eigenschaft *Name* = *Abbruch* definiert haben und mit Code darauf reagieren möchten, wenn ein Bediener die Schaltfläche klickt, wird im Codefenster die Prozedur

```
Sub Abbruch_Click ()

End Sub
```

gewählt und der Code zwischen **Sub** und **End Sub** ausgeführt, den Sie später einfügen können. An dieser Stelle wird auch die Aussage nochmals begründet, warum der Name des Steuerelements schon bei der Formerstellung festgelegt wird und nicht mehr geändert werden sollte, wenn bereits Code programmiert wurde. Der Name stellt den Bezugspunkt dar, mit dem Sie Eigenschaften einstellen oder Ereignisse prüfen. Würde dieser Bezugspunkt verändert (im obigen Beispiel wird nach der Codeprogrammierung der Name auf **Abbrechen** im [F4]-Fenster geändert), erzeugt im Code die Zeile **Abbruch.Caption = "Ende"** einen Fehler, da der Name des Steuerelements nicht mehr **Abbruch** lautet. Beachten Sie daher die Regel, daß nach der Codeprogrammierung der Name eines Steuerelements nach Möglichkeit nicht mehr verändert werden sollte.

Weiterhin sei der Hinweis gegeben, daß auch eine Form Ereignisse erkennen und verarbeiten kann, eines davon ist sogar sehr wichtig. In der **Sub Form_Load** können bereits Programmschritte ausgeführt werden, bevor die Form sichtbar auf dem Bildschirm erscheint. Es können beispielsweise Dateien geöffnet und Textfelder in der Form mit Inhalt gefüllt werden. Unsere Anwendungen im Kapitel 9 zeigen die Nutzung der **Form_Load**.

### 6.2.1 Zwischen Formansicht und Code wechseln

Zu Beginn der Arbeit ist immer die Formansicht präsent, und Sie können sofort damit beginnen, Steuerelemente zu plazieren. Wenn Sie nur mit einer Form arbeiten, haben Sie folgende Möglichkeiten, zwischen Formansicht und Code zu wechseln:

a) -Bewegen Sie mit [Tab] oder einem Mouseklick die Anfasser zu dem gewünschten Steuerelement. Wenn kein Steuerelement die Anfasser zeigt, ist die Form das gewählte Objekt.
 -Drücken Sie [F7], und das Codefenster erscheint. Es wird bereits das gewünschte Objekt und die erste Prozedur angezeigt. Über die Dropdown-Felder in der Titelleiste des Codefensters können Sie jederzeit andere Objekte und Prozeduren wählen. Weiterhin kann auch mit den Tasten [Bild] oder [Bild] innerhalb des Codefensters durch die Prozeduren geblättert werden.

b) -Doppelklicken Sie auf der Form oder dem gewünschten Steuerelement, dessen Code Sie bearbeiten wollen.

-Das Codefenster erscheint sofort mit dem gewünschten Objekt, dessen Prozedur Sie nun auswählen können.

c) -Sie arbeiten mit dem Projektfenster, was über das Menü *Fenster Projektfenster* aktiviert wird.
-Von dort aus haben Sie Zugriff auf jede Form und jedes Modul eines Projektes. Wählen Sie die gewünschte Form, und entscheiden Sie mittels der Befehlsschaltflächen, ob Sie die Form oder den zugehörigen Code angezeigt bekommen möchten. Das Projektfenster bietet also die Auswahl zwischen Codeanzeige und Formanzeige an. Wenn keine Form ausgewählt wurde, sondern ein Modul, kann nur der Code angezeigt werden.

Um schnell zwischen der Form und deren Code umzuschalten, können die Fenster entsprechend plaziert werden, so daß nach Drücken von [F7] das Codefenster die Form nicht völlig verdeckt. Auf diese Weise kann durch einen Klick auf die Form diese wieder in den Vordergrund geholt werden. Eine weitere bewährte Technik besteht darin, das Codefenster als Symbol abzulegen und bei Bedarf zu aktivieren.

## 6.2.2 Vorstellung einiger Ereignisse

Wir möchten an dieser Stelle wie bereits bei den Eigenschaften einige Ereignisse aufgreifen und diese erläutern. Eine vollständige Liste wäre nicht sinnvoll, da bereits ein kurzer Einblick in wichtige Ereignisse zum Verständnis der Anwendungen im Kapitel 9 ausreicht und ein Gefühl für die Möglichkeiten mit Visual Basic vermitteln kann. Die Wahl ist auf einige gebräuchliche Ereignisse gefallen, die in vielen Steuerelementen benutzt werden können. Sie brauchen sich bei der Programmierung keine Gedanken darüber zu machen, welche Ereignisse zu welchem Objekt passen könnten. Visual Basic bietet nur die Prozeduren an (dann aber alle), die zu einem Objekt passen.

Um die Wirkung der Ereignisse besser nachvollziehen zu können, erstellen Sie eine kleine Form mit drei Textfeldern und einer Befehlsschaltfläche.

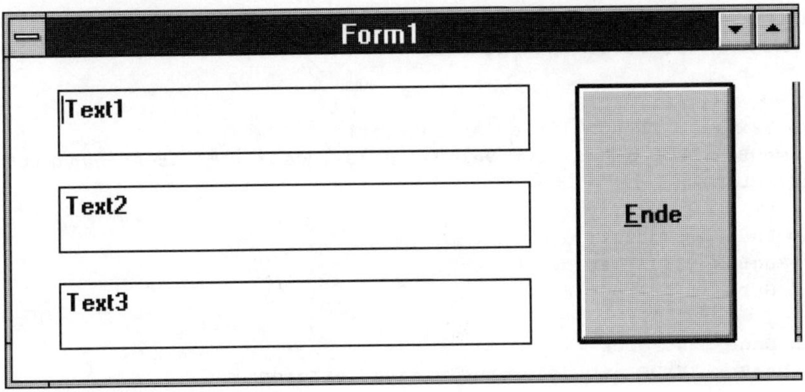


*Abb. 6.1 Beispielform für Ereignisprogrammierung*

Es müssen über das Eigenschaftenfenster nur sehr wenige Veränderungen vorgenommen werden:

| Steuerelement | Eigenschaft | Einstellung |
|---|---|---|
| 1. Textfeld | Name | Textfeld |
| | Index | 0 |
| 2. Textfeld | Name | Textfeld (Steuerelementefeld "ja") |
| | Index | 1 |
| 3. Textfeld | Name | Textfeld |
| | Index | 2 |
| Befehlsschaltfläche | Name | Ende |
| | Caption | &Ende |
| | Default | wahr (-1) |

Versuchen Sie nun, folgende Prozeduren mit Code zu belegen, und starten Sie anschließend die Anwendung mit [F5]:

```
Sub Form_Load ()
  textfeld(0).Text = "Inhalt erstes Textfeld"
End Sub
```

```
Sub Ende_Click ()
   MsgBox "Es wurde ENDE gewählt"
End Sub

Sub Textfeld_Change (index As Integer)
   MsgBox "Der Inhalt von Feld" + Str$(index) + " wurde geändert"
End Sub

Sub Ende_GotFocus ()
   MsgBox "ENDE hat den Focus"
End Sub

Sub Ende_LostFocus ()
   MsgBox "ENDE hat den Fokus wieder verloren"
End Sub
```

### 6.2.2.1 Load

Bevor die Form auf dem Bildschirm erscheint, werden alle Anweisungen in der *Form_Load*-Prozedur ausgeführt. In unserem Beispiel wird durch die Codezeile **textfeld(0).Text = "Inhalt erstes Textfeld"** der Inhalt des ersten Textfeldes verändert. Es befindet sich als erstes Feld in einem Steuerelementefeld und hat den Index **(0)**. Die Veränderung des Textfeldes hat für dieses Feld ein *Change*-Ereignis zur Folge, und es erscheint der Hinweis, daß das Feld mit Index *0* geändert wurde. Bestätigen Sie mit [Enter] oder einem Klick auf [OK].

### 6.2.2.2 Click

Die Form erscheint mit dem veränderten Text im oberen Feld. Auch der Cursor und damit der Fokus befinden sich in diesem Feld. Drücken Sie nun [Enter], wird auf der Befehlsschaltfläche ein *Click*-Ereignis ausgelöst, obwohl es den Fokus überhaupt nicht hatte (der befand sich auf dem Textfeld). Erinnern Sie sich an die Einstellung der Eigenschaftenzuweisung *Default* auf *wahr*, so wird deutlich, daß wir die Befehlsschaltfläche als Standardfläche für die Taste [Enter] definiert haben. Würde im Textfeld *MultiLine* auf *wahr* stehen, könnten Zeilenumbrüche im Textfeld nur mit [Strg] + [Enter] erfolgen. Das *Click*-Ereignis wird erkannt und eine Meldung mit **MsgBox "Es wurde ENDE gewählt"** ausgegeben.

*Click* muß nicht immer vom Bediener ausgelöst werden und hängt vom benutzten Steuerelement ab. Einige Beispiele für die Entstehung von *Click*:

- Änderungen von Optionsfeldern.
- Änderung von Kontrollkästchen.
- Direkter Klick auf Befehlsschaltflächen.
- Direktes `Enter` auf Befehlsschaltflächen.
- Indirektes `Enter` auf Befehlsschaltflächen, wenn *Default* zuvor auf *wahr* gesetzt wurde.
- Indirektes `Esc` auf Befehlsschaltflächen, wenn *Cancel* zuvor auf *wahr* gesetzt wurde.
- Im Code durch Änderung der Eigenschaft *Value*, insbesondere bei Befehlsschaltflächen, Optionsfeldern oder Kontrollkästchen.

### 6.2.2.3 Change

In unserem Beispiel wird *Change* immer dann ausgelöst, wenn sich der Inhalt irgendeines Textfeldes ändert. Die gemeinsame Ereigniserkennung wurde durch die Definition des Steuerelementefeldes ermöglicht. Die Programmzeile **MsgBox "Der Inhalt von Feld" + Str$(index) + " wurde geändert"** gibt eine Meldung aus, wenn sich der Inhalt irgendeines Textfeldes im Steuerelement geändert hat. Auch durch die Zuweisung **textfeld(0).Text = "Inhalt erstes Textfeld"** in der Ladeprozedur zur Form wird das *Change*-Ereignis ausgelöst. Weitere Beispiele für die Entstehung von *Change*:

- Im Bezeichnungsfeld wird die Eigenschaft *Caption* während des Programmablaufs geändert.
- Bei Bildlaufleisten wird vom Code aus die Eigenschaft *Value* geändert, oder der Bediener bewegt die Laufregler.
- Sind in Kombinationsfeldern manuelle Eingabe erlaubt (was von der Eigenschaft *Style* abhängt), lösen diese das Ereignis aus.
- Textfeldänderungen durch Bediener oder Code (siehe unser Beispiel).
- Änderung der Eigenschaft *Drive* im Laufwerklistenfeld oder *Path* im Verzeichnislistenfeld.

### 6.2.2.4 GotFocus

Viele Steuerelemente sind in der Lage, bei der Bewegung des Fokus mit der [Tab]-Taste auf das Element dieses Ereignis zu erkennen. Ob auf dem Feld mit der Tabulatortaste angehalten werden kann, hängt von den Eigenschaften *Enabled* (aufgeblendet), *Visible* (sichtbar) und *TabStop* (Halten erlaubt) ab. Wenn die Befehlsschaltfläche den Fokus erhält, meldet die Ereignisprozedur mit **MsgBox "ENDE hat den Focus"** dieses Geschehen. Sofern Sie das *Got-Focus*-Ereignis für ein Steuerelementefeld prüfen wollen, kann der *Index* in der Routine zur Hilfe genommen werden, um die laufende Nummer des Feldes zu erkennen. In unserer *Change*-Prozedur wurde auch mit dem Index gearbeitet. Bewegen Sie mit der [Tab]-Taste den Fokus auf die Befehlsschaltfläche, wird das Ereignis ausgelöst und durch den Programmcode in einer Messagebox angezeigt.

### 6.2.2.5 LostFocus

Das Ereignis *LostFocus* erkennt, ob eine Steuerelement, das den Fokus hatte, diesen wieder verliert. Dabei ist es unerheblich, ob der Fokus mit der [Tab]-Taste oder einem Mouseklick an eine andere Position verlegt wurde. Die Eigenschaft ist wertvoll, wenn Sie Texteingaben prüfen wollen, bevor der Anwender weitere Angaben machen darf. In der *LostFocus*-Routine prüfen Sie die Eingabe und können bei Nichtgefallen den Inhalt des Textfeldes ändern oder sogar den Fokus wieder auf das Textfeld zurücksetzen (*SetFocus-Methode* in der Art **Objektname.SetFocus**). Die Reaktion beim Verlassen der Befehlsschaltfläche zeigt die Programmzeile **MsgBox "ENDE hat den Fokus wieder verloren"** an.

# 7 Methoden in Visual Basic

In der Programmiersprache Visual Basic wird der gesamte Sprachschatz in verschiedene Gruppen eingeteilt. Die Anweisungen sind "normale" Basic-Befehle, die Sie aus anderen Dialekten kennen (z.B. *Open, Close, DefTyp*). Sie machen nur noch einen kleinen Teil der Sprache aus und können in diesem Buch ebensowenig behandelt werden wie die Funktionen (*Abs, Sin, Cos*). Den wichtigsten Part stellen im Rahmen der Formerstellung die Eigenschaften dar, die ausführlich in Kapitel 6 vorgestellt wurden. In diesem Zusammenhang wurde auch exemplarisch auf die Aufgabe der Ereignisse eingegangen, und Kapitel 5 hat die Steuerelemente aus der Toolbox präsentiert. Die letzte Gruppe, die wir ebenfalls anhand einiger Beispiele aufführen, sind die sogenannten *Methoden.* Visual Basic bietet etwa 30 Methoden an, die sich immer auf die Bearbeitung eines Objektes beziehen. Im Kapitel 5 wurde deshalb bei der Beschreibung der Toolbox jeweils eine Aufstellung der unterstützten Methoden beigefügt. Wir greifen uns aus der Toolbox das Listenfeld und das Bildfeld und stellen einige der dort unterstützten Methoden im Grundsatz vor. Beim Listenfeld interessieren insbesondere die Methoden zum Hinzufügen oder Löschen einzelner Listeneinträge, beim Bildfeld dessen Unterstützung einiger grafischer Methoden.

## 7.1 Beispiele aus dem Listenfeld

Listenfelder besitzen anders als Laufwerklistfelder, Verzeichnislistenfelder und Dateilistenfelder keinen automatischen Inhalt. Der Programmierer muß sich daher Gedanken machen, wie er Einträge in der Liste plaziert und diese bei Bedarf wieder löscht. Die Reihenfolge bestimmt die Eigenschaft *Sorted,* die auf *wahr (-1)* gesetzt sein muß, damit neue Einträge korrekt in alphabetischer Reihenfolge plaziert werden können.

### 7.1.1 AddItem

Zur Bestückung von Listenfeldern oder Kombinationsfeldern wird die *AddItem*-Methode benutzt. Die Syntax **Steuerelementname.AddItem Zeichenkette$ [,Index%]** fügt den Inhalt der *Zeichenkette* in die Liste ein. Die Position innerhalb der Liste wird automatisch bestimmt, wenn kein *Index* angegeben wurde, ansonsten hat der Index Priorität, und der neue Eintrag wird unabhängig von der sonstigen Sortierung eingefügt. Folgende Aufstellung zeigt die Zusammenhänge zwischen *Index* und *Sorted*:

| *Sorted* | *Index* angeben | Auswirkung |
|---|---|---|
| wahr (-1) | nein | alphabetische Einsortierung |
| wahr (-1) | ja | falsche Einsortierung wahrscheinlich |
| unwahr (0) | nein | Einsortierung am Listenende |
| unwahr (0) | ja | Einsortierung an der Indexposition |

### 7.1.2 RemoveItem

Jedes Element einer Liste ist durch einen Index eindeutig gekennzeichnet, der bei *0* beginnt. Die Anzahl aller Elemente einer Liste kann über die Eigenschaft *ListCount* ermittelt werden. Um ein bestimmtes Element einer Liste zu löschen, wird mit **Steuerelementname.RemoveItem Index%** gearbeitet. Dabei ist der *Index* eine Ganzzahl zwischen *0* und *ListCount-1*.

### 7.1.3 Clear

Wenn Sie ein Listenfeld mit unterschiedlichen Einträgen nutzen wollen, kann der alte Inhalt schneller als mit *RemoveItem* mittels *Clear* gelöscht werden. Der Eintrag **Listenfeldname.Clear** genügt bereits, um ein komplettes Listenfeld zu räumen.

## 7.1.4 Codebeispiel

Erstellen Sie eine Form mit einem Listenfeld und zwei Befehlsschaltflächen. Tabulatorreihenfolge, Größe und Plazierung der Elemente sind dabei nachrangig. Verändert werden müssen lediglich folgende Einstellungen:

| Steuerelemente | Eigenschaft | Einstellung |
|---|---|---|
| Listenfeld | Name | Namen |
| Befehlsschaltfläche1 | Caption | &Zeile löschen |
| | Name | Zeile |
| Befehlsschaltfläche2 | Caption | &Alles löschen |
| | Name | Alles |

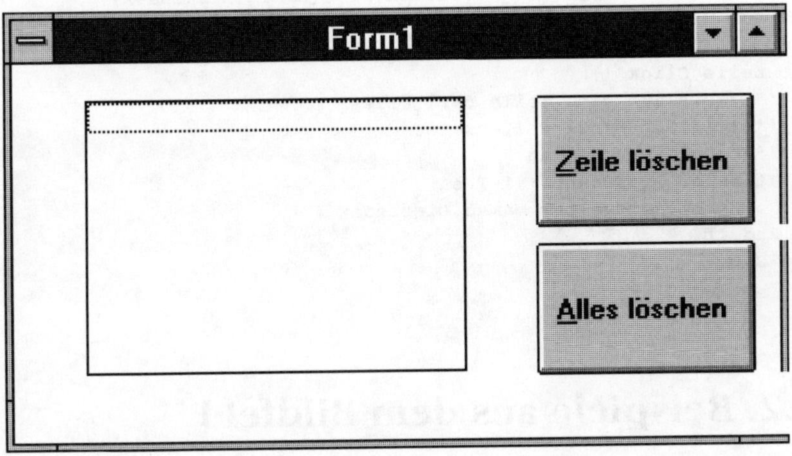


*Abb. 7.1 Beispielanwendung Listenfeld*

Der Code benutzt insbesondere die oben besprochenen Methoden und füllt zunächst beim Laden der Form die Liste mit Zeichenketten von *A* bis *Z*. Beim Klicken auf der Schaltfläche **Alles löschen** entfernt der Code mit *Clear* den Inhalt der gesamten Liste. Wird auf ein Listenelement geklickt, liest das Programm die Zeile aus und präsentiert den Inhalt in einer Messagebox. Klicken Sie hingegen nach der Markierung auf die Schaltfläche **Zeile löschen**, entfernt das Programm nur ein markiertes Element (ein Eintrag bleibt mindestens erhalten).

```
Sub Form_Load ()
   '*** Liste bestücken
   For i% = 65 To 90
      namen.AddItem String$(20, i%)
   Next i%
End Sub

Sub Alles_Click ()
   '*** gesamten Listeninhalt löschen
   namen.Clear
End Sub

Sub Namen_Click ()
    '*** gewähltes Element ausgeben
    MsgBox "Sie wählten: " + namen.List(namen.ListIndex)
End Sub

Sub Zeile_Click ()
   '*** bis auf eine Zeile darf alles
   '*** in der Liste zeilenweise
   '*** gelöscht werden
   If namen.ListCount > 1 Then
      namen.RemoveItem namen.ListIndex
   End If
End Sub
```

# 7.2. Beispiele aus dem Bildfeld

Bildfelder eignen sich besonders, um einige grafische Methoden und die Methode *Print* vorzustellen. In Formen, ##image und Bildfeldern können zur Laufzeit der Anwendung grafische Darstellungen plaziert werden

## 7.2.1 Circle

*Circle* zeichnet als grafische Methode in eine Form oder ein Bildfeld einen Kreis, eine Ellipse oder einen Kreisausschnitt. Benutzen Sie die Syntax:

```
[Objekt.]Circle
[Step](s!,z!),Radius![,[Farbe&][,[Anfang!][,[Ende!][,Relation!]]]]
```

Die Koordinaten *(s!,z!)* bestimmen den Kreismittelpunkt, der durch die Option *Step* auch relativ zur letzten Position des Grafikcursors ermittelt werden kann. Der *Radius* muß angegeben werden, die *Farbe* ist wahlfrei und wird bei Nichtauswahl durch *ForeColor* bestimmt.

Soll kein kompletter Kreis, sondern nur ein Kreisausschnitt dargestellt werden, müssen der *Anfang*spunkt und der *End*punkt definiert werden. Alle Punkte auf dem Kreis liegen im Bereich von 0 bis 2 Pi. Um die Positionierung zu verstehen, stellen Sie sich das Ziffernblatt einer Analoguhr vor. Beginn und Ende eines Kreises, also die Positionen 0 oder 2 Pi, liegen bei 3 Uhr, wobei der Kreis gegen den Uhrzeigersinn gezeichnet wird, bei 12 Uhr befindet sich der Wert Pi/2, bei 9 Uhr Pi und schließlich bei 6 Uhr der Wert 3 Pi/2. Mit einem Trick lassen sich die Kreisausschnitte um Verbindungslinien vom Kreismittelpunkt zum Startpunkt und Endpunkt erweitern. Eine Erstellung von Kuchendiagrammen zu statistischen Zwecken wird dann sehr einfach. Um die Verbindungslinien zeichnen zu lassen, erhalten die Zahlen im Bereich von 0 bis 2 Pi jeweils ein negatives Vorzeichen.

Die Relation bestimmt das Verhältnis zwischen dem horizontalen und dem vertikalen Radius und ist mit *1* voreingestellt. Sie erhalten immer einen optisch korrekten Kreis, die früher benötigte Umrechnungsformel

```
relation = 4 * (Pixel vertikal / Pixel horizontal) / 3
```

ist nicht mehr erforderlich, um einen runden Kreis zu erhalten. Einen interessanten Effekt mit Kreisen erhalten Sie, wenn folgende kleine Routine in einer *Click*-Prozedur für die Form abgelegt wird. Starten Sie das Programm, klicken Sie auf die Form, und sehen Sie das Ergebnis.

```
Sub Form_Click ()
   For j% = 1 To 100
   pi# = Atn(1#) * 4#
      spalte% = Int(Rnd(1) * form1.ScaleHeight)
      zeile% = Int(Rnd(1) * form1.ScaleWidth)
      radius% = Int(Rnd(1) * 200) + 200
      For i# = -(2# * pi#) To 0 Step .08
         farbe% = Int(Rnd(1) * 15) + 1
         form1.Circle (zeile%, spalte%), radius%, QBColor(farbe%), ,
i#
      Next i#
   Next j%
End Sub
```

## 7.2.2 Line

Die grafische Methode *Line* hat eine etwas komplexere Syntax:

```
[Objekt.]Line [[Step](s1!,z1!)]-[Step](s2!,z2!)[,[Farbe&][,[B[F]]]
```

Es besteht die Möglichkeit, wahlweise eine Linie oder ein Rechteck auf eine Form, ein Bildfeld oder das Objekt "Printer" zu zeichnen, wobei durch die Parameter viele Variationsmöglichkeiten gegeben sind. *(s1,z1)* definiert die Startkoordinaten, wobei die Option *Step* die Koordinaten ab der letzten Position des grafischen Cursors berechnet und nicht vom Nullpunkt (0,0) ausgeht. *(s2,z2)* bildet den Endpunkt der Geraden oder den diagonal gegenüberliegenden Punkt des zu zeichnenden Rechtecks. Auch hier ist *Step* zur relativen Positionsbestimmung wahlweise einsetzbar.

Der Farbparameter bestimmt sich als Wert der Funktionen *QBColor* oder *RGB*. Sofern keine Farbangaben gemacht werden, benutzt Visual Basic den Wert der Vordergrundfarbe *ForeColor*. *B* veranlaßt die Erstellung des Rechtecks, das bei zusätzlicher Angabe von *F* in der Rahmenfarbe ausgefüllt wird. Wünschen Sie ein individuelles Ausfüllen des Rechtecks, benutzen Sie nicht *F*, sondern belegen Sie die Eigenschaften *FillColor* und *FillStyle*.

### 7.2.3 Cls

Die Methode *Cls* löscht den Inhalt eines Objekts und wird in der Syntax **Objekt.Cls** benutzt. Für **Objekt** können Sie den Namen einer Form oder eines Bildfeldes angeben. Der Inhalt von Textfeldern kann nicht mit *Cls* gelöscht werden, dort muß vielmehr die Eigenschaft *Text* mit einer leeren Zeichenkette belegt werden. Sofern der Inhalt bereits bei der Erstellung der Form oder des Bildfeldes plaziert wurde (z.B. eine Grafik im Bildfeld), löscht *Cls* diese Darstellung nicht. Es sind nur Elemente löschbar, die zur Laufzeit eingefügt wurden, wie beispielsweise mit der *Print*-Methode oder einer anderen grafischen Methode wie *Circle* und *Line*.

### 7.2.4 Print

Sofern Sie Umsteiger aus einem älteren Basic-Dialekt sind (GWBasic, QBasic, QuickBasic etc.) oder aus dem Bereich Visual Basic für MS-DOS auf die Windows-Schiene wechseln, wird Ihnen der *Print*-Befehl bekannt sein, der zusammen mit *Locate* Bildschirmausgaben in jeder Zeile und jeder Spalte ermöglichte. Da die Windows-Versionen von Visual Basic völlig grafikorientiert sind, existiert der *Locate*-Befehl überhaupt nicht mehr, und *Print* wurde zur Methode befördert. Die Methode bezieht sich nicht mehr auf den gesamten Bildschirm, sondern der Programmierer muß eine genauere Angabe machen, wo er Bildschirmausgaben wünscht, die nicht automatisch Inhalt eines Steuerelementes sind (wie in Listenfeldern oder in Textfeldern; dort kann mit *Print* nicht gearbeitet werden!). Die Eigenschaften *CurrentX* und *CurrentY* sind hierbei der grafische *Locate*-Ersatz und plazieren den grafischen Cursor im gewünschten Element. Formen haben den *Print*-Bezugspunkt (0,0) in der linken oberen Ecke des nutbaren Formbereichs, Bildfelder sind innerhalb der Form plaziert und haben ein eigenes internes Koordinatensystem, um Ausgaben zu plazieren. Sie können sogar innerhalb des Bildfeldes eine andere Maßeinheit vergeben, als die der gesamten Form zugewiesene Einheit. Die Form arbeitet in unserem folgenden Beispiel mit Twips, das Bildfeld intern mit Millimetern. Das Ausgabenmedium bestimmen Sie durch **Objektangabe.Print Ausgabe[{; | ,}]**, wobei als **Objektangabe** insbesondere *Form, Bildfeld* oder "Printer" eingesetzt werden kann. Fügen Sie an die Ausgabe (Zeichenkette oder numerischer Wert) ein Semikolon an, wird kein Zeilenumbruch vorgenommen und die nächste *Print*-Methode wird in derselben Zeile angefügt. Mit einem Komma zwischen einzelnen Ausgabewerten fügt Visual Basic Leerzeichen zwischen den Elementen ein.

## 7.2.5 Codebeispiel

Erstellen Sie in einer Form ein Bildfeld, das groß genug ist, einen Kreis von etwa zwei Zentimetern Durchmesser aufzunehmen. Der *Name* sei *Bildfeld*. Laden Sie ein beliebiges Icon in das Bildfeld, indem Sie die Eigenschaft *Picture* [F4] wählen und in der Eingabeleiste auf das Feld mit den drei Punkten [...] klicken. Icons befinden sich im gleichnamigen Unterverzeichis.

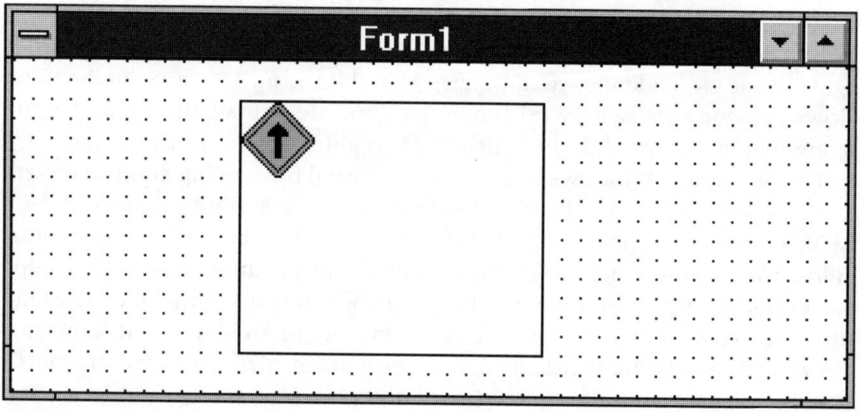


*Abb. 7.2 Beispielform zur Entwicklungszeit*

Im Code sind drei Ereignisse programmiert, die sich mit grafischen Methoden auseinandersetzen. Nach dem Programmstart ist zunächst das Bildfeld mit dem Icon links oben in der Ecke sichtbar. Wenn der Anwender im Bildfeld einmal klickt, wird mit der *Print*-Methode ein Text ausgegeben.

```
Sub Bildfeld_Click ()
   '*** Text ausgeben
   bildfeld.Print "Textausgabe"
End Sub
```

Der Doppelklick im Bildfeld löscht den Inhalt, sofern er zur Laufzeit hinzugefügt wurde. Alle zuvor plazierten Elemente (z.B. unser Icon) werden von der *Cls*-Methode nicht berührt.

```
Sub Bildfeld_DblClick ()
   bildfeld.Cls
End Sub
```

Wenn der Anwender außerhalb des Bildfeldes auf die Form klickt, stellt Visual Basic vorbereitende Werte für die *Circle*-Methode ein und zeichnet einen Kreis mit einem Radius von 10 Millimetern. Anschließend werden die Koordinaten auf die linke obere Ecke des Bildfeldes zurückgesetzt, damit die *Print*-Methode nicht die nächste Ausgabe im Kreismittelpunkt plaziert.

```
Sub Form_Click ()
   '*** Skala im Bildfeld auf Millimeter
   bildfeld.ScaleMode = 6

   '*** Füllmuster auf beide Diagonalen
   bildfeld.FillStyle = 7

   '*** QBColor auf grün
   bildfeld.FillColor = QBColor(10)

   '*** Kreis im Mittelpunkt des Bildfeldes
   '*** zeichnen (Radius 10 mm)
   bildfeld.Circle (bildfeld.ScaleWidth \ 2, bildfeld.ScaleHeight \
         2), 10

   '*** Koordinaten zurücksetzen
   bildfeld.CurrentX = 0
   bildfeld.CurrentY = 0
End Sub
```

Beachten Sie bei der Ausführung des Programms, daß sowohl der Text als auch die Grafik wahlweise in den Vordergrund gestellt werden können. Klicken Sie erst auf die Form und dann im Bildfeld, so befindet sich der Text im Vordergrund, in der umgekehrten Reihenfolge überlagert die Kreisdarstellung den Text.

# 8 Projekte in Visual Basic

Als Projekt bezeichnet man in Visual Basic alle Dateien, die im Zusammenhang mit der programmtechnischen Lösung einer Anwendung entstehen. Autonome Dateien entstehen insbesondere für jede Form und für jedes Modul, das programmiert wird. Zur Nutzung einiger Tools müssen spezielle Dateien geladen werden. Formdateien erkennen Sie am Anhang **.FRM**, Module mit Basic-Quellcode an der Kennung **.BAS**. Dateien zur Nutzung der Tools werden als **.VBX**-Dateien hinterlegt und müssen dem Projekt über den Menüpunkt *Datei hinzufügen* zur Verfügung gestellt oder bereits mit der Datei *AUTOLOAD.MAK* beim Starten von Visual Basic integriert werden. Alle Dateien zusammen ergeben ein Projekt, und alle Dateinamen des Projekts werden in einer Projektdatei mit dem Anhang **.MAK** zusammengefaßt. Eine Projekdatei kann wie folgt aussehen:

| | |
|---|---|
| **KAP8M1.BAS** | Basic-Quellcodemodul |
| **C:\WINDOWS\SYSTEM\GRID.VBX** | Toolunterstützungen |
| **C:\WINDOWS\SYSTEM\OLECLIEN.VBX** | |
| **KAP8P1F1.FRM** | Formdatei |
| **KAP8P1F2.FRM** | Formdatei |
| **ProjWinSize=152,402,248,215** | Größe des Projektfensters |
| **ProjWinShow=2** | Status der Projektfensteranzeige |

Das obige Projekt besteht aus einem Modul und zwei Formen, alle Toolunterstützungen wurden durch die Datei *AUTOLOAD.MAK* beim Starten des Systems automatisch eingefügt. Wenn Sie eine Projektdatei löschen oder verändern, kann ein Projekt nicht mehr insgesamt geladen werden. Sie sollten daher nur über den Menüpunkt *Datei entfernen* Elemente des Projekts löschen oder hinzufügen. Der Vorteil der Projektdateien ist darin zu sehen, daß der Programmierer sich Standardformen erstellt und daraus wiederum eine Art Baukasten entwickelt. Eine Form oder ein komplettes Modul kann in diversen Projekten benutzt werden, da beim späteren Compilieren der **EXE**-Datei alle Originaldateien (Formen, Module) erhalten bleiben. Zur Manipulation der Projektdatei bestehen folgende Möglichkeiten:

### a) Neue Datei für das Projekt erstellen

Zunächst kann ein bereits bestehendes Projekt in den Speicher geladen werden, um es durch weitere Elemente zu ergänzen. Sofern nach dem Laden von Visual Basic für Windows erstmals ein Projekt erstellt werden soll, besteht es aus einer einzelnen Form. Um dem Projekt eine weitere Form hinzuzufügen, wählen Sie aus dem Menü *Datei* den Eintrag *Neue Form.* Jede neue Form erhält eine laufenden Nummer, wobei Sie den Namen der Form und deren Aufschrift ändern können (Eigenschaften *Name* und *Caption*). Neben neuen allgemeinen Formen kann je Projekt eine MDI-Form bestimmt werden. Über den Punkt *Neues Modul* fügt das System Ihrem Projekt eine Moduldatei hinzu, in der ausschließlich Programmcode geschrieben werden kann.

### b) Form oder Modul aus dem aktuellen Projekt löschen

Im Verlauf der Arbeit mit Projekten kann es geschehen, daß versehentlich Dateien hinzugefügt wurden, die der Programmierer nicht mehr benötigt. Auch nicht mehr benötigte Formdateien lassen sich jederzeit aus dem aktuellen Projekt entfernen. Entfernen bedeutet dabei lediglich das Löschen des Dateinamens aus der Projektdatei (Anhang **.MAK*), nicht aber ein physikalischen Löschen auf dem Datenträger. Es stehen zwei grundsätzliche Arbeitswege zur Verfügung:

- Öffnen Sie über das Projektfenster über das Menü *Fenster Projekt.*
- Markieren Sie mit der Mouse den Eintrag, der aus dem Projekt entfernt werden soll (Modul, Form oder VBX-Datei).
- Im Menü *Datei* wählen Sie nun *Datei entfernen.*

oder

- Aktivieren Sie das Fenster, in dem die zu löschende Datei dargestellt wird (z.B. eine Form).
- Im Menü *Datei* wählen Sie nun *Datei entfernen.*

### c) Form oder Modul aus einem anderen Projekt kopieren

Die Speicherung von Formen und Modulen in Einzeldateien bei nachträglicher Zusammenfassung über die Projektdatei hat einen entscheidenden Vorteil. Sie können im Laufe der Programmierung Formen als Bausteine entwerfen und in diversen Projekten einsetzen. Bei der Kompilierung werden in die

EXE-Datei alle notwendigen Informationen übertragen, wobei jedoch immer die Einzeldateien des Quellprogrammes erhalten bleiben. Um eine Form oder ein Modul im aktuellen Projekt nutzbar zu machen:

- Wählen Sie aus dem Menü *Datei* den Eintrag *Datei hinzufügen.*
- Visual Basic zeigt aus dem gewählten Verzeichnis folgende Dateien an:
  ***.frm** = Formen
  ***.bas** = Basic Quellcode in Modulen
  ***.vbx** = Unterstützungsdatei für besondere Tools (z.B. Gitternetz oder OLE)

# 8.1 Module

In Visual Basic für Windows Version 1.0 wurde vom System automatisch ein globales Modul angelegt, in dem Deklarationen von Variablen abgelegt werden konnten, die in allen Modulen und Formen nutzbar waren. Auch Konstantendefinitionen wurden in diesem globalen Modul abgelegt. Im Deklarationsteil von Modulen wurden hingegen nur Variablen aufgenommen, die innerhalb des Moduls gelten sollten. Das bisherige globale Modul (die Quick-Basic- oder Visual Basic für DOS-Umsteiger können es am besten mit der *$INCLUDE*-Datei vergleichen) ist in Visual Basic für Windows 2.0 entfallen. Wir haben diese Vorgehensweise in Kapitel 3 bereits ausführlich behandelt und die Gültigkeit von deklarierten Variablen besprochen. Wenn Sie ein Projekt laden, das unter Visual Basic für Windows 1.0 erstellt wurde, erkennt die neue Version dieses an und konvertiert es mit dem nächsten Speichervorgang in das aktuelle Format. Das bisherige globale Modul wird in den gewöhnlichen Deklarationsteil des ersten Moduls geschrieben. Wozu werden aber nun Module überhaupt benötigt?

Größere Programmieraufgaben lassen sich nicht mit einer Form lösen, sondern bestehen aus mehreren Formen. Es genügt dann aus zweierlei Gründen nicht mehr, nur mit Formen zu arbeiten:

1) Die Ablaufsteuerung der Formen läßt sich besser von einem zentralen Punkt aus steuern, der in der Regel keine Form ist.

2) Viele Programmroutinen sind keine Ereignisse mehr und sollen zudem nicht nur einer Form zur Verfügung stehen, sondern generell von allen Formen aus greifbar sein (zeit- und speicherplatzsparende Programmierung).

Im Menü *Optionen Projekt* haben Sie die Möglichkeit, für das aktuelle Projekt zu definieren, ob es mit einer bestimmten Form oder der *Sub Main* gestartet werden soll. Wenn Sie mit einem Modul arbeiten, haben Sie die Möglichkeit, über das Menü *Ansicht Neue Prozedur* Funktionen und Prozeduren zu definieren. Nennen Sie diese Prozedur *Main* und haben Sie zuvor in den *Projektoptionen* den Startwert auf diese Unterroutine gesetzt, wird Visual Basic die Programmausführung in der *Sub_Main* beginnen. Der Programmierer hält nun in dieser Routine die Fäden in der Hand und bestimmmt von hier aus die Ablaufsteuerung der gesamten Anwendung. Es kann nur eine Sub mit diesem Namen geben. Von hier aus können Formen aktiviert werden, und es besteht ein Zugriff auf alle Subs in allen anderen Modulen. Wenn die *Sub_Main* beendet ist, endet auch die Anwendung. Um alles Gesagte an einem Beispiel zu illustrieren, das wir in diesem Kapitel stückweise aufbauen, gehen Sie wie folgt vor:

- Beginnen Sie über *Datei Neues Projekt* ein neues Projekt.
- Plazieren Sie auf der Form eine Befehlsschaltfläche, und benennen Sie diese als *Command1* (Eigenschaft *Name*).
- Aus dem Menü *Datei* wird nun der Punkt *Neue Form* gewählt, auf der gewählten Form können Sie ein beliebiges Steuerelement plazieren. Die Form kann auch völlig leer bleiben, da sie nur zu Demonstrationszwecken für die Arbeit mit mehreren Formen dienen soll.
- Wählen Sie nun aus dem Menü *Datei* den Unterpunkt *Neues Modul.*
- Sie befinden sich automatisch im Deklarationsteil, was die Titelleiste des Fenster auch deutlich anzeigt. Geben Sie dort eine für das gesamte Projekt gültige Variable ein. Tippen Sie **Global iwt As String**. Diese Variable wird als Zeichenkette variabler Länge definiert, kann aber im Deklarationsteil nicht mit einem Wert belegt werden!
- Nun wählen Sie aus dem Menü *Bearbeiten* den Eintrag *Neue Prozedur* und benennen diese als *Main.*
- Programmieren Sie die *Sub_Main* wie folgt:

```
Sub main ()
   iwt = "IWT Verlag GmbH"
   MsgBox "Hier geht es im Programm los..."
   Load form1
   a$ = "Hallo"
   testsub a$, 1000
   MsgBox a$
   Unload form2
   Unload form1
End Sub
```

An dieser Stelle legen wir eine kurze Pause ein und betrachten, was in der *Sub_Main* geschieht. Die im Deklarationsteil des Moduls als global definierte Variable **iwt** wird bestückt, da dieses im Rahmen der Deklaration nicht möglich ist. Die erste Messagebox zeigt, daß an dieser Stelle das Programm begonnen wird, wenn im Menü *Optionen* zuvor auch die *Sub_Main* als Startelement gewählt wurde. Wenn dies bisher noch nicht geschehen ist, sollten Sie diese Änderung jetzt vornehmen (Menü *Optionen Projekt*). Die *Form1* wird in der dritten Zeile geladen, ist aber noch nicht sichtbar. Sie kann später mit *Show* gezeigt (und geladen), mit *Hide* versteckt oder mit *Unload* aus dem Speicher entfernt werden. Die nächste Zeile belegt die Variable **a$** mit einer Zuweisung, die später noch Bedeutung erlangen wird. Die Zeile **testsub a$, 1000** ruft eine Prozedur auf (die wir später noch erstellen) und übergibt den Variableninhalt **a$** und den konstanten numerischen Wert 1000. Nachdem das Programm aus der Unterroutine mit dem Namen **testsub** zurückgekehrt ist, zeigt die nächste Messagebox den Inhalt der Variablen **a$** an. Die beiden Formen werden anschließend wieder entladen, und das Programm ist beendet. Nun weiter bei der Erstellung des Projekts:

- Es muß nun eine Prozedur im Modul programmiert werden, die wir in der *Sub_Main* bereits unter dem Namen **testsub** aufgerufen haben. Wählen Sie hierzu aus dem Menü *Bearbeiten* den Eintag *Neue Prozedur.*
- Benennen Sie die Prozedur als *testsub,* und geben Sie folgenden Code ein:

```
Sub testsub (a$, b%)
   MsgBox "Es wurden " + a$ + " :" + Str$(b%) + " übergeben."
   form1.Command1.Caption = a$
   form1.Show 1
   a$ = iwt
```

```
    form2.Show
End Sub
```

In der *Sub_Main* haben wir mit der Zeile **testsub a$, 1000** eine Prozedur aufgerufen und gleichzeitig zwei Werte (Argumente genannt) übergeben, den Inhalt der Variablen **a$** und den Wert 1000. Daher ist es notwendig, in der aufgerufenen Routine die gleiche Anzahl von Argumenten abzuholen. Wir behalten **a$** bei und hinterlegen den numerischen Wert in der Variablen **b%**. Der Abschnitt 8.3 dieses Kapitels wird sich mit der Argumentübergabe und einigen Besonderheiten befassen, löschen Sie daher das Projekt nicht gleich, wenn Sie es später komplettiert haben, sondern speichern Sie es ab.

Die erste Zeile der Sub zeigt, daß die Werte in den Übernahmevariablen angekommen sind. Die übergebenen Argumente werden ausgegeben. Die Form1 wurde in der *Sub_Main* bereits geladen, ist aber noch nicht sichtbar. Wir beschriften nun die Befehlsschaltfläche mit einem Argument, so daß nun der Inhalt von **a$** als *Caption*-Eigenschaft der Befehlsschaltfläche eingetragen wird. Die Zeile **form1.Show 1** macht die *Form1* sichtbar und modal. Der Wert **1** hält das Programm hinter der Zeile **form1.Show 1** an und ermöglicht es dem Benutzer, in der Form zu arbeiten. Hätten wir statt der **1** eine **0** übergeben, wäre die Form wirkungslos gewesen, und die Programmausführung liefe weiter, wenn der Bediener in einer anderen Form klickte. Da die Form modal gesetzt wurde, erscheint sie, und der Bediener muß die Form manuell schließen ([Alt]+[F4]), oder der Programmcode der Form sorgt dafür, daß die Form abglendet wird (**Form1.Hide**). Das Programm wird also immer erst nach Beendigung der Form weitergeführt, wobei Sie darauf achten sollten, daß zur gleichen Zeit keine weiteren Formen sichtbar sind, in die der Anwender wechseln könnte. Blenden Sie bei Bedarf vor dem Aufruf einer modalen Form alle anderen Formen mit *Hide* ab. In unserer Sub wird schließlich noch die Übergabevariable neu belegt und die zweite Form als wirkungslose Form aktiviert. Wenn die Form modal sein soll, müßte der Code gemäß den obigen Ausführungen **form2.Show 1** lauten.

Da wir die Arbeit im Modul abgeschlossen haben, geht es im neuen Unterpunkt dieses Kapitels weiter; wir wechseln zur Form zurück, um dort eine generelle Prozedur zu schreiben.

# 8.2 Generelle Sub einer Form

Sie haben im Verlauf dieses Buches bisher Module, Prozeduren in Modulen und Ereignisprozeduren in Formen kennengerlernt. Eine Ereignisprozedur in der Form ist spezialisiert auf eine bestimmte Aktion des Anwenders oder des Programmcodes. Es gibt aber Anwendungsbeispiele, in denen mehrere Ereignisprozeduren gleiche Teilelemente aufweisen, beispielsweise die Ausgabe von Informationen auf einen Drucker. Wenn die sonstigen Aufgaben der Ereignisroutinen zu verschieden sind, lohnt sich der Einsatz eines Steuerelementefeldes nicht, und Sie sollten eine generelle Prodezur auf Formebene schreiben. Wir möchten dies im Rahmen unseres kleinen Beispiels integrieren und eine generelle Sub auf Formebene schreiben, die wie ein Befehl von jeder Position der Ereignisprogrammierung aus beliebig oft aufgerufen werden kann.

- In Fortsetzung des Beispiels aktivieren Sie nun über den Menüpunkt *Fenster* das Projektfenster.
- Klicken Sie auf die erste Form (*Form1*), und wählen Sie anschließend im Projektfenster die Schaltfläche, um den Code anzuzeigen.
- Über das Menü *Ansicht* legen Sie eine neue Prozudur an, die Sie *formprozedur* nennen. Fügen Sie eine Codezeile hinzu, so daß die Prozedur wie folgt aussieht:

```
Sub formprozedur ()
   MsgBox "Aufruf innerhalb der Form"
End Sub
```

- Um später zeigen zu können, daß diverse Ereignisse sich der generellen Prozedur bedienen können, schreiben Sie zwei Ereignisprozeduren:

```
Sub Form_Load ()
   formprozedur
End Sub

Sub Command1_Click ()
   formprozedur
End Sub
```

Das Projekt ist nun beendet und startbereit. Sie haben ein Modul mit einer generellen Sub auf Modulebene, den Modul-Deklarationsabschnitt, zwei Formen, zwei Ereignisprozeduren und eine generelle Formprozedur programmiert und können feststellen, daß auch ein Projekt keine Schwierigkeiten bereitet. Starten Sie die Anwendung, um einige Besonderheiten und die Wirkungsweise des Programms kennenzulernen.

Zunächst erhalten Sie den Hinweis, an welcher Position das Programm gestartet ist, nämlich in der *Sub_Main.* Sollten Sie den Hinweis *"Hier geht es im Programm los"* nicht sehen, vergewissern Sie sich, ob im Menü *Optionen* der Startwert auch auf *Sub_Main* und nicht mehr auf einer Form steht. Es muß dann die Meldung *"Aufruf innerhalb der Form"* folgen, da die Startprozedur die *Form1* lädt und dabei das Ereignis *Form_Load* erzeugt, das seinerseits die generelle Prozedur in der Form aufruft. Nach der Anzeige der Übergabewerte in der generellen Sub des Moduls erscheint die Form. Wenn Sie auf die Steuerfläche klicken, wird erneut der Hinweis *"Aufruf innerhalb der Form"* folgen. Schließen Sie mit [Alt]+[F4] die Form, geht es im Ablauf weiter. Schließlich gibt die *Sub_Main* den Inhalt der Variablen **a$** aus, in der nun der Eintrag *"IWT Verlag GmbH"* steht. Soweit zum Ablauf des Programms. Zufriedenheit werden die Einsteiger äußern, die sich bisher nur mit Visual Basic für Windows beschäftigt haben, denn für sie ist alles eben gesagte nichts Außergewöhnliches. Eine Revolution werden hierin dagegen die Umsteiger aus QuickBasic oder QBasic erkennen, und sie haben recht. Der letzte Schritt ist hier der entscheidende Schritt. Die Ausgabe der Variable **a$** in der *Sub_Main.* Warum? Der nächste Abschnitt wird es erläutern.

## 8.3 Argumentübergabe in eine Sub

Wenn Sie sich an das im Kapitel über den Geltungsbereich von Variablen Gesagte erinnern, so wissen Sie, daß nicht deklarierte Variablen lokal sind. Die Variable gilt nur innerhalb ihres Bereiches, was Sie sich anhand eines Beispiels nochmals verdeutlichen können. Belegen Sie eine Variable in der *Sub_Main* (z.B. **c$ = "TEST"**), und fügen Sie in der ersten Codezeile der *Sub_testsub* den Eintrag **MsgBox c$** ein. Starten Sie die Anwendung, und Sie werden erkennen, daß die Messagebox leer bleibt, da **c$** innerhalb eines Unterprogramms des Moduls unbekannt ist. Betrachten Sie den Code unter diesem Aspekt nochmals, wir haben den Auszug für Sie parat:

```
Sub testsub (a$, b%)
   MsgBox c$
   MsgBox "Es wurden " + a$ + " :" + Str$(b%) + " übergeben."
   form1.Command1.Caption = a$
   form1.Show 1
   a$ = iwt
   form2.Show
End Sub
```

Es stellt sich die Verständnisfrage, welche Variablen in der Sub bekannt und nutzbar sind. Wie wir gerade gesehen haben, ist **c$** unbekannt. **a$** und **b%** sind mit Werten aus der *Sub_Main* gefüllt, da sie als Argumente übergeben wurden und dieser einen Sub namens **testsub** zugängig gemacht wurden. Für jede andere Sub ohne Argumentübergabe wären **a$** und **b%** genauso unbekannt wie für unsere Sub das **c$**. Und was ist mit der Variablen **iwt**, wird sich nun mancher Leser verwundert fragen. Sie ist nicht als Argument übergeben worden, hat aber trotzdem in der Sub einen Inhalt, der an **a$** weitergegeben wird. Der Grund liegt im Deklarationsabschnitt des Moduls, in dem Sie die Variable **iwt** durch den Eintrag **Global iwt As String** im ganzen Projekt nutzbar gemacht haben. Das alles ist noch nicht die erwähnte Besonderheit, denn auch QuickBasic oder QBasic waren in der Lage, Argumente an eine Sub zu übergeben - allerdings als Einbahnstraße in Richtung Sub. Eine Rückgabe von Werten ist dagegen in Visual Basic für Windows aus der Sub an die aufrufende Routine möglich. Übergeben wird also nicht der Inhalt einer Variablen (ihr Wert), sondern die Variable an sich. Nur so ist verständlich, daß eine Rückgabe an die aufrufende Routine möglich ist. In unserem Beispiel leiht die *Sub_Main* die Variable **a$** samt Inhalt an die Prozedur *testsub* aus und möchte auch die Variable samt Inhalt zurückerhalten. In der Prozedur wird der Variablen ein neuer Inhalt zugewiesen, und am Ende der *testsub* erhält die aufrufende Routine Variable und Inhalt zurück.

Diese neue Art der Argumentübergabe erlaubt das Programmieren dynamischer Unterprogramme, die Ergebnisse von Berechnungen oder Zeichenkettenmanipulationen zurückgeben können. Ein Nachteil liegt in der Gefahr, daß ein nur als Argument gedachter Übergabewert versehentlich durch Benutzung gleicher Variablennamen innerhalb der Sub verändert wird. Wenn Sie eine Übergabe nur als Argument planen, also nur den Wert, nicht aber die

Variable selber übergeben wollen, arbeiten Sie in der Prozedur beim Abholen der Werte mit **ByVal**. Die Startzeile der Sub sieht dann wie folgt aus: **Sub testsub (ByVal a$, b%)**. Jetzt erfolgt die Übergabe als Wert, und **a$** in der *testsub* hat mit **a$** in der *Sub_Main* nichts mehr zu tun. Beides sind nun lokale Variablen. Innerhalb der *testsub* kann der Inhalt der mit **ByVal** übergebenen Variablen genutzt werden, eine Rückgabe an die aufrufende Routine ist ausgeschlossen. Probieren Sie es aus. Zur Verdeutlichung aber nochmals eine Darstellung der unterschiedlichen Wirkungsweisen.

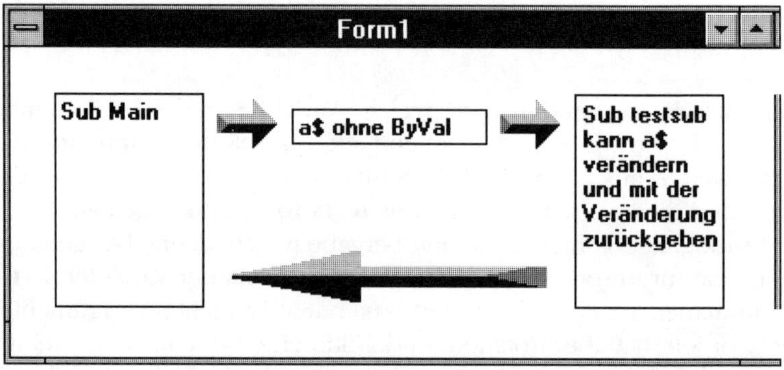


*Abb. 8.1 Argumentübergabe ohne ByVal*

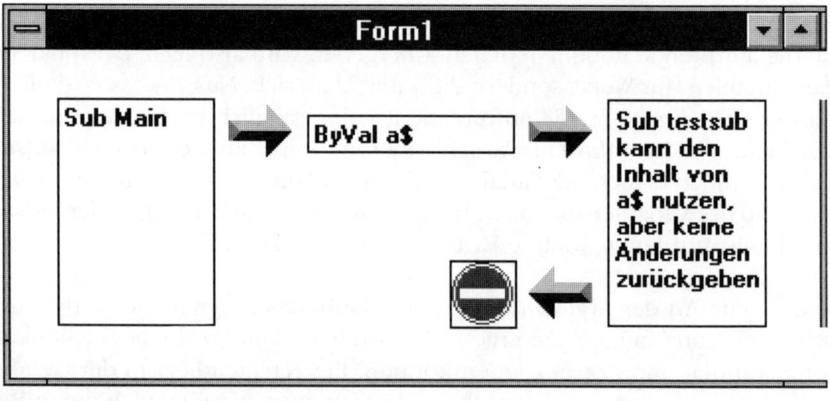


*Abb. 8.2 Argumentübergabe als Wert*

# 8.4 Fehlerverfolgung

Visual Basic ist in der Lage, Fehler des Programmierers weitgehend schon bei der Eingabe im intelligenten Editor auszuschließen, sofern Syntaxfehler bei der Programmerfassung vorkommen. Mit der Hilfetaste [F1] werden kontextabhängige Hinweise gegeben, wie Befehle, Anweisungen, Funktionen, Ereignisse, Methoden und Eigenschaften korrekt eingegeben werden. Laufzeitfehler können weiterhin mit einer Fehlerroutine *On Error Goto* abgefangen werden, wenn unvorhergesehene Hardware- oder Kommunikationsprobleme auftreten. Um diese Fehler soll es in den Betrachtungen dieses Abschnittes aber überhaupt nicht gehen, sondern um die viel zeit- und nervenraubenderen Fehler, die sich einfach nicht finden lassen wollen. In einem Programm ist der berühmte "Wurm drin", und Sie wissen nicht so recht, an welcher Stelle. Es kann unter diesen Umständen hilfreich sein, den Weg des Programms durch den (hoffentlich nicht vorhandenen) Codedschungel nachvollziehen zu können, um ungewollten Variablenveränderungen oder aktuellen Variablenzuständen auf die Spur zu kommen. Der Menüpunkt *Testen* bietet alle erforderlichen Werkzeuge hierfür. Da das Menü bereits in Kapitel 2 vorgestellt wurde, greifen wir einige Möglichkeiten heraus, die eine Fehleranalyse vereinfachen.

### a) Haltepunkt(e) setzen

Um ein Programm in bestimmten Schritten zu testen, können Haltepunkte definiert werden, an denen die Programmausführung abgebrochen wird. Am Haltepunkt sind momentane Variableninhalte anzeigbar, um Rechenergebnisse zu kontrollieren oder Zählerstände abzufragen. Bedingt sind sogar Programmänderungen möglich. Wahlweise kann nach dem Stop an einem Haltepunkt das Programm fortgesetzt oder neu gestartet werden. Jede Fortsetzung arbeitet bis zum nächsten Haltepunkt, wobei jeder Haltepunkt individuell gesetzt und gelöscht werden kann.

Haltepunkt über die Bedieneroberfläche ein- und ausschalten

- Setzen Sie den Cursor in die Codezeile, auf der ein Haltepunkt angebracht werden soll (keine Leerzeile).
- Wählen Sie aus dem Menüpunkt *Testen*

– den Eintrag *Haltepunkt ein/aus.*

Haltepunkt über Tastenkombination ein- und ausschalten

– Setzen Sie den Cursor in die gewünschte Zeile und
– drücken Sie `F9`.

Alle Haltepunkte im Programm löschen

– Wählen Sie aus dem Menü *Testen*
– *alle Haltepunkte löschen.*

**b) Programm fortsetzen**

Ein unterbrochenes Programm kann grundsätzlich vom letzten Haltepunkt an bis zum nächsten Haltepunkt oder bis zum Programmende fortgesetzt werden. Wurden im Umfeld eines Haltepunktes Änderungen im Programm vorgenommen, die eine Fortsetzung nicht zulassen, teilt Basic dies durch eine Meldung mit. In diesem Fall ist mit `Shift` + `F5` ein Neustart vorzunehmen.

Fortsetzung über die Bedieneroberfläche

– Wählen Sie aus dem Menüeintrag *Ausführen* den Eintrag
– *Fortsetzen.*

Fortsetzung über Tastenkombination

– Drücken Sie `F5`.

**c) Variablen anzeigen**

Der Inhalt eines Platzhalters, einer Variablen, kann bei QuickBasic im Rahmen des Debuggings an einem Haltepunkt angezeigt werden. Um die Wirkungsweise nachvollziehen zu können, geben Sie in einer Ereignisprozedur eine Schleife ein, die Visual Basic zählen soll. Wenn der Cursor auf der Zeile der Betragsberechnung steht, setzen Sie mit [F9] eine Haltemarke. Die Zeile wird farbig unterlegt.

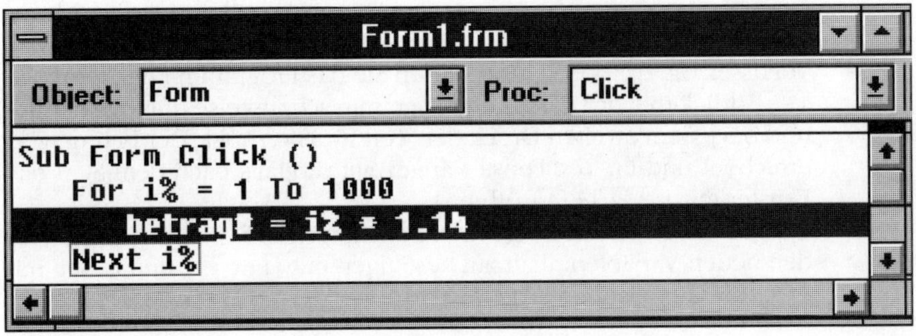


*Abb. 8.3 Programmcode mit Haltepunkt* [F9]

Es wird in der numerischen Variablen **i%** von **1** bis **1000** gezählt, der Zählerstand wird von Programm jedoch nicht angezeigt. Der Programmablauf wird nach dem Start sofort durch die Haltemarke unterbrochen. Um die Variable mit ihrem Wert anzuzeigen, haben Sie zwei Möglichkeiten:

Einmalige Kontrolle

- Wenn das Programm auf der Haltemarke anhält, öffnen Sie das *Debug*-Fenster (Menü *Fenster* und dort *Test* oder [Strg] + [T]).
- Geben Sie **Print i%, betrag#** ein, und sofort zeigt das Programm die momentanen Werte. Zur Verdeutlichung drücken Sie mehrmals [F8] und wiederholen die Eingabe im *Test*-Fenster.

Andauernde Kontrolle

- Für dauerhafte Wertkontrollen ist die Eingabe von **Print** lästig und umständlich. Sie können statt dessen dem System die "Brille" aufsetzen und einen Beobachtungspunkt setzen. Das Brillensymbol finden Sie auch in der Symbolleiste wieder.
- Setzen Sie den Cursor in den Variablennamen **betrag#** (an irgendeine Stelle im Namen).

- Wählen Sie aus dem Menü *Testen* den Eintrag *Neuen Ausdruck überwachen,* und die Variable wird als zu beobachtender Ausdruck bereits angezeigt. Auch die zugehörige Routine wurde bereits ermittelt.
- Belassen Sie die Vorgabe *Ausdruck überwachen,* Sie können später auch das Programm abbrechen, wenn der Ausdruck wahr wird oder er sich überhaupt verändert.
- Verlassen Sie das Menü, und starten Sie das Programm neu. Wenn Sie [F8] drücken, wird das Hauptprogramm schrittweise durchgearbeitet und bei jedem zweiten Druck der Wert für **i%** erhöht. Der Betrag wird errechnet und im *Test*-Fenster angezeigt (notfalls nach dem Start das Fenster mit [Strg] + [T] öffnen).
- Um einen bestimmten Wert einzutragen, weisen Sie im *Debug*-Fenster den neuen Variableninhalt zu, bestätigen mit [Enter] und lassen mit [F8] die Zuweisung vornehmen.

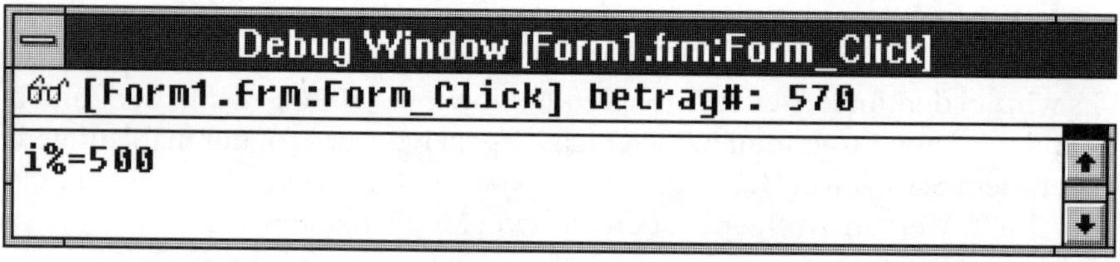


*Abb. 8.4 Debug-Fenster (Test) mit Variablenänderung*

# 8.5 EXE-Datei erstellen

Sofern ein Programm reibungslos abläuft und alle Tests zu Ihrer Zufriedenheit bestanden hat, wird es abschließend gespeichert und bei Bedarf kompiliert, also in eine direkt ausführbare *EXE*-Datei umgewandelt. Sie erledigen diesen Schritt schnell und einfach über das Menü *Datei EXE-Datei erstellen.* Bei der Umwandlung des Projekts bleiben alle Quelldateien wie Formen und Module selbstverständlich erhalten und können später weiterentwickelt oder in anderen Projekten eingesetzt werden. Die fertige *EXE*-Datei wird im gewünschten Laufwerkspfad abgelegt und kann auf jedem Rechner mit Windows 3.1 und bedingt auch auf Windows 3.0 eingesetzt werden. Zu beachten ist allerdings, daß Sie im Verzeichnis der von Ihnen ausgelieferten Software nicht nur die *EXE*-Datei installieren müssen, sondern auch die Datei **VBRUN200.DLL**, das sogenannte Laufzeitmodul, auf das bei der Programmausführung ständig zurückgegeriffen werden muß. QuickBasic-Programmierer kennen sicherlich noch die Wahlmöglichkeit, das Laufzeitmodul in die *EXE*-Datei einkompilieren zu lassen oder nicht. In Visual Basic für Windows ist dies nicht mehr möglich, da die komplette *EXE*-Datei dann jeden Rahmen sprengen würde.

## 8.6 Hinweis zu den Beispielanwendungen

Wir haben bis zu dieser Stelle versucht, Ihnen die Programmiersprache Visual Basic näherzubringen und die Elemente in den Vordergrund gesetzt, die das Neue und Interessante an der Programmiersprache ausmachen. Der Umfang der Originalliteratur zeigt, daß es sich um ein professionelles und durchdachtes System handelt, mit dem auf einfache Weise optisch anspruchsvolle Applikationen erstellt werden können. Wir zeigen im nächsten Kapitel zwei kleine Beispielprogramme, die dokumentiert sind, um die Arbeitsweise von Visual Basic verständlich zu machen. Der Schwerpunkt liegt hier nicht auf umfangreichen Projekten, sondern auf Einzelformen, die Sie nach eigenem Ermessen zum Üben oder Ausgestalten verwenden können. Auch wenn Sie bisher nicht in Basic programmiert haben sollten und Ihnen daher einige Befehle neu sind, werden Sie Ihr Wissen bezüglich Eigenschaften, Einstellungen und Ereignissen nutzen können und hoffentlich Spaß daran finden, sich mittels des Sprachverzeichnisses oder der *Online*-Hilfe an Anweisungen, Funktionen und weitere Methoden zu wagen. Dies war unser Ziel.

# 9 Beispielanwendungen

Die erste Anwendung, mit der wir uns im Übungsteil dieses Buches auseinandersetzen wollen, wird ein kleines Telefonregister sein. Ziel ist zunächst, daß der Anwender Sicherheit in der Entwicklung von Formen und bei der Nutzung der Steuerelemente erhält. Bei der Programmierung kommt es sicherlich auf eine effektive Vorgehensweise an; wir haben aber bewußt einige Passagen etwas ausführlicher codiert, um die Programmhandlung tatsächlich am Ort des Ereignisses vorzunehmen. Die Arbeitsweise dieser Routinen wird hierdurch transparenter. Im übrigen läßt diese Anwendung selbstverständlich diverse Änderungen oder Erweiterungen zu. Uns geht es aber um das Grundverständis der Arbeitsweise, wobei Ihrer Kreativität im weiteren keine Grenzen gesetzt sein sollen. An dieser Stelle nochmals eine Bemerkung in eigener Sache, nämlich zu der Frage, ob eine Diskette zum Buch ihren Zweck wirklich erfüllt. Die Erfahrungen der Vergangenheit zeigen immer wieder, daß Disketten in Büchern nicht oder nur selten genutzt werden, vielfach werden sie nicht einmal aus der Folienhülle befreit. Anwendungen werden mit einem kurzen Aha-Erlebnis bestaunt, sonst aber als "autorengegeben" hingenommen und nicht weiter nachvollzogen. Es erscheint daher sinnvoller, die Anwendungsbeispiele Schritt für Schritt (zusammen mit Ihnen) verbal zu erarbeiten, vorzustellen und zu testen. Durch das selbständige Handeln am Computer werden viele Dinge leichter nachvollziehbar, und es macht mehr Spaß, das eigene Werk wachsen zu sehen. Denn Ihrem Änderungsdrang sollen, wie gesagt, keine Grenzen gesetzt werden, die Programmanwendungen sind durchaus offen für neue Routinen. Zudem kommt Visual Basic für Windows mit extrem wenig Programmcode aus, so daß vielfach nur zwei oder drei Zeilen geschrieben werden müssen, um auf Ereignisse zu reagieren. Zur Vorgehensweise eine letzte Anmerkung, die auch für die folgenden Beispielprogramme gilt. Sie finden in der Regel folgende Komponenten vor:

- Kurzbeschreibung des mit dem Programm zu erreichenden Ziels.
- Grafischer Ausdruck der Form zur Entwicklungszeit. Durch die Ausgabe der Rasterpunkte fällt es leichter, Größe und Anordnung der Elemente nachzuvollziehen.
- Hinweise zur Erstellung der Form durch Darstellung der Steuerelemente und wichtiger Änderungen, die von der Visual Basic-Vorgabe abweichen.

- Listings der Prozeduren.
- Kommentierung wichtiger Passagen aus Sicht des Programmierers.

# 9.1 Telefonverzeichnis

In einer elektronischen Kartei sollen Vorname, Zuname, Vorwahl und Durchwahl von Telefonteilnehmern gespeichert werden. Benötigt werden entsprechende Eingabefelder und einige Bearbeitungsmöglichkeiten wie das Suchen nach einer Nummer, das Löschen von alten Einträgen oder das Blättern in der Kartei. Als eigene Erweiterung wäre ein Ausdruck oder eine sortierte Ausgabe der Nummern in einem Listenfeld denkbar. Wir haben diese Möglichkeiten zunächst offen gelassen, da typische und grundlegende Visual Basic-Elemente in der Form im Vordergrund stehen sollten.

## 9.1.1 Die Form zur Entwicklungszeit

Werfen wir einen Blick auf eine mögliche Form. Sie enthält neben den Eingabefeldern komfortable Befehlsschaltflächen, die zudem mit die Handlung symbolisierenden Bildern ergänzt wurden.

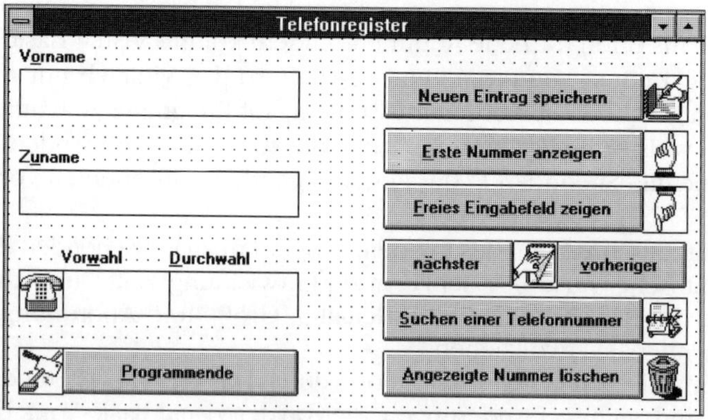


*Abb. 9.1 Form für Telefonregister zur Entwicklungszeit*

Bei der Erstellung der Form können Sie die Elemente auch an beliebigen anderen Stellen plazieren. Zur Sicherheit ist die Eigenschaft *TabIndex* mit dem entsprechenden Wert in der folgenden Liste angegeben, so daß die Reihenfolge beim Bewegen mit der Tabulatortaste erhalten bleibt. Wichtig ist dies vor allem bei den Bezeichnungsfeldern und den Textfeldern. Deren Reihenfolge ist also unbedingt einzuhalten, um auch mit den Kurzwahltasten (z.B. Alt+W für *Vorwahl*) arbeiten zu können.

| Steuerelementart | Eigenschaft | Einstellung auf |
|---|---|---|
| Bezeichnungsfeld | AutoSize | wahr |
| | Caption | V&orname |
| | Name | Bezeichnung |
| | TabIndex | 0 |
| | Tag | Vorname |
| Textfeld | Name | textsteuer |
| | TabIndex | 1 |
| | Text | |
| Bezeichnungsfeld | AutoSize | wahr |
| | Caption | Z&uname |
| | Name | Bezeichnung |
| | TabIndex | 2 |
| | Tag | Zuname |
| Textfeld | Name | textsteuer |
| | TabIndex | 3 |
| | Text | |
| Bezeichnungsfeld | AutoSize | wahr |
| | Caption | Vor&wahl |
| | Name | Bezeichnung |
| | TabIndex | 4 |
| | Tag | Vorwahl |
| Textfeld | Name | textsteuer |
| | TabIndex | 5 |
| | Text | |

| | | |
|---|---|---|
| Bezeichnungsfeld | AutoSize | wahr |
| | Caption | &Durchwahl |
| | Name | Bezeichnung |
| | TabIndex | 6 |
| | Tag | Durchwahl |
| Textfeld | Name | textsteuer |
| | TabIndex | 7 |
| | Text | |
| Befehlsschaltfläche | Name | NeuNummer |
| | Caption | &Neuen Eintrag speichern |
| | TabIndex | 8 |
| Befehlsschaltfläche | Name | ErstSatz |
| | Caption | &Erste Nummer anzeigen |
| | TabIndex | 9 |
| Befehlsschaltfläche | Name | FreiSatz |
| | Caption | &Freies Eingabefeld zeigen |
| | TabIndex | 10 |
| Befehlsschaltfläche | Name | PlusEins |
| | Caption | n&ächster |
| | TabIndex | 11 |
| Befehlsschaltfläche | Name | MinusEins |
| | Caption | &vorheriger |
| | TabIndex | 12 |
| Befehlsschaltfläche | Name | Suchen |
| | Caption | &Suchen einer Telefonnummer |
| | TabIndex | 13 |
| Befehlsschaltfläche | Name | Löschen |
| | Caption | &Angezeigte Nummer löschen |
| | TabIndex | 14 |

| | | |
|---|---|---|
| Befehlsschaltfläche | Name | TelefonEnde |
| | Caption | &Programmende |
| | TabIndex | 15 |
| Acht Bildfelder | AutoSize | wahr |
| | Enabled | falsch |
| | TabIndex | 16 bis 23 |

Beachten Sie, daß die Eigenschaft *Name* der Textfelder immer *textsteuer* lautet. Wenn dieser Name bei der Erstellung einer Form zum zweiten Mal verwendet wird, erhalten Sie einen Hinweis von Visual Basic. Dies ist dann keine Fehlermeldung, sondern eine Rückversicherung, ob Sie wirklich ein Steuerelementefeld erstellen wollen. Bestätigen Sie mit *Ja* und fahren Sie fort, beim dritten Feld wird dann der *Name* akzeptiert. Sind Sie mit der Verwendung von Icons in den Bildfeldern einverstanden, können diese über die Eigenschaft *Picture* aus der Icon-Bibliothek von Visual Basic in das Bildfeld übernommen werden. Alle Symbole sind im Originalhandbuch abgedruckt; die Palette reicht von Pfeilen über Bürosymbole und Landkarten bis hin zu allgemeinen Themengebieten. Um sich unnötige Feinarbeit bei der Erstellung der Icon-Bildfelder zu ersparen, setzen Sie einfach die Eigenschaft *AutoSize* auf *wahr*. Das System wird dann die Größe des Bildfeldes automatisch der Icon-Größe anpassen. Die Bildfelder haben keine weitere Funktion und sollen daher mit *Enabled* auf *falsch* gesetzt werden, auf diese Weise werden sie auch nicht beim Bewegen des Fokus mit dem Tabulator berücksichtigt.

Wenn die Form fertig erstellt ist, kann die Anwendung probehalber gestartet werden. Schieben Sie mit der Tabulatortaste den Fokus einmal durch die gesamte Form, um die korrekte Reihenfolge der Steuerelemente zu prüfen.

## 9.1.2 Der Programmcode und die Ereignisbehandlung

Die Beispielanwendung wird in einem Modul und im Ereigniscode zur Form hinterlegt. Wir beginnen mit dem Modul, in dem Deklarationen abgelegt sind:

a) Das Modul (Deklarationsteil)

```
'*** Definition einer Verbundvariablen
'*** zur Aufnahme der Datensätze
Type datensatz
   vorname As String * 20
   zuname As String * 20
   vorwahl As String * 8
   durchwahl As String * 10
End Type

Rem *** Übergabe der Struktur in eine Variable
Global karteikarte As datensatz
Global temporär As datensatz

Rem *** weitere globale Variablen
Global satznummer As Integer
Global datei As Integer
Global neuzeile$
Global satzanzahl As Integer
Global titel$
```

Nachdem eine Verbundvariable mit 58 Byte pro Datensatz eingerichtet ist, wird diese der Anwendung mit *Global* zugänglich gemacht und die Struktur in zwei Betriebsvariablen übergeben. Die weiteren globalen Variablen haben folgende Bedeutung:

**satznummer** ist ein Zeiger in der Datei auf den aktuellen Datensatz.
**datei** wird als Dateinummer benutzt (mit *FreeFile* ermittelt).
**neuzeile$** dient dem Zeilenumbruch in Messageboxen.
**satzanzahl** enthält die Anzahl der Datensätze in der Datei.
**titel$** speichert den Text der Form-Titelleiste.

b) Ladevorgang der Form

Noch bevor eine Form auf dem Bildschirm angezeigt wird, können interne Aktionen abgewickelt werden. Hierzu gehört das Bestücken von Variablen, die zuvor im Deklarationsteil des Moduls dimensioniert oder definiert wurden. In der Regel wird auch hier der erste Titel für die Form vergeben. Die Unterroutine in unserem Beispielprogramm hat noch mehr zu erledigen, sie muß prüfen, ob in der Datei bereits Einträge vorliegen, und gegebenenfalls auch gleich einen Datensatz laden. Weitere Anmerkungen gleich nach dem Code. Ein Hinweis noch, sofern Sie einen Code zur Fehlerbehandlung vermissen sollten. Alle Formen und Beispiele sind als Bausteine gedacht und meist in einer Form abgehandelt. Da es sich nicht lohnt, für jede Form eine eigene Fehlerbehandlung zu schreiben, sollten Sie später für Ihre komplette Anwendung eine zentrale Behandlung mit *On Error GoTo/Resume/Next* schreiben und die Fehlernummern abarbeiten. Eine Fehlerbehandlungsroutine konnte schon in früheren Basic-Dialekten (QBasic oder QuickBasic) erstellt werden und dürfte daher dem Umsteiger keine großen Probleme bereiten. Einsteiger können sich in der *Online-Hilfe* informieren (z.B. *On Error Goto*):

```
Sub Form_Load ()

   '*** Code für Zeilenumbruch definieren, der bei
   '*** Belegung der Messagebox benutzt werden kann
   neuzeile$ = Chr$(13) + Chr$(10)

   '*** allgemeine Titelangabe
   titel$ = "Telefonregister: "

   '*** Datei öffnen auf aktuellem Datenträger
   '*** und im aktuellen Verzeichnis
   datei% = FreeFile
   Open "telefon.dbf" For Random As #datei% Len = Len(karteikarte)

   '*** prüfen, ob die Datei noch leer ist, und diesen
   '*** Status entsprechend in einer Messagebox
   '*** ausgeben, noch bevor die Form aufgebaut wird
   If LOF(datei%) / Len(karteikarte) = 0 Then
      hinweis$ = "Das Telefonregister ist noch leer!" + neuzeile$
      hinweis$ = hinweis$ + "Sie können aber nach dem" + neuzeile$
      hinweis$ = hinweis$ + "Bestätigen von OK direkt" + neuzeile$
      hinweis$ = hinweis$ + "Daten eingeben."
      MsgBox hinweis$, 64, "Hinweis"

      '*** Löschen verbieten und Satznummer auf
      '*** Status "Leere Datei" setzen
      löschen.enabled = 0
      Satznummer% = 0
   Else
      '*** wenn die Datei nicht leer ist, dann die
      '*** Anzahl der Datensätze ermitteln und die
      '*** Satznummer auf den letzten gespeicherten
```

```
      '*** Datensatz hochsetzen
      satzanzahl% = LOF(datei%) / Len(karteikarte)
      Satznummer% = satzanzahl%

      '*** Datensatz holen und in das
      '*** Steuerelementefeld übergeben
      Get #datei%, Satznummer%, karteikarte
      textsteuer(0).text = karteikarte.vorname
      textsteuer(1).text = karteikarte.zuname
      textsteuer(2).text = karteikarte.vorwahl
      textsteuer(3).text = karteikarte.durchwahl

      '*** in der Titelleiste der Form nun die
      '*** Nummer des angezeigten Datensatzes
      '*** und die Anzahl aller gespeicherten
      '*** Datensätze anzeigen
      form1.caption = titel$ + Str$(Satznummer%) + "/" + Str$(satz-
anzahl%)
   End If

End Sub
```

In der *Open*-Anweisung wird die logische Länge eines Datensatzes in der Telefonkartei mit **Len = Len(karteikarte)** festgelegt. Sie erinnern sich, daß im Deklarationsteil des Moduls die Verbundvariable mit *Type* deklariert wurde und 58 Byte Länge besitzt. Mit der Dimensionierung wurde diese Struktur dann an die Variable *karteikarte* übergeben, so daß für Lese- und Schreibvorgänge in der Datei mit *Get#* und *Put#* einzelne Datensätze auch die korrekten Informationen enthalten. Dies ist keinesfalls selbstverständlich, denn würde die Struktur der Verbundvariablen nachträglich geändert, können aus einer bestehenden Datei immer noch Daten gelesen werden, allerdings wäre die Feldzuordnung nicht mehr korrekt. Im Feld *Vorname* finden Sie dann vielleicht schon Teile des Nachnamens, die Vorwahl wird zu einem Teil der Durchwahl - je nach geänderter Struktur. Nun, in unserem Beispiel ist die Datensatzlänge richtig und kann übernommen werden, aber wie erhält man Informationen über die Anzahl der gespeicherten Datensätze? In der Programmzeile **satzanzahl% = LOF(datei%) / Len(karteikarte)** wird die Anzahl der Byte in der Datei durch die Länge des Datensatzes dividiert, bei korrekten Deklarationen ergibt sich immer eine positive Ganzzahl oder Null. Mit dieser Technik kann demzufolge auch eine Leerdatei lokalisiert werden, denn null Byte Gesamtlänge dividiert durch 58 Byte Datensatzlänge bleibt natürlich null. In diesem Fall zeigt die Anwendung eine Messagebox auf dem Bildschirm. Erinnern Sie sich nun an die Erstellung der Form. Dort wurde für alle Textfelder gleichermaßen der *Name* auf *textsteuer* gesetzt. Der Vorteil wird deutlich, wenn Sie sich in der obigen Routine den Zeilenkomplex **textsteuer(x).text** anschauen, wobei **x** für einen Index zwischen *0* und *3* steht. Bei der Weiterverarbeitung stehen alle Einzelfelder eines Datensatzes über ein Steuerelementefeld zur Verfügung, der Vorname befindet sich in **textsteuer(0).text**, der Zuname in **textsteuer(1).text**. Für die Telefonnummer gilt Entsprechendes. Zu den Ladevorbereitungen der Form gehört letztlich noch, den letzten in der Datei befindlichen Datensatz auszulesen und auf dem Bildschirm darzustellen. Nach der Titelvergabe der Form wird diese sichtbar und die Verarbeitung der Ereignisse wird begonnen. Die nachfolgenden Subroutinen sind möglichst logisch gruppiert und nicht stur in alphabetischer Reihenfolge der Eigenschaft *Name* geordnet worden. Diese Vorgehensweise hat den Vorteil, daß ein Programm leichter verständlich wird und Sie beim Nachschlagen oder Kontrollieren der Anwendung alle Programmteile schnell auffinden können.

c) Änderung in irgendeinem Textfeld

Das Ereignis *Change* wird immer dann aufgerufen, wenn der Inhalt eines Textfeldes verändert wird, ganz gleich ob durch Bedienereingabe oder durch den Programmcode selbst (Eigenschaft *Text*). Hier zeigt sich der Vorteil einer Arbeit mit Steuerelementefeldern, da Sie nicht mehr für jedes Textfeld das Ereignis programmieren müssen, sondern nur noch für das Steuerelementefeld. Sofern Ihnen das **Beep** auf die Nerven fällt, handeln Sie das Ereignis einfach nicht ab:

```
Sub Textsteuer_Change (Index As Integer)

   '*** Tastaturbeep auf Wunsch
   Beep

End Sub
```

d) Übernahme eines Datensatzes in die Kartei

Die Hauptroutine mit dem meisten Programmieraufwand ist der Teil zum Kontrollieren der Eingabe und ihrer Speicherung. Um den Code nicht ausufern zu lassen, haben wir uns für eine Vereinfachung entschieden und hängen jeden Neueintrag an das Ende der Datei an. Durch die Suchfunktion haben Sie aber immer einen schnellen Zugriff auf einzelne Nummern und sind nicht auf eine physikalische Sortierung in der Datei angewiesen. Nun zunächst der Code, der bereits ausführlich kommentiert ist. Einige Anmerkungen zu Besonderheiten im Anschluß:

```
Sub NeuNummer_Click ()

   '*** die Vollständigkeit der Eingabe wird
   '*** überprüft und der Bediener erhält
   '*** die Auswahlmöglichkeiten in einer
   '*** Messagebox
   For i% = 0 To 3
      If textsteuer(i%).text = "" Then
        a% = MsgBox(bezeichnung(i%).tag + ": fehlt", 2 Or 32 Or 512,
"Hinweis:")

         '*** Abbruch wurde gewählt, keine
         '*** Eingabe wird übernommen
         If a% = 3 Then
            FreiSatz.Value = -1
            Exit Sub

         '*** Wiederholen wurde gewählt, der
         '*** Bediener kann Korrekturen in der
         '*** Eingabemaske vornehmen und das
         '*** fehlende Feld direkt belegen
         ElseIf a% = 4 Then
            textsteuer(i%).SetFocus
            Exit Sub
         Else
         End If
      End If
   Next i%

   '*** Daten schreiben (anhängen), hier kann auch
   '*** eine Sortierroutine eingefügt werden, wenn
   '*** Sie dieses wünschen; da das Programm eine
   '*** Suchfunktion besitzt und die Liste nicht
   '*** ausgedruckt werden soll, werden die
   '*** neuen Informationen an die Datei angehängt
   Satznummer% = satzanzahl% + 1
   karteikarte.vorname = textsteuer(0).text
   karteikarte.zuname = textsteuer(1).text
```

```
    karteikarte.vorwahl = textsteuer(2).text
    karteikarte.durchwahl = textsteuer(3).text

    Put #datei%, Satznummer%, karteikarte

    '*** neue Satzanzahl ermitteln
    satzanzahl = LOF(datei%) / Len(karteikarte)

    '*** und die Titelleiste aktualisieren
   form1.caption = titel$ + Str$(Satznummer) + "/" + Str$(satzanzahl)

    '*** alte Informationen löschen und eine
    '*** freie Eingabefläche bereitstellen
    FreiSatz.Value = -1

End Sub
```

Bei der Abfrage der Messagebox wird mit dem logischen Operator **Or** gearbeitet, um die gewünschten Eigenschaften transparenter zu machen. Die Anweisungskomponente **2 Or 32 Or 512** gibt an, daß

- die Schaltflächen *OK*, *Abbrechen* und *Ignorieren* angezeigt werden sollen (Wert 2).
- das Symbol für Wanmeldungsabfrage angezeigt werden soll (Wert 32).
- die dritte Schaltfläche (*Ignorieren*) *Standard* sein und den Fokus haben soll (Wert 512).

In der Programmzeile mit der oben beschriebenen Messagebox wird noch eine weitere Technik benutzt, die in dem Ausschnitt **bezeichnung(i%).tag** deutlich wird und die Vorgehensweise bei der Erstellung der Form erklärt. Dort wurde neben der Aufschrift *Caption* auch die Eigenschaft *Tag* belegt. Der Grund ist darin zu sehen, daß *Caption* das Et-Zeichen (&) enthält, was bei normalen Ausgaben mit erscheint und nur in der eigentlichen Form einen gewünschten Unterstrich erzeugt. Um nicht bei jeder Ausgabe *Caption* um das Et-Zeichen bereinigen zu müssen, wurde diese sinnvolle Nutzung von *Tag* vorgezogen.

e) Anzeige eines freien Eingabefeldes.c.::Anzeige eines freien Eingabefeldes;

Um einen neuen Datensatz in der Kartei einzutragen, muß zunächst eine freie Fläche in allen Textfeldern erscheinen. Diese Aufgabe erledigt ein Klick auf der Befehlsschaltfläche.

```
Sub FreiSatz_Click ()

   '*** Eingabemaske räumen, um Raum für einen
   '*** freien Datensatz (Bedienereingabe) zu
   '*** erhalten
   For i% = 0 To 3
      textsteuer(i%).text = ""
   Next i%

   '*** Fokus zurück auf Feld "Vorname" setzen,
   '*** da dort die Eingabe eines neuen Datensatzes
   '*** beginnt
   textsteuer(0).SetFocus

   '*** Satzzähler nach obenm und in der Titelleiste
   '*** der Form anzeigen, daß eine neue Eingabe
   '*** erwartet wird
   Satznummer% = satzanzahl% + 1
   form1.caption = titel$ + Str$(Satznummer) + "/" + Str$(satzanzahl)
+ " (freies Eingabefeld)"

   '*** Löschen nicht möglich, die Befehlsschaltfläche
   '*** wird daher ebenso blockiert wie die Schaltfläche
   '*** zum Blättern zum Ende der Datei
   löschen.enabled = 0
   PlusEins.enabled = 0

End Sub
```

### f) Bewegen hin auf den ersten Satz der Datei

Um die Telefonkartei in der Reihenfolge der Einträge durchzublättern, muß zunächst auf den ersten Datensatz zurückgekehrt werden, da beim Ladevorgang der Satzzeiger automatisch auf dem letzten Satz steht und dieser auch angezeigt wird. Diese Routine berichtigt den Satzpointer in der Variablen *Satznummer* und liest den ersten Datensatz ein. Die Schaltflächen für das Löschen und das Blättern in Richtung Dateiende werden abgeblendet:

```
Sub ErstSatz_Click ()

   '*** Satznummer zurücksetzen auf ersten Eintrag
   Satznummer% = 1
```

```
    '*** diesen Datensatz einlesen und in das
    '*** Steuerelementefeld übergeben
    Get #datei%, Satznummer%, karteikarte
    textsteuer(0).text = karteikarte.vorname
    textsteuer(1).text = karteikarte.zuname
    textsteuer(2).text = karteikarte.vorwahl
    textsteuer(3).text = karteikarte.durchwahl

    '*** neue Satzanzahl ermitteln
    satzanzahl% = LOF(datei%) / Len(karteikarte)
    form1.caption = titel$ + Str$(Satznummer%) + "/" + Str$(satzan-
                   zahl%)

    '*** Löschen und Blättern zum nächstfolgenden
    '*** Datensatz erlauben
    löschen.enabled = -1
    PlusEins.enabled = -1

End Sub
```

## g) Einen Datensatz zum hin Dateiende blättern

Um innerhalb der Datei satzweise zu blättern, muß der Satzpointer in der Variablen *Satznummer* jeweils um eins erhöht werden. Anschließend kann der neue Datensatz eingelesen werden. Die Erhöhung darf allerdings nur dann erfolgen, wenn nicht über die Anzahl der Datensätze insgesamt hinausgeblättert wird. In diesem Fall erscheint eine Meldung des Systems. Sie können selbstverständlich auch die Meldung dadurch ersetzen, daß Sie die Schaltfläche bei Überschreitung der Satzanzahl abblenden und in den Routinen zum Zurückblättern oder Blättern auf den ersten Datensatz wieder freigeben. Wie bereits erwähnt, sind Ihrer Experimentierfreude kaum Grenzen gesetzt, wollen Sie die Anwendung individuell gestalten:

```
Sub PlusEins_Click ()

    '*** Blättern in Richtung des Dateiendes
    '*** nur erlauben, wenn der Satzpointer
    '*** noch kleiner als die Satzanzahl ist
    If Satznummer% < satzanzahl% Then
        Satznummer% = Satznummer% + 1

        '*** Informationen einlesen
        Get #datei%, Satznummer%, karteikarte
```

```
      textsteuer(0).text = karteikarte.vorname
      textsteuer(1).text = karteikarte.zuname
      textsteuer(2).text = karteikarte.vorwahl
      textsteuer(3).text = karteikarte.durchwahl

      '*** Titelleiste der Form aktualisieren
      form1.caption = titel$ + Str$(Satznummer%) + "/" + Str$(satz-
                 anzahl%)
   Else

      '*** Hinweis, daß ein weiteres Blättern
      '*** in Richtung Dateiende nicht möglich ist
      MsgBox "Letzter Datensatz erreicht!", 64, "Hinweis:"
   End If

   '*** Löschen erlauben, daher wird die
   '*** Befehlsschaltfläche freigegeben
   löschen.enabled = -1

End Sub
```

## h) Einen Datensatz in Richtung Dateianfang blättern

Dieser Programmabschnitt kehrt die unter f) gezeigte Funktion um und blättert in der Datei rückwärts.

```
Sub MinusEins_Click ()

   '*** zurückblättern nur erlauben, wenn der
   '*** erste Datensatz noch nicht erreicht ist
   If Satznummer% > 1 Then
      Satznummer% = Satznummer% - 1

      '*** Dateiinformationen lesen und im
      '*** Steuerelementefeld ablegen
      Get #datei%, Satznummer%, karteikarte
      textsteuer(0).text = karteikarte.vorname
      textsteuer(1).text = karteikarte.zuname
      textsteuer(2).text = karteikarte.vorwahl
      textsteuer(3).text = karteikarte.durchwahl
      form1.caption = titel$ + Str$(Satznummer%) + "/" + Str$(satz-
                       anzahl%)
   Else
```

```
        '*** Hinweis ausgeben, daß ein erneutes
        '*** Blättern nicht möglich ist
        MsgBox "Erster Datensatz erreicht!", 64, "Hinweis:"
    End If

    '*** Löschen erlauben, da in jedem Fall ein
    '*** Datensatz angezeigt wird. Auch das Blättern
    '*** in Richtung Dateiende kann wieder
    '*** erlaubt werden
    löschen.enabled = -1
    PlusEins.enabled = -1

End Sub
```

i) Löschen eines Datensatzes

Wenn in der Anwendung ein Datensatz gelöscht werden soll, ist eine Sicherheitsabfrage vorzuschalten, um das versehentliche Wählen der Schaltfläche abzufangen. Anschließend sind Überlegungen darüber anzustellen, wie gelöscht werden soll. Datenbankprogramme mit großen Dateien verwenden oft einen Status für jeden einzelnen Datensatz, der diesen als aktiv (nicht gelöscht) oder passiv (gelöscht) ausweist. In einem Komprimierungsvorgang (Pack-Vorgang) können dann alle passiven Datensätze entfernt werden, die Datei wird physikalisch berichtigt. In unserer Anwendung soll der Pack-Vorgang automatisch ausgeführt werden, ohne daß Datensätze zunächst mit einem Status versehen werden. Der zu löschende Satz soll also sofort physikalisch aus der Datei entfernt werden. Sofern dies der letzte Satz ist, mag dies noch einfach sein, aber was geschieht mit Datensätzen in der Mitte der Datei, da beim Löschen quasi eine Lücke mit einem leeren Datensatz entstehen würde? Diese Lücke muß geschlossen werden. Unsere Anwendung arbeitet mit einer temporären Datei und folgendem Verfahren:

- Kopieren der Datensätze in die temporäre Datei, wobei nur der Datensatz auf dem Bildschirm nicht mitkopiert wird (der Datensatz, den die Variable *Satznummer* hält).
- Löschen der bisherigen Originaldatei mit Anhang *.DBF*.
- Änderung des Anhangs der temporären Datei von *.TMP* in den Originalanhang *.DBF*.

```
Sub Löschen_Click ()

   '*** ermitteln, ob der Bediener das Löschen
   '*** eines Datensatzes wünscht
   a% = MsgBox("Sind Sie sicher?", 1 Or 32 Or 256, "Warnhinweis")
   If a% = 1 Then

      '*** Daten neu schreiben
      '*** in temporäre Datei
      datei1% = FreeFile
      Open "telefon.tmp" For Random As #datei1% Len = Len(temporär)

      '*** nur, wenn die gelöschte Datei nicht
      '*** gelesen wurde
      For i% = 1 To satzanzahl%
         If i% <> Satznummer% Then
            Get #datei%, i%, temporär
            Put #datei1%, , temporär
         End If
      Next i%

      Close #datei%, #datei1%

      '*** bisherige Datenbank löschen, da eine
      '*** berichtigte Kopie bereits existiert
      Kill "telefon.dbf"

      '*** und temporäre Datei umbenennen, da diese
      '*** die aktuellen Daten enthält
      Name "telefon.tmp" As "telefon.dbf"

      '*** berichtigte Datei neu öffnen und
      '*** Länge ermitteln, dabei insbesondere
      '*** darauf achten, ob gerade der letzte
      '*** Datensatz gelöscht wurde
      datei% = FreeFile
     Open "telefon.dbf" For Random As #datei% Len = Len(karteikarte)
      If LOF(datei%) / Len(karteikarte) = 0 Then
         Satznummer% = 0: satzanzahl% = 0
         For j% = 0 To 3
            textsteuer(j%).text = ""
         Next j%

         '*** wenn alles gelöscht wurde (Datei ist
         '*** momentan leer), Fokus in das Feld
         '*** "Vorname" setzen und die Befehlsschaltfläche
```

```
      '*** für "Löschen" abblenden
      form1.caption = titel$ + "(alles gelöscht)"
      textsteuer(0).SetFocus
      löschen.enabled = 0
   Else
      '*** Satzanzahl berichtigen und überprüfen,
      '*** ob die Satznummer beibehalten werden
      '*** kann; bei Bedarf wird diese geändert
      satzanzahl% = LOF(datei%) / Len(karteikarte)
      If Satznummer% > satzanzahl% Then
         Satznummer% = Satznummer% - 1
      End If

      '*** Datensatz holen, der an Stelle des
      '*** gelöschten Satzes steht, und diesen
      '*** in der Eingabemaske plazieren
      Get #datei%, Satznummer%, karteikarte
      textsteuer(0).text = karteikarte.vorname
      textsteuer(1).text = karteikarte.zuname
      textsteuer(2).text = karteikarte.vorwahl
      textsteuer(3).text = karteikarte.durchwahl

      '*** Titelleiste der Form aktualisieren
         form1.caption = titel$ + Str$(Satznummer%) + "/" +
Str$(satzanzahl%)
   End If
 End If

End Sub
```

## j) Suchen einer Telefonnummer

Da sich eine Sortierung der Telefondatei nicht lohnt, haben wir die Erstellung einer Suchroutine vorgezogen, die in einer Abwandlung selbstvertändlich auch über ein Listenfeld vollzogen werden könnte. Gesucht wird nach dem Zunamen, durch Codeänderungen kann aber auch jedes andere Feld als Suchfeld benutzt werden. Der Suchbegriff muß vom Bediener abgefragt und mit dem Inhalt des Feldes aus dem Datensatz verglichen werden. Dabei darf Groß- oder Kleinschreibung keine Rolle spielen, so daß der Code eine automatische Korrektur durchführen muß. Auch Eingaben, die länger als 20 Zeichen sind oder führende Leerstellen aufweisen, müssen korrekt behandelt werden. Sie finden im Code bekannte Befehle und Elemente, die Ihnen auch aus älteren Basic-Versionen bekannt sein dürften.

```
Sub Suchen_Click ()

   '*** Die Eingabe des Suchfeldes "Name" soll
   '*** zwischen den Sub-Aufrufen erhalten bleiben
   Static eingabe$

   '*** Mousezeiger ändern auf das Symbol
   '*** der Sanduhr (Warten des Bedieners)
   mousepointer = 11


   '*** Eingabeninhalt löschen, um später neu
   '*** gefundene Informationen dort zu
   '*** plazieren
   For i% = 0 To 3
      textsteuer(i%).text = ""
   Next i%

   '*** Titel der Form ändern
   form1.caption = "Suchlauf in der Datei"

   '*** gesucht wird nach dem Zunamen, daher wird
   '*** dieser in einer einfachen Inputbox
   '*** vom Bediener abgeholt
   meld$ = "Bitte geben Sie den Zunamen ein, nach dem in der"
   meld$ = meld$ + "Telefonkartei gesucht werden soll."
   eingabe$ = LCase$(InputBox$(meld$, "Suchname:", eingabe$))

   '*** die um führende und folgende Leerzeichen
   '*** reduzierte Eingabe darf nicht leer sein
   '*** (keine Eingabe oder "Abbrechen")
   If LTrim$(RTrim$(eingabe$)) <> "" Then

      '*** da in der Datei ein Zuname maximal
      '*** 20 Zeichen aufweisen kann, wird auch der
      '*** Suchbegriff bei Bedarf auf diese
      '*** Länge gekürzt. Sie können auch bei der
      '*** Erstellung der Form MaxLength auf 20 setzen
      If Len(eingabe$) > 20 Then
         eingabe$ = Left$(eingabe$, 20)
      End If

      '*** Suchlauf durchführen und die Eingabe
      '*** des Bedieners mit dem Dateiinhalt
      '*** vergleichen
      For i% = 1 To satzanzahl%
```

```
        Get #datei%, i%, karteikarte

        '*** es wurde eine Übereinstimmung
        '*** gefunden, die nun in das
        '*** Editorfeld übergeben wird
        If LTrim$(RTrim$(LCase$(karteikarte.zuname))) =
                             eingabe$ Then
           textsteuer(0).text = karteikarte.vorname
           textsteuer(1).text = karteikarte.zuname
           textsteuer(2).text = karteikarte.vorwahl
           textsteuer(3).text = karteikarte.durchwahl

           '*** die Telefonnummer wird in der
           '*** Titelleiste der Messagebox angezeigt
           nummer$ = LTrim$(RTrim$(karteikarte.vorwahl)) + "/"
           nummer$ = nummer$ + LTrim$(RTrim$(karteikarte.
                                       durchwahl))
           a% = MsgBox("Weitersuchen?", 4, nummer$)

           '*** der Bediener möchte nicht
           '*** weitersuchen, daher die Satznummer
           '*** aktualisieren und den Mousepointer
           '*** wieder auf Normaldarstellung setzen
           If a% = 7 Then
              Satznummer = i%
              mousepointer = 0
              Exit Sub
           End If
        End If
     Next i%

     '*** alten Suchbegriff löschen
     eingabe$ = ""
  End If

  '*** Mousezeiger auf Standard setzen
  mousepointer = 0

End Sub
```

## k) Anwendung beenden

Die letzte Routine beendet die Anwendung und schließt zuvor die Datei.

```
Sub TelefonEnde_Click ()

   '*** Datei schließen und
   '*** Anwendung beenden
   Close #datei%
   End

End Sub
```

## 9.1.3 Bedienung des Programms

Nachdem die Anwendung gestartet wurde, ist die Datei noch leer, und es erscheint ein Hinweis, den Sie zur Kenntnis nehmen, um dann fortzufahren.

*Abb. 9.2 Startmeldung des Telefonregisters*

Sie können nun die erste Nummer eingeben und die Schaltfläche *Neuen Eintrag speichern* wählen. Anschließend erscheint sofort ein freies Eingabefeld zur Aufnahme weiterer Nummern. Um in der Datei zu blättern, stehen die Optionen *Erste Nummer anzeigen*, *nächster* und *vorheriger* zur Auswahl. Wollen Sie dann wieder neue Nummern hinzufügen, kann mit *Freies Eingabefeld zeigen* diese Arbeit eingeleitet werden. Die Schaltfläche *Löschen* entfernt immer den Datensatz, der gerade auf dem Bildschirm in den Textfeldern angezeigt wird. Der Suchlauf wird nach dem Zunamen durchgeführt und findet auf Wunsch alle zutreffenden Einträge und zeigt die Telefonnummer sofort an. Weitere Anmerkungen zur Handhabung sind nicht erforderlich, da die Form fast selbsterklärend arbeitet.

## 9.1.4 Erweiterung des Programm

Die Beispielanwendung des Telefonregisters sollte zeigen, wie mit einfachen Mitteln ein funktionstüchtiges Programm erstellt werden kann. Selbstverständlich sind viele Erweiterungen des Programms denkbar, wir haben oben bereits die Sortierung der Datenbank angesprochen. Möglich ist auch die Darstellung der Nummern in einem Listenfeld, das über die Eigenschaft *Sorted* den Datenbankinhalt sortiert auflistet, obwohl die Datenbank physikalisch unsortiert bleibt. Zum Aufbau einer Datenbank und zu deren Sortierung einige codeunabhängige Hinweise, da wir Sie nicht mit dem bloßen Hinweis "man könnte die Datenbank sortieren" abfertigen wollen, sondern einige Denkanstöße geben möchten.

Sofortiges Einsortieren eines Datensatzes in eine Datenbank

Um jeden neuen Datensatz sofort in eine Datenbank einzufügen, arbeitet der Programmierer mit einer temporären Datei, die auch im Programmbeispiel zum Einsatz gelangt, um Datensätze aus der Datei zu entfernen und die dabei entstehende Lücke wieder zu schließen. Bei der Sortierung ist das Verfahren etwas komplizierter, da ein neuer Datensatz eingefügt werden muß, dessen Position in der Datei noch unbekannt ist. Beim Löschen hat der Bediener bereits die Nummer des zu löschenden Satzes bestimmt. Wie ist nun in der Praxis zu verfahren, um jeden Datensatz sofort physikalisch sortiert in der Datei zu plazieren?

Schritt 1: Die bisherige Datenbank wird in eine temporäre Datei umbenannt (**Name "alter Name" As "neuer Name"**) und eine leere Datenbank unter dem alten Namen neu eröffnet. Die temporäre Datei muß ebenfalls geöffnet sein. Wenn noch kein Eintrag in der Originaldatei vorhanden ist, kann auf die temporäre Datei verzichtet werden, und der Datensatz wird direkt geschrieben.

Schritt 2: Eine Indexvariable wird auf die Satzanzahl in der temporären Datei gesetzt: **satzanzahl% = LOF(datei%) / Len(karteikarte)**.

Schritt 3: Die temporäre Datei wird vom Anfang bis zum Ende satzweise gelesen. Als Sortierkriterium kann jedes beliebige Feld der *Type*-Deklaration benutzt werden, beispielsweise die Durchwahl, die als Zeichenkette in der Datenbank hinterlegt wurde. Jeder Datensatz der temporären Datei wird mit dem nur zu speichernden Datensatz verglichen. Dabei ist es wichtig, zwei Verbundvariablen zu definieren (siehe *Deklaration*, in der **karteikarte** und **datensatz** diese Funktion übernehmen). In der einen Variable liegt der einzufügende Datensatz, die andere liest den Inhalt der temporären Datei aus.

Schritt 4: Wenn der aus der temporären Datei gelesene Wert kleiner als der Wert des einzufügenden Satzes ist, wird der temporäre Satz in die Originaldatenbank eingefügt. Ist jedoch der temporäre Datensatz mit einem größeren Wert versehen, muß der neue Datensatz eingefügt werden.

Schritt 5: Der Rest der temporären Datei kann nun in die Originaldatenbank zurückgeschrieben werden.

Schritt 6: Die temporäre Datei ist unbedingt zu löschen, da sonst der nächste Sortierversuch scheitern wird, weil der Befehl **Name** nicht mehr ausgeführt werden kann.

Um die Technik zu verdeutlichen, ein Beispiel mit Werten. Die Originaldatei enthält die Einträge:

| | |
|---|---|
| **1. Satz** | **512000300** |
| **2. Satz** | **513698600** |
| **3. Satz** | **514004540** |
| **4. Satz** | **911456500** |

und der Bediener gibt die Nummer **514000000** ein. Der Datensatz gehört in die Mitte der Datei, die Satzanzahl ist zunächst 4, es wird bei Satz 1 begonnen:

```
Name "Originaldateiname" As "temporärer Dateiname"
Open-Anweisung für beide Dateien
satzzeiger% = 1
Do-Schleife öffnen
Get eines temporären Datensatzes (Position satzzeiger%)
Vergleich: If temporärer Eintrag < neuer Satz Then
              temporären Satz schreiben
           ElseIf temporärer Eintrag > neuer Satz Then
              neuen Satz schreiben
              temporären Satz schreiben
           ElseIf temporärer Eintrag = neuer Satz Then
              Entscheidung, ob Doppeleinträge erlaubt sind
           Else
           End If
satzzeiger% um 1 erhöhen
Loop, solange satzzeiger kleiner als satzanzahl
Dateien schließen
temporäre Datei löschen
```

# 9.2 Schriftdarstellung

Die nächste Anwendung beschäftigt sich mit der Darstellung von Schriftarten für Textdarstellungen in Visual Basic für Windows. Wie Sie wissen, stellt die Betriebsumgebung von Windows eine Vielzahl von Schrifttypen mit diversen Schriftgraden (Zeichengrößen) zur Verfügung, die sich der Programmierer zu Diensten machen kann. Viele Eigenschaften beziehen sich direkt auf Schriften, deren Größe, Ausrichtung und Formatierung. Es ist beispielsweise mit *Fonts* und *FontCount* möglich, alle verfügbaren Schriften für Bildschirm und/oder Druckerausgabe aus der Betriebsumgebung auszulesen. Weiterhin erlauben Eigenschaften wie *FontBold*, *FontItalic* oder *FontUnderline* beispielsweise das **Fettsetzen**, *Kursivsetzen* oder Unterstreichen, wobei auch mehrere Eigenschaften zur gleichen Zeit vergeben sein dürfen. Die Ausrichtungsmöglichkeiten mit *Alignment* und die *FontSize*-Eigenschaft zur Veränderung des Schriftgrades komplettieren die Möglichkeiten.

Die Beispielanwendung zeigt in einem Textfenster alle in ihrem System verfügbaren Schriften an, ist also nicht an eine bestimmte Konfiguration in Windows gebunden. Sie können den Schriftgrad verändern, mit Ausrichtungen (linksbündig, rechtsbündig oder zentriert) experimentieren und den Text formatieren. Dabei soll der Name der Schrift automatisch mit angezeigt werden, um die Schriftprobe zu identifizieren. Werfen wir gemeinsam einen Blick auf die Form, wie sie sich zur Entwicklungszeit darstellt.

### 9.2.1 Die Form zur Entwicklungszeit

Die Schriftarten werden im Klartext in einem Listenfeld abgelegt, der Schriftgrad findet in einem Textfeld Platz. Mit drei Optionsfeldern kann die Textausrichtung festgelegt werden, während in den vier Kontrollkästchen eine oder mehrere Formatierungseigenschaften bestimmt werden. Im Textfeld links unten erscheinen die eingestellten Parameter sofort nach einer Veränderung in der Form. Wollen Sie die Einstellung übernehmen, kann mit *OK* die aktuelle Einstellung nochmals aufgerufen und aufgelistet werden.

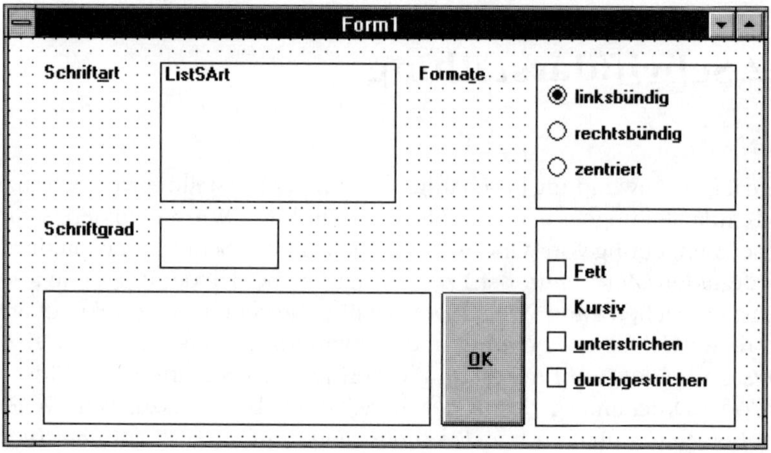


*Abb. 9.3 Die Form zur Entwicklungszeit*

Um die Form gewohnt sicher und arbeitsfähig erstellen zu können, erhalten Sie Informationen über wesentliche Eigenschaften der Steuerelemente, die nicht der Vorgabe aus Visual Basic entsprechen. Beachten Sie aufgrund der Verwendung von Bezeichnungsfeldern unbedingt die Reihenfolge der Indizierung mit der Eigenschaft *TabIndex*. Die Anordnung der Steuerelemente in der Form ist also völlig unerheblich, wenn der Fokus nur die Felder in der korrekten Folge anspricht.

| Steuerelementart | Eigenschaft | Einstellung auf |
|---|---|---|
| Bezeichnungsfeld | AutoSize | wahr |
| | Caption | Schrift&art |
| | Name | textsteuer |
| | TabIndex | 0 |
| Listenfeld | Name | ListSArt |
| | Sorted | wahr |
| | TabIndex | 1 |
| Bezeichnungsfeld | AutoSize | wahr |
| | Caption | Schrift&grad |
| | Name | textsteuer |
| | TabIndex | 2 |
| Textfeld | Name | Schriftgrad |
| | TabIndex | 3 |
| | Text | |
| Bezeichnungsfeld | AutoSize | wahr |
| | Caption | Forma&te |
| | Name | textsteuer |
| | TabIndex | 4 |
| Bildfeld | Name | Bild1 (Vorgabe) |
| | Enabled | falsch |
| | TabIndex | 5 |
| Optionsfeld | Caption | linksbündig |
| | Name | links |
| | TabIndex | 6 |
| | Value | wahr |
| Optionsfeld | Caption | rechtsbündig |
| | Name | rechts |
| | TabIndex | 7 |

| | | |
|---|---|---|
| Optionsfeld | Caption | zentriert |
| | Name | zentriert |
| | TabIndex | 8 |
| Bildfeld | Name | Bild2 (Vorgabe) |
| | Enabled | falsch |
| | TabIndex | 9 |
| Kontrollkästchen | Caption | &Fett |
| | Name | fett |
| | TabIndex | 10 |
| Kontrollkästchen | Caption | Kurs&iv |
| | Name | kursiv |
| | TabIndex | 11 |
| Kontrollkästchen | Caption | &unterstrichen |
| | Name | unter |
| | TabIndex | 12 |
| Kontrollkästchen | Caption | &durchgestrichen |
| | Name | durch |
| | TabIndex | 13 |
| Befehlsschaltfläche | Caption | &OK |
| | Name | Fertig |
| | TabIndex | 14 |
| Bezeichnungsfeld | Caption | |
| | Name | Ausgabe |
| | TagIndex | 15 |

Starten Sie die Anwendung zunächst, und prüfen Sie, ob alle Elemente wie gewünscht erscheinen, ob sie wählbar sind und die Reihenfolge des Tabulatorindex korrekt ist. Wenn dieses der Fall ist, kann mit der Erstellung des Programmcodes begonnen werden.

## 9.2.2 Der Programmcode und die Ereignisbehandlung

a) Arbeiten vor dem Anzeigen der Form

Die *Sub Form_Load* ist traditionell die erste Prozedur, die nach den allgemeinen Deklarationen programmiert wird, sofern im Modul selbst keine *Sub_Main* erstellt werden soll. Sie bestimmt, was vor dem Anzeigen der Form auf dem Bildschirm geschehen soll und nicht auf eine Bedieneraktion warten kann. Zu diesen Arbeiten gehören Belegungen von Variablen und Beschriftungen oder Vorgaben für Eigenschaften von bestimmten Feldern. Hierzu zählt also auch die Vorbelegung von Eingabemasken mit bestimmten Daten. Zunächst der Programmcode, später mehr.

```
Sub Form_Load ()

   '*** alle im System derzeit für das
   '*** Objekt "Screen" zur Verfügung
   '*** stehenden Schriftarten werden
   '*** ermittelt und in einer Liste
   '*** hinterlegt
   For i% = 0 To Screen.FontCount - 1
      ListSArt.AddItem Screen.Fonts(i%)
   Next i%

   '*** die aktuelle Schriftart wird
   '*** zur Musterausgabe benutzt
   '*** (Startwert im Ausgabefeld)
   ausgabe.Caption = ausgabe.FontName
   schriftgrad.Text = LTrim$(Str$(ausgabe.FontSize))

   '*** weitere Schriftattribute vorgeben
   ausgabe.FontBold = 0
   ausgabe.FontItalic = 0
   ausgabe.FontUnderline = 0
   ausgabe.FontStrikeThru = 0

End Sub
```

Zunächst werden alle verfügbaren Schriften aus Ihrer derzeitigen Windows-Betriebsumgebung eingelesen. Anzahl und Typen der Schriften hängen von Ihrer individuellen Konfiguration ab, es kann also bei jedem Anwender zu einem anderen Ergebnis führen, wenn er dieses Programm arbeiten läßt; funktionieren wird es aber in der Regel immer. **FontCount** liefert die Anzahl der vorhandenen Schriften, deren Namen sind in **Fonts(Index)** abgelegt, wobei der Index je einer Nummer zwischen Null und **FontCount** minus 1 entspricht. Dies ist darin begründet, daß der Index in einem Listenfeld mit null beginnt, **FontCount** aber die erste Schrift mit eins zählt. Auf diese Weise gelangen alle Schriften mit **AddItem** in die Liste. Der Liste haben Sie bei der Erstellung der Form die Eigenschaft *Sorted* zugewiesen, damit alle Einträge automatisch alphabetisch eingeordnet werden können.

Als Vorgabe für den Startwert setzt Visual Basic die momentane Standardschrift der Betriebsumgebung sowie deren Schriftgrad automatisch ein. Diese Vorgabe ist individuell verschieden und hängt von Ihrer Konfiguration unter Windows ab. Abschließend werden noch alle Zeichenformate von *fett* bis *durchgestrichen* abgeschaltet und die Form kann dem Bediener übergeben werden.

b) Auswahl der Schriftart

Die Routine ist dafür verantwortlich, daß aus der Liste eine Schriftart in das laufende Programm übernommen wird. Mit einem einfachen Klick ist es hierbei nicht getan, sondern es ist vielmehr ein Doppelklick erforderlich. Der Bediener kann so zunächst in der Liste blättern und sich für eine Schrift entscheiden. In **listIndex** merkt sich Visual Basic, auf welchem Element der Liste gerade der Markierungsbalken steht, wenn das Ereignis Doppelklick eintritt. Mit **List(Index)** kann der Klartext aus der Liste geholt werden. Die Indexangabe in Klammern entspricht dem **ListIndex** des jeweiligen Steuerelements.

```
Sub ListSArt_DblClick ()

   '*** der Doppelklick in der Liste der
   '*** Schriftarten bewirkt, daß die
   '*** gewünschte Schrift ermittelt und
   '*** namentlich ausgegeben wird
   ausgabe.FontName = ListSArt.List(ListSArt.ListIndex)
   ausgabe.Caption = ausgabe.FontName
   schriftgrad.Text = LTrim$(Str$(ausgabe.FontSize))

End Sub
```

c) Wechsel des Schriftgrades

Der Schriftgrad bestimmt die Höhe und damit indirekt die Breite von Zeichen und kann verändert werden. Immer, wenn eine Veränderung im Eingabefeld für den Schriftgrad vorgenommen wird oder vom Code aus eine Änderung erfolgt, löst Visual Basic das Ereignis *Change* aus. Wenn sich die Änderung in den Grenzen von 7 bis 50 bewegt, gilt sie als akzeptiert, und die Schriftgröße im Ausgabefeld wird mit **FontSize** auch tatsächlich geändert.

```
Sub Schriftgrad_Change ()

   '*** der Schriftgrad (Zeichengröße) kann
   '*** innerhalb der Grenzen 8 bis 49 (einschließlich)
   '*** verändert werden
   nummer = Val(schriftgrad.Text)
   If nummer > 7 And nummer < 50 Then
      ausgabe.FontSize = nummer
   End If

End Sub
```

d) Fokus auf dem Feld *Schriftgrad*

Diese Routine besteht nur aus einer Codezeile, leistet aber dem Anwender sehr wertvolle Dienste, wenn er über die Kurzwahltaste oder mit der Tabulatortaste den Fokus auf das Feld *Schriftgrad* bewegt. Wie Sie oben gesehen haben, löst jede Veränderung im Feld *Schriftgrad* das Ereignis *Change* aus, was in einigen Betriebszuständen sehr störend sein kann. Stellen Sie sich vor, ein Wert von 8,25 ist als Schriftgrad eingetragen, der Fokus wird auf das Feld gesetzt, und Sie beginnen, mit der Taste [Entf] den Eintrag zu löschen. Nachdem die 8 und das Komma gelöscht sind, wird die Schrifthöhe auf 25 geändert; ein unerwünschter Nebeneffekt. Die Routine markiert mit **SelLength** den kompletten Eintrag im Feld für die Schriftgradeingabe, so daß mit dem einmaligen Drücken von [Entf] das gesamte Feld gelöscht werden kann.

```
Sub Schriftgrad_GotFocus ()

   '*** der Eintrag im Feld Schriftgrad
   '*** wird markiert, wenn über die Kurzwahl
   '*** oder Tab der Fokus verschoben wird
   schriftgrad.SelLength = Len(schriftgrad.Text)

End Sub
```

e) Fokus verläßt das Feld *Schriftgrad*

Die Größe eines Zeichens wird durch die Eingabe im Feld *Schriftgrad* bestimmt. Dieser Schriftgrad ist in bestimmten Abstufungen setzbar, die nicht immer der manuellen Einstellung im Eingabefeld entsprechen. So kann es beispielsweise sein, daß sich hinter einer Eingabe des Wertes 40 im Feld *Schriftgrad* intern der Wert 39,75 als nächster akzeptabler Wert verbirgt. Die Ausgabe des Textes erscheint dann mit 39,75, und als manuelle Eingabe im Feld befindet sich 40. Um diese Unregelmäßigkeit auszugleichen, wird beim Verlust des Fokus der Schriftgrad aus dem Ausgabebereich zurückgeholt und angeglichen (in unserem Beispiel erscheint dann die 39,75).

```
Sub Schriftgrad_LostFocus ()

   '*** wenn das Feld Schriftgrad den Focus
   '*** verliert, wird eine von Visual Basic
   '*** akzeptierte Schriftgröße gesetzt
   '*** (automatische Korrektur der Eingabe)
   schriftgrad.Text = LTrim$(Str$(ausgabe.FontSize))

End Sub
```

f) Drei Routinen, um den Text auszurichen

Die drei folgenden Ereignisse reagieren auf die Auswahl in den Optionsflächen und richten mit **Alignment** den Text aus (0 = linksbündig, 1 = rechtsbündig, 2 = zentriert).

```
Sub zentriert_Click ()

   '*** der Text wird zentriert ausgegeben
   ausgabe.Alignment = 2

End Sub

Sub links_Click ()

   '*** Ausrichtung des Textes im Ausgabefeld
   '*** auf Standardwert (linksbündig)
   ausgabe.Alignment = 0

End Sub
```

```
Sub rechts_Click ()

   '*** die Textausrichtung wird auf
   '*** rechtsbündig gesetzt
   ausgabe.Alignment = 1

End Sub
```

## g) Zeichenformatierung vornehmen

Mit den vier Kontrollkästchen können eine oder mehrere Zeichenformatierungen im Ausgabefeld angebracht werden. Ist eines dieser Steuerelemente angekreuzt, steht **Value** auf *1* und die Eigenschaft **FontBold/Italic/UnderLine/StrikeThru** wird auf *wahr (-1)* gesetzt. Deaktiviert der Bediener das Kontrollkästchen, ist sein Wert wieder Null und die Formatierung wird auf *unwahr (0)* gesetzt.

```
Sub fett_Click ()

   '*** der aktuelle Text im Ausgabefeld
   '*** wird fett gesetzt
   If fett.Value = 1 Then
      ausgabe.FontBold = -1
   ElseIf fett.Value = 0 Then
      ausgabe.FontBold = 0
   End If

End Sub


Sub kursiv_Click ()

   '*** der Text wird kursiv ausgegeben
   If kursiv.Value = 1 Then
      ausgabe.FontItalic = -1
   ElseIf kursiv.Value = 0 Then
      ausgabe.FontItalic = 0
   End If

End Sub


Sub unter_Click ()
```

```
   '*** der Textbereich wird im Ausgabefeld
   '*** unterstrichen dargestellt
   If unter.Value = 1 Then
      ausgabe.FontUnderline = -1
   ElseIf unter.Value = 0 Then
      ausgabe.FontUnderline = 0
   End If

End Sub

Sub durch_Click ()

   '*** der Text im Ausgabefenster wird
   '*** durchgestrichen dargestellt
   If durch.Value = 1 Then
      ausgabe.FontStrikeThru = -1
   ElseIf durch.Value = 0 Then
      ausgabe.FontStrikeThru = 0
   End If

End Sub
```

## h) Anwendung beenden

Die Anwendung wird beendet, und in einer Messagebox werden der aktuell eingestellte Schriftgrad und die Schriftart ausgegeben.

```
Sub Fertig_Click ()

   '*** die aktuelle Einstellung im
   '*** Ausgabefeld wird ermittelt
   meld$ = "Schriftart = " + ausgabe.FontName + Chr$(13) + Chr$(10)
   meld$ = meld$ + "Schriftgrad = " + LTrim$(Str$(ausgabe.FontSize))

   '*** und ausgegeben
   MsgBox meld$, 0, "aktuelle Einstellung"
   End

End Sub
```

## 9.2.3 Bedienung des Programms

Zur Laufzeit kann die Form wie folgt aussehen:

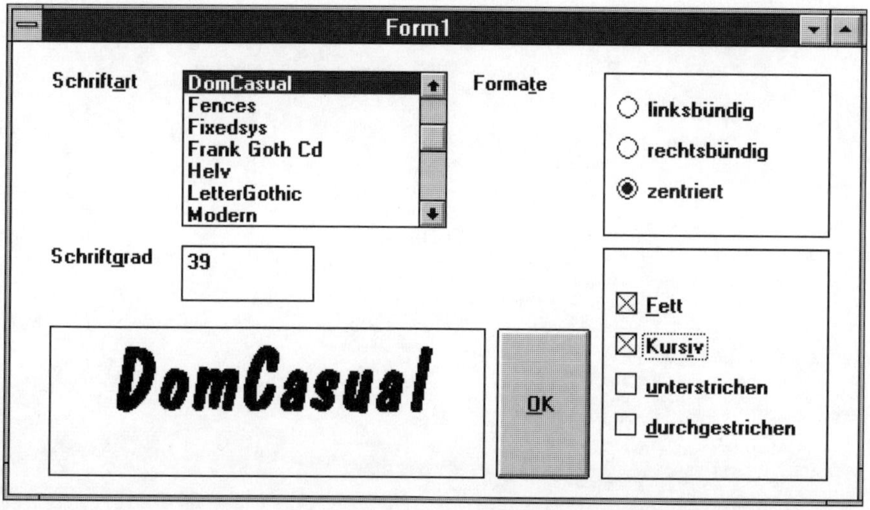


*Abb. 9.4 Die Form zur Laufzeit*

Bei der Vergabe von Schriftarten und Schriftgraden in einem Programm (dies gilt auch für die Handhabung von Textverarbeitungen) sollte immer zuerst die Schriftart gewählt werden, da sich die Palette der Schriftgrade hiernach richtet. Alle Einstellungen der Ausrichtung und der Zeichenformate bleiben in unserem Beispiel auch bei einem Schriftartwechsel erhalten.

# Anhang: Fachbegriffe

## Aktive Verbindung

Zwischen zwei Anwendungsprogrammen wurde eine DDE-Verbindung (siehe auch DDE) aufgebaut, die einen Dynamischen Datenaustausch ermöglicht. Dies bedeutet, daß Veränderungen, die innerhalb des sogenannten Server-Anwendungsprogramms vorgenommen werden, über einen DDE-Kanal auch innerhalb der Client-Anwendung wirksam werden.

## Anfasser

Wird ein Steuerelement (z.B. ein Rahmen für eine Textausgabe) in Visual Basic markiert, erscheinen mehrere ausgefüllte Rechtecke auf den Rändern dieses Steuerelements. Durch Ziehen mit der Mouse auf einem dieser Anfasser kann die Größe des Steuerelements verändert werden.

## Anker

Als Anker wird ein Zeiger (Pointer) bezeichnet, der auf den ersten Datensatz in einer Datei weist.

## ANSI

Das AMERICAN NATIONAL STANDARD INSTITUTE ist vergleichbar mit dem Deutschen Institut für Normung (DIN) und ist für den amerikanischen Industriestandard verantwortlich. In der EDV bezieht sich der Begriff auf die vereinheitlichten ANSI-ESCAPE-SEQUENZEN, die von vielen Programmen zur Steuerung der Bildschirmausgabe und des Cursors benutzt werden. MS-DOS unterstützt mit dem Treiber **ANSI.SYS** diesen Standard.

## Argument

Für die Übergabe von Informationen an eine Sub (Unterprogramm) werden dem Aufruf des Sub-Namens entsprechende Variablen und/oder Konstanten hinzugefügt. Innerhalb der Sub können diese übergebenen Argumente abgefragt und verarbeitet werden.

**ASCII**

Der AMERICAN STANDARD CODE for INFORMATION INTERCHANGE stellt einen standardisierten Zeichensatz dar, der notwendig ist, um Software auf Rechnern verschiedener Hersteller gleichermaßen ablauffähig zu erhalten, da eine genormte Tabelle benutzt wird. Die Tabelleneinträge werden mit *CHR$(Nummer von 0 bis 255)* abgerufen.

**Ausführbare Datei**

Siehe .EXE-Datei.

**Autoload-Datei**

Beim Starten von Visual Basic werden alle Dateien, die in der Autoload-Liste eingetragen sind, als Projektbasis geladen. Insbesondere sind dieses Dateien mit dem Anhang ***.vbx**, die spezielle Tools unterstützen (Gitternetz oder OLE).

**Basic**

Der BEGINNERS ALL-PURPOSE SYMBOLIC INSTRUCTION CODE (Allzweck-Anfängersprache) wurde zu Beginn der 60er Jahre in den USA entwickelt und war ursprünglich eine reine Anfängersprache für Schulungszwecke. Mittlerweile ist Basic zu einem professionellen Werkzeug geworden, nicht zuletzt dank komfortabler Programmpakete wie Visual Basic.

**Befehlsschaltfläche**

Befehlsschaltflächen sind Elemente einer Form auf dem Bildschirm. Sie sind optisch wie rechteckige Schaltpultknöpfe aufgebaut, und der Bediener hat den Eindruck, daß bei Anwahl einer Befehlsschaltfläche diese nach unten gedrückt wird. Typische Befehlsschaltflächen sind die Felder *ABBRUCH*, *OK*, oder *HILFE* in einem Menü. Mit diesem Elementen werden Befehle ausgeführt oder abgebrochen.

**Bezeichnungsfeld**

Diese Art des Steuerelementes wird vom Programmierer als Textaufschrift für bestimmte Teile in einer Form vergeben, z.B. die Aufschrift auf einer Befehlsschaltfläche. Ein Bezeichnungsfeld kann vom späteren Benutzer des Programms nicht durch einfache Tastatureingaben verändert werden, sondern nur, wenn das Anwendungsprogramm diese Möglichkeit einräumt.

## Bibliothek

Eine Bibliothek ist eine Datei mit der Kennung **LIB**, in der geschlossene Module mit Unterprogrammen (Subs) abgelegt werden können und die z.B. QuickBasic nach Anweisung mitbenutzt. In Bibliotheken werden meist Befehlserweiterungen von Basic oder von vielen Programmen benutzte Module hinterlegt.

## Bildfeld

Zur Darstellung einer Abbildung kann das Steuerelement *Bildfeld* benutzt werden. Innerhalb des definierten Bildfeldes kann Visual Basic Bitmaps, Symbole aus der Bibliothek oder Metafiles grafisch darstellen.

## Binär

Binär bedeutet, daß ein Zahlensystem mit nur zwei Ziffern, 0 und 1, arbeitet, also nur zwei Zustände kennt. In der EDV ist die binäre Arbeitsweise die Grundlage der Funktion, da nur zwei Zustände bekannt sind; 1 = Strom fließt, 0 = kein Strom fließt. Aus der sinnvollen Kombination von 0 und 1 lassen sich Zahlen erstellen (Dualsystem).

## Bit

Das Bit ist die kleinste organisatorische Einheit, die im Computer existiert. Es kennt lediglich zwei Zustände: 1 oder 0, Strom ein oder Strom aus, magnetisiert oder nicht magnetisiert. Die Zusammenfügung mehrerer Bits (meist 8) ergibt ein Byte. Bit bedeutet **BI**nary Digi**T**.

## Bitmap

Bitmapdateien, die als Standard-Dateianhang *.BMP* verwenden, enthalten bitweise abgelegte Grafiken. Für jede Pixelposition auf dem Bildschirm wird ein Bit benötigt, Farbinformationen nutzen weitere Bits zur Darstellung der Grafik. In Bildfeldern können Bitmaps dargestellt werden.

## Boolesch

Bei einem Booleschen Ausdruck handelt es sich um einen Terminus, der entweder als "wahr" oder als "falsch" interpretiert wird. In Basic gilt allgemein, daß die Zahl *0* für "falsch" und die Zahl *-1* für "wahr" steht. Da es sich immer um eine Ganzzahl handelt (*-1* oder *0*), empfiehlt sich der Variablentyp *Integer*. Mit dem Befehl *CONST* werden in der Regel die Begriffe "wahr" und "falsch" entsprechend definiert.

## Byte

Das Byte ist ein EDV-Kunstwort und bezeichnet eine Reihenfolge von meist acht Bits. Mit einem Byte lassen sich durch Kombination von *0* und *1* insgesamt 256 Zustände herstellen. Die größtmögliche Zahl, die eine Speicherstelle in einem 8-Bit-Computer aufnehmen kann, ist daher die 255 (11111111).

## Caption

Bei der Erstellung einer Form oder eines Steuerelementes innerhalb dieser Form kann der Programmierer eine Textbezeichnung vergeben, die das Element oder die Form benennt (caption = Überschrift oder Titel).

## CGA

Der COLOR GRAPHIC ADAPTER ist eine Standard-Grafikkarte.

## Code-Fenster

Zur Entwicklungszeit stehen dem Programmierer für jede Form und für jedes Modul Eingabefenster zur Verfügung, in denen der Programm-Quellcode geschrieben und getestet werden kann. Dem Code-Fenster entspricht in QuickBasic der Editorbereich. Für jedes mögliche Ereignis innerhalb einer Form bietet Visual Basic sogenannte Code-Schablonen an, in denen der Programmersteller festlegen kann, wie sein Programm z.B. auf einen Mouseklick in einem bestimmten Feld reagieren soll.

## Dateilistenfeld

Für die Auswahl einer Datei in einem fertigen Anwendungsprogramm steht zur Laufzeit dieses Steuerelement zur Verfügung. Dem Bediener werden alle

Dateien angezeigt, auf die das vorher festgelegte Kriterium (z.B. alle Dateien mit Anhang *.DBF*) zutrifft. Zur Laufzeit neu erstellte oder veränderte Dateien werden sofort zur Auswahl im Dateilistenfeld bereitgestellt.

**Datentyp**

In jedem Basic-Dialekt können verschiedene Typen von Variablen deklariert werden, in die dann Wertzuweisungen erfolgen. Der Datentyp des einer Variablen zuweisbaren Wertes oder Ausdrucks reicht von Ganzzahlen über Währungswerte bis zu Zeichenketten. Typische Datentypen des Visual Basic im Bereich der Variablen sind *Integer* (Ganzzahl), *Long* (lange Ganzzahl), *Single* (Zahl mit einfacher Genauigkeit), *Double* (Zahl mit doppelter Genauigkeit), *Currency* (Währungsangabe) und *String* (Zeichenkette). Neu in Visual Basic 2.0 für Windows ist der Typ *Variant.*

**DDE**

Der Dynamic Data Exchange (Dynamischer Datenaustausch) ermöglicht die Kommunikation zwischen verschiedenen Windows-Anwendungen. DDE ist somit Windows-spezifisch und keine spezielle Erfindung innerhalb von Visual Basic. Es können aber alle wichtigen DDE-Eigenschaften genutzt werden, um mit eigenen Programmen Informationen aus anderen Windows-Anwendungen auszutauschen.

**DLL**

Dynamic Link Library bietet Möglichkeiten, die Leistungsfähigkeit von Visual Basic noch weiter zu steigern. Für spezielle Probleme lassen sich Bibliotheken mit weiteren Steuerelementen nutzen, die dann in der Programmierumgebung bereitstehen und wie die Standard-Steuerelemente in der Toolbox erscheinen. Auch eine Art INLINE-Programmierung mit der Nutzungsmöglichkeit von Routinen aus anderen Programmiersprachen ist möglich.

**Editor**

Ein Editor ist ein Eingabefeld oder ein Eingabebereich, in dem ein Programmierer oder Programmanwender Eingaben vornehmen kann. Es handelt sich meist um kleine Textverarbeitungssysteme, die teilweise nur jeweils eine Zeile aufnehmen, die Nachteile des *INPUT*-Befehls ausschalten und wirksame Eingabekontrollen ermöglichen.

**EGA**

Der ENHANCED GRAPHIC ADAPTER ist eine Standard-Grafikkarte.

**Eigenschaft**

Eine Eigenschaft beschreibt und protokolliert, wie eine Form oder ein Steuerelement innerhalb einer Form gestaltet ist. Jedem Element können mehrere Eigenschaften zugewiesen werden, von denen einige während der Laufzeit nicht mehr veränderbar sind. Eigenschaften sind Abmessungen, Bildschirmpositionen, Farben, aber auch die Sichtbarkeit oder Nutzbarkeit von Steuerelementen. Jedem Element können bei der Erstellung einer Form Starteigenschaften zugewiesen werden, die sogenannten *Einstellungen*.

**Einstellung**

Jede Eigenschaft kann eine bestimmte Einstellung haben, die als Starteinstellung beim Erstellen einer Form festgelegt ist, aber auch durch Bediener- oder Programmschritte verändert werden kann. Die Einstellung eines Kontrollkästchens mit der Eigenschaft *VISIBLE* ist beispielsweise entweder sichtbar (*true*) oder unsichtbar (*false*). Eine Einstellung differenziert also die Eigenschaft weiter.

**Ereignis**

Begrifflich ähnlich den Eigenschaften und Einstellungen und also mit ihnen verwechselbar sind die Ereignisse, auf die Visual Basic reagieren kann. Ein Ereignis wird in der Regel vom Bediener ausgelöst, kann aber auch programmbedingt sein. Objekte wie Formen oder Steuerelemente können Ereignisse erkennen und durch programmierten Code darauf reagieren. Typische Ereignisse sind Mousebewegungen und -klicks, Tastatureingaben oder Verschiebungen des Fokus innerhalb von Feldern und/oder Steuerelementen. Für jedes Ereignis wird eine Code-Schablone angeboten (siehe auch CODE).

## EXE-Datei

Der Quellcode von Visual Basic oder auch von QuickBasic ist entweder eine Text- oder eine Binärdatei. Die darin enthaltenen Befehle und Strukturen sind nur lauffähig, wenn die Programmierumgebung vorhanden ist, also die Sprache selber im Speicher zur Verfügung steht. Zur Nutzung der Programme ohne die eigentliche Programmiersprache im Hintergrund muß der Quellcode kompiliert werden, so daß eine ausführbare Datei entsteht.

## Figuren-Steuerelement

Um in einer Form bereits zur Entwicklungszeit grafische Darstellungen von Kreis- oder Rechteckelement zu erzeugen und nicht erst zur Laufzeit mit *Circle* oder *Line* arbeiten zu müssen, wird dieses Steuerelement eingesetzt.

## Fokus

Der Fokus zeigt auf dem Bildschirm zur Laufzeit eines Programms an, welches Element (Eingabefenster, Kontrollkästchen, Steuerelement etc.) gerade aktuell ist und auf Benutzereingaben reagiert. Der Fokus kann entweder mit der Mouse oder durch Drücken der Tabulator-Taste verschoben werden. Weiterhin besteht die Möglichkeit, den Fokus in die Programmierung einzubeziehen und darauf zu reagieren, wenn den Bediener ein Feld fokussiert oder der Fokus ein Feld wieder verläßt (z.B. Ereignisse *GotFocus* oder *LostFocus*).

## Form

Jedes Visual Basic-Programm besteht aus mindestens einer Form, die Bildschirmdialoge ermöglicht. Der Programmierer erstellt mit Hilfe der Toolbox schnell und einfach die Form, auf der Steuerelemente jeglicher Art plaziert werden können. Komplexe Programme enthalten eine Vielzahl von Formen, die als Bausteine immer wieder geladen und genutzt werden können. Sofern mehrerer Formen entwickelt wurden, kann eine Form als Startform deklariert werden.

## Generelle Prozedur

Visual Basic reagiert automatisch auf Ereignisse und führt einen eventuell vorhandenen Programmcode aus, der für diese Ereignisse definiert wurde. Es existieren aber auch generelle Prozeduren, die nicht von einem Ereignis, sondern von einem Aufruf aus einer anderen Prozedur aktiviert werden. Soll beispielsweise in vier verschiedenen Formen durch den Mouseklick auf ein bestimmtes Feld eine Hilfefunktion aktiviert werden, muß der Code für diese Hilfefunktion nicht viermal beim jeweiligen Ereignis, sondern nur einmal in einer generellen Prozedur plaziert werden. Die Ereignisprozeduren können dann durch Angabe des Namens der generellen Prozedur diese aufrufen und gemeinsam nutzen.

**Globales Modul**

Bei der Programmierung von Projekten in Visual Basic für Windows 1.0, die aus mehreren Modulen und einer Vielzahl von Formen bestehen, waren Deklarationen von Variablen, Typen (Verbundvariablen) und Konstanten modulübergreifend notwendig, damit aus jedem Modul und jeder Form heraus die deklarierten Elemente genutzt werden konnten. Jedes Projekt besaß ein globales Modul. In diesem Modul waren aber nur Deklarationen, keine Subs möglich. In Visual Basic für Windows 2.0 ist kein globales Modul mehr erforderlich.

**Hexadezimal**

Das Hexadezimalsystem ist auf der Zahlenbasis 16 aufgebaut und ermöglicht es, auch große Zahlen mit relativ wenigen Stellen anzuzeigen. Bei der Zählweise werden neben den Zahlen 0 bis 9 auch die Buchstaben A bis F hinzugenommen.

**Anzeige-Steuerelement**

Es handelt sich um eine, von den Möglichkeiten der Einstellung her betrachtete, vereinfachte Version eines Bildfeldes, dessen Anzeige auf dem Bildschirm schneller als die eines Bildfeldes abgewickelt wird.

**Index**

In Programmiersprachen zeigt der Index einer Feldvariablen oder eines Steuerelementefeldes die Position eines Einzelelements in der Gesamtheit der Elemente an. Der Ausdruck *a$(75) = "TWT-Verlag GmbH"* belegt innerhalb der zuvor dimensionierten Feldvariable a$ die 75. Position mit dem Text *"IWT-Verlag GmbH"*.

In Datenbankprogrammen ist der Index eine Hilfsdatei, in der die Adressierung von Datensätzen einer umfangreichen Hauptdatei nebst des Schlüsselwortes hinterlegt sind. Bei Datenbankprogrammen werden Indexdateien angewendet, um nicht jedesmal die große Datenbankdatei umzusortieren, sondern lediglich den Index zu aktualisieren.

**kByte**

Steht für KiloByte und beinhaltet 2^10 = 1024 Byte.

**Kombinationsfeld**

Das Kombinationsfeld zählt zur Gruppe der Steuerelemente und verbindet die Fähigkeiten eines Textfeldes mit denen eines Listenfeldes. Neben der Auswahl von in einer Liste eingetragenen Elementen ist die Eingabe von neuen Einträgen in einem Textfeld möglich. Kombinationsfelder werden eingesetzt, um dem Bediener neben vorgefertigten Antworten auf eine Frage auch Freiraum für eine individuelle Antwort zu geben.

**Kontrollkästchen**

Dieses Steuerelement ermöglicht das Setzen oder Löschen eines "X" in einem Kästchen auf dem Bildschirm. Komplexe Menüs lassen sich hiermit sehr einfach und effizient gestalten. Jede Windows-Anwendung macht von Kontrollkästchen regen Gebrauch, ein Beispiel innerhalb von Visual Basic ist das Menüentwurfsfenster, in dem die einem Eintrag zugewiesenen Eigenschaften nur angekreuzt werden müssen (*VISIBLE, CHECKED, ENABLED).*

**Laufwerklistenfeld**

Mit diesem Steuerelement kann der Programmbediener auf alle zur Laufzeit im System verfügbaren Laufwerke zugreifen. Es werden alle Disketten- und Festplattenlaufwerke angeboten, auf Betriebssystemebene wird das Laufwerk gewechselt.

## Laufzeit

Die Laufzeit ist ein Testmodus für das gerade in der Entwicklung befindliche Programm. Ein mit [F5] oder [Shift]+[F5] aus der Entwicklungsumgebung heraus gestartetes Programm verhält sich vom Ablauf her gesehen wie das später fertig kompilierte Programm, erlaubt dem Programmierer aber Kontroll- und Simulationsmöglichkeiten. Zur Laufzeit (anders als zur Entwicklungszeit) können bestimmte Eigenschaften durch den Bediener nicht mehr verändert werden.

## Linien-Steuerelement

Zur Laufzeit eines Programms ist mit Hilfe von *Line* eine Darstellung von Liniengrafiken (Linien oder Rechtecke) möglich. Sofern bereits zur Entwicklungszeit in der Form eine Liniengrafik benötigt wird, kann dieses Steuerelement aus der Toolbox eingesetzt werden.

## Listenfeld

Das Listenfeld gehört ebenfalls zur Gruppe der Steuerelemente und bietet dem Programmanwender eine Anzahl von Auswahlmöglichkeiten. Für eine Auswahl muß sich dann der Bediener entscheiden, da im Gegensatz zum Kombinationsfeld keine individuellen Bedienereingaben möglich sind.

## Menüentwurfsfenster

Im Rahmen einer Formentwicklung kann mit Hilfe des Menüeditors von Visual Basic sehr einfach ein profesionelles Pull-Down-Menü im SAA-Standard erstellt werden. Das Grundmenü kann später zur Laufzeit durch den Bediener unter bestimmten Umständen durch eigene Punkte erweitert werden.

## Metafile

Ein Metafile speichert grafische Elemente in der Form eines Grafikobjektes (z.B. Kreise oder Linien) in einer Datei mit dem Anhang *.WMF* ab. Die Technik der Aufbewahrung unterscheidet sich von der der Bitmaps, die das Objekt in Pixeln (Bildpunkten) speichern.

**Methode**

Methoden sind Befehlen oder Funktionen in Visual Basic sehr ähnlich und ermöglichen die Bearbeitung von Objekten, zu denen Formen und Steuerelemente gehören. Der *PRINT*-Befehl aus GWBasic, QBasic oder QuickBasic wurde durch die *PRINT*-Methode abgelöst. Auch die speziellen Objekte "Printer" und *CLIPBOARD* arbeiten mit diversen Methoden zusammen, das *CLIPBORAD* beispielsweise mit *GetData* und *SetData*.

**Modal**

In Programmanwendungen existieren spezielle Formen, die teilweise als Tools verfügbar sind und Hinweise oder Warnungen für den Anwender ausgeben. Diese Formen erhalten als aktive Formen jeweils den Fokus, der sich nicht aus der Form heraus verlagern läßt. Die Form muß zunächst geschlossen werden, damit der Programmablauf fortgesetzt werden kann. Eine Form ist modal, wenn sie mit *Formname.Show 1* aktiviert wurde.

**Modul**

Innerhalb eines Moduls werden Unterroutinen (Subs) und allgemeine Deklarationen zusammengefaßt und in einer Datei gespeichert. Formen werden in separaten Dateien hinterlegt. Jedes sinnvolle Programm besteht aus mindestens einer Form, muß aber nicht zwangsläufig auch aus einem Modul bestehen.

**Mouse**

Die Mouse ist ein Peripheriegerät, das insbesondere bei Zeichenprogrammen oder in Bedieneroberflächen gute Dienste leistet und die Wahl von Menüs etc. über die Tastatur ersetzt. Zum Betrieb einer Mouse auf dem PC ist ein Mousetreiber erforderlich. Der Einsatz von Windows oder die Nutzung von Visual Basic-Anwendungen ist ohne Mouse sehr umständlich.

**Objekt**

Unter den Sammelbegriff Objekt fallen allgemein die Formen und alle Steuerelemente, die Visual Basic bereitstellt oder die vom Anwender erzeugt wurden.

## OLE

Das *Objekt Linking and Embedding* ermöglicht einen Zugriff auf Objekte anderer Windows-Anwendungen (z.B Kalkulationstabellen oder Grafiken).

## Optionsfeld

Das Optionsfeld wird immer dann eingesetzt, wenn der Anwender nur genau eine Auswahlmöglichkeit innerhalb einer Gruppe von Befehlen oder Optionen haben soll. Soll beispielsweise eine Textausrichtung angegeben werden, ist es sinnvoll, aus den Optionen *linksbündig, rechtsbündig* und *zentriert* nur eine Auswahl zuzulassen, da sich die Möglichkeiten gegenseitig ausschließen.

## Projekt

Eine im Quellcode vorliegende komplette Visual Basic-Anwendung besteht aus Modulen und Formen. Alle Dateien zusammen ergeben ein Projekt, dessen Dateien in einer Sammeldatei mit dem Anhang *.MAK* protokolliert werden. Durch diese Vorgehensweise können verschiedene Projekte auf gleiche Formen zugreifen. Die aus QuickBasic und Visual Basic für DOS bekannten *$INCLUDE*-Dateien sind zur Projektgestaltung nicht mehr erforderlich, da ein globales Modul (Version 1.0) existiert, das übergreifende Deklarationen ermöglicht. In der Version 2.0 existiert auch das globale Modul nicht mehr.

## Prozedur

Eine Prozedur oder Sub beinhaltet aus dem Basiscode ausgelagerte Anweisungen, die zwischen den Befehlen *Sub* und *End Sub* angeordnet sind. Unterprozeduren sind die automatisch angelegten Subs, die Visual Basic zum Abfangen und Behandeln von Ereignissen generiert.

## Quellcode

Als Quellcode wird ein noch nicht kompiliertes oder gebundenes Programm bezeichnet, das noch in der vom Programmierer erzeugten Form vorliegt und geändert oder bearbeitet werden kann.

**Raster**

Zur korrekten Plazierung von Steuerelementen in einer Form kann in Visual Basic ein Raster eingeblendet werden.

**Statische Variable**

Eine statische Variable wird innerhalb einer Sub deklariert und behält auch zwischen den Aufrufen der Sub ihren ursprünglichen Wert. Alle anderen Variablen einer Sub sind lokal auf diese Prozedur beschränkt (sofern nicht global deklariert) und verlieren bei jedem Neuaufruf der Sub ihren Inhalt; sie werden initialisiert.

**Steuerelement**

Die Toolbox von Visual Basic für Windows bietet eine Vielzahl von Steuerelementen, die in einer Form plaziert werden können. Zu den Steuerelementen gehören beispielsweise Listenfelder, Kontrollkästchen oder Kombinationsfelder.

**Steuerelementefeld**

Ein Steuerelementefeld gleicht einer indizierten Variable und teilt intern gemeinsame Ereignisprozeduren und einige Eigenschaften. Durch die Indizierungsmöglichkeiten können innerhalb einer Form sehr schnell Felder dupliziert werden, die anschließend plaziert und mit Zuweisung der Eigenschaft *VISIBLE* sichtbar gemacht werden können.

**Symbol**

Wie in Windows üblich, können auch Formen innerhalb einer Visual Basic-Anwendung als Symbol abgelegt werden, wenn der Programmierer dies gestattet hat. Weiterhin können Symbole aus der *ICON*-Bibliothek in ein Bildfenster geladen werden, um Formen grafisch interessanter zu gestalten. Das Programmierhandbuch zu *Microsoft Visual Basic* zeigt im Anhang alle *ICONs* aus der Bibliothek.

**Textfeld**

Beim Ablauf einer Visual Basic Anwendung können dem Bediener Textfelder als Steuerelemente angeboten werden. Die zeitaufwendige Programmierung eines Editors wird damit weitgehend vermieden.

**Titelleiste**

Jede Form hat einen bestimmten Titel am oberen Rand der Form. Bei der Erstellung einer Form oder zur Laufzeit kann über die Eigenschaft *Caption* ein Titel zugewiesen werden.

**Tool oder Toolbox**

Ein Tool kann mit Werkzeug übersetzt werden, eine Toolbox ist demnach eine Werkzeugkiste für Programmierer. Während früher Toolboxen selber erstellt werden mußten, um Menüs, Eingabefelder oder einen Editor zu bekommen, liefert Visual Basic alle wichtigen Tools bereits im Paket mit. Zu den Tools gehören beispielsweise die Steuerelemente wie Listenfelder, Befehlsschaltflächen oder Optionsfelder, aber auch das Fenster zur Menüerstellung. In einem weiteren Sinne ist der gesamte Form-Editor ein Tool.

**Twip**

Ein Twip ist eine Maßeinheit zur Bildschirmdarstellung und als ein Zwanzigstel eines Punktes definiert. Ein Zoll (2,54 cm) beinhaltet 1440 Twips, ein Zentimeter demnach rund 567 Twips (1440 / 2,54).

**Typdeklaration**

Die Namen der Variablen- und Konstantentypen von Integer über Currency bis String werden bei Dimensionierungen oder Deklarationen mit einem Sonderzeichen ergänzt. Die derzeit benutzten Sonderzeichen sind *%* (*Integer*), *&* (*Long*), *!* (*Single*), *#* (*Double*), *@* (*Currency*) und *$* (*String*). Wird kein Deklarationszeichen benutzt, geht Visual Basic vom Typ *Variant* aus.

**VGA**

Der VIDEO GRAPHIC ADAPTER ist eine Standard-Grafikkarte mit guter Auflösung und Vielfarbendarstellung.

## Verzeichnislistenfeld

Das Verzeichnislistenfeld ermöglicht es dem Anwender, zur Laufzeit einer Visual Basic-Anwendung einen bestimmten Pfad auf einem Laufwerk auszuwählen.

## Zeitmesser

Ein Steuerelement aus der Toolbox ist der Zeitmesser, mit dem innerhalb einer Form in bestimmten Zeitintervallen Programmschritte ausgeführt werden können (Interruptprogrammierung).

## Zwischenablage

Die Bedieneroberfläche Windows stellt eine Zwischenablage zur Verfügung, mit deren Hilfe zwischen diversen Anwendungen Daten ausgetauscht werden können.

# Stichwortverzeichnis

## A



## B



## C

## D



## E

## F



## G



## H



## I

## V



## W



## X



## Y



## Z

# TITEL & THEMEN

AUS DEM IWT-PROGRAMM

## COBOL/2 WORKBENCH

*Raouf Habib*

Dieses Softwarepaket zeichnet sich aus durch eine detailfreudige Darstellung der leistungsfähigen Tools zur effizienten Programmentwicklung. Der Autor geht ferner auf Sprachelemente und Techniken der Bildschirmsteuerung ein. Jedes Kapitel schließt mit einem vollständigen COBOL-Programm und den Testlaufergebnissen.

**1992. 768 Seiten. Geb.**
**ISBN 3-88322-399-9**
**DM 98,–**

## COBOL für PCs, Praktische Anwendungen

*Raouf Habib*

Der Autor befaßt sich unter Bezugnahme auf den Maskengenerator Forms mit der Erstellung von Bildschirmmasken und deren Integration in ein COBOL-Programm. Zudem werden Assembler-Routinen beschrieben, die dem Anwender den Aufruf von DOS-Funktionen aus eigenen COBOL-Programmen erlauben.

**1990. 3. unver. Aufl.**
**368 Seiten. Geb.**
**ISBN 3-88322-185-6 DM 68,–**
**Dazu Diskette lieferbar:**
**Best.-Nr. 91131101 DM 68,–***

## COBOL/2 Workbench im Einsatz

*Ursula Schülein*

Das Buch beschreibt alle Funktionen und die wichtigsten Werkzeuge der Micro Focus Workbench, des MS COBOL Compilers und des IBM COBOL Compilers. Besonders umfassend wird der Einsatz des SCREENS Maskengenerators, des Ablaufverfolgers ANIMATOR und des LINKERs behandelt, ferner sämtliche Workbenchtools, der EDITOR, der CSI, der ADVANCED ANIMATOR, die LIBRARY- und die BUILD-Funktion.

**1991. 328 Seiten. Geb.**
**ISBN 3-88322-324-7 DM 88,–**

## Professional COBOL/2 Workbench

*Raouf Habib*

Professional COBOL/2 Workbench von Micro Focus ist ein Softwarepaket, konzipiert für die Entwicklung von COBOL-Programmen mit dem Sprachumfang von ANSI '85, IBM OS/VS COBOL, IBM VS COBOL II und MS COBOL II. Das Buch von R. Habib bietet eine gründliche und sachbezogene Auseinandersetzung mit dem gesamten Sprachumfang der Programmiersprache COBOL in übersichtlicher Gestaltung mit 30 vollständigen COBOL-Programmen, den dazugehörigen Struktogrammen, den Testdaten und Testlaufergebnissen.

**1991. 4. unver. Aufl. 896 Seiten. Geb.**
**ISBN 3-88322-200-3 DM 88,–**
**Dazu Diskette lieferbar:**
**Best.-Nr. 91331101 DM 98,–***

* *Unverbindliche Preisempfehlung*

IWT

**IWT: Die professionellen Seiten der Praxis.**

# TITEL & THEMEN

AUS DEM IWT-PROGRAMM

## PostScript richtig eingesetzt

*Nicolai G. Kollock*

PostScript ist die am weitesten verbreitete Seitenbeschreibungssprache. Dieses Buch ermöglicht auch dem Anwender ohne Vorkenntnisse einen mühelosen Einstieg. Aus dem Inhalt: PostScript-Koordinatensystem, Mischen von Text und Grafik, Erstellen von Softfonts, Programmieren von PostScript-Farbdruckern, EPS-Files u.v.m.

**1990. 2. unver. Aufl.**
**888 Seiten. Geb.**
**ISBN 3-88322-247-X DM 98, –**
**Inklusive Diskette**

## IWT Kompakt: PageMaker 4.0

*Robert Baitinger/*
*Ulrike Withake-Baitinger*

Diese kompakte und schematische Beschreibung aller PageMaker-Befehle in alphabetischer Reihenfolge stellt ein schnelles Auffinden des gesuchten Befehls sicher. Komplettiert wird das Buch durch die Auflistung aller Tastenkurzgriffe sowie Zeichensätze. Das Buch eignet sich besonders als Nachschlagewerk für alle Anwender von PageMaker 4.0.

**1992. 192 Seiten. Geb.**
**ISBN 3-88322-381-6**
**DM 39,80**
*Erscheint im II. Quartal 1992*

## Software Schritt für Schritt: Word für Windows

*Lore Baitinger/Robert C. Baitinger*

Durch den modularen Aufbau, die detaillierte Beschreibung der einzelnen Befehle und Funktionsweisen und durch den umfangreichen Index ist dieses Buch ein ideales Nachschlagewerk. Für den Einsteiger in das Programm Word für Windows 1.1 ist außerdem eine Lernfolge vorgegeben.

**1991. 520 Seiten. Kart.**
**ISBN 3-88322-330-1 DM 69,80**

## Profi-Workshop: PageMaker 4.0

*Klaus Ebner*

Dieses Buch vermittelt das nötige Wissen um Layoutgestaltung, den Einsatz von Schriften und typografischen Sonderzeichen und vieles andere. Auch die Besonderheiten der Benutzeroberflächen Windows, OS/2 PM und Apple Macintosh werden beschrieben. Die Beispiele kommen aus der Gebrauchsgrafik.

**1992. 360 Seiten. Geb.**
**ISBN 3-88322-352-3**
**DM 89,–**
**Inklusive Diskette**

## Software Schritt für Schritt: PageMaker 4.0

*Ulrike Withake-Baitinger*

Durch die modulare Aufbauweise und detaillierte Beschreibung der einzelnen Befehle ist dieses Buch eine ideale Einstiegshilfe für den Anfänger, der im Selbststudium von Grund auf den Umgang mit PageMaker 4.0 erlernen möchte. Auch für Geübte ist es unentbehrlich, zumal es durch die alphabetische Auflistung der Befehle ein umfassendes Nachschlagewerk darstellt.

**1992. 416 Seiten. Geb.**
**ISBN 3-88322-368-9**
**DM 78,–**

**IWT: Die professionellen Seiten der Praxis.**